U0907257

陕西师范大学优秀著作出版基金资助项目

陕西师范大学中国语言文学“世界一流学科”建设成果

陕西省社会科学基金项目“西北有高楼：抗战文艺名刊《黄河》研究”
（批准号：2019J009）结项成果

抗战文艺名刊
《黄河》研究

冯超 著

人民出版社

责任编辑：姜　虹
封面设计：汪　阳

图书在版编目(CIP)数据

抗战文艺名刊《黄河》研究 / 冯超著. -- 北京 : 人民出版社, 2025. 8. --（黄河语言文化研究丛书 / 王晓鹃, 高益荣主编）. -- ISBN 978－7－01－027026－5

Ⅰ. G239. 296

中国国家版本馆 CIP 数据核字第 2025VE3824 号

抗战文艺名刊《黄河》研究

KANGZHAN WENYI MINGKAN HUANGHE YANJIU

冯　超　著

人民出版社 出版发行
（100706　北京市东城区隆福寺街 99 号）

北京九州迅驰传媒文化有限公司印刷　新华书店经销

2025 年 8 月第 1 版　2025 年 8 月北京第 1 次印刷
开本:710 毫米×1000 毫米 1/16　印张:18.25
字数:260 千字

ISBN 978－7－01－027026－5　定价:80.00 元

邮购地址 100706　北京市东城区隆福寺街 99 号
人民东方图书销售中心　电话（010）65250042　65289539

总 序

“中国川源以百数，莫著于四渎，而河为宗。”（班固《汉书》）黄河流域是中华民族的发祥地与华夏文明的摇篮，黄河文化是中华民族的文化根脉与精神标识。黄河不仅孕育了伟大的中华民族，还催生了辉煌的中华文化。

习近平总书记数次在重要会议上针对黄河流域发展发表过重要讲话，明确提出要“保护、传承、弘扬黄河文化”。2019 年 9 月 18 日，习近平总书记在黄河流域生态保护和高质量发展座谈会上的讲话中指出：“千百年来，奔腾不息的黄河同长江一起，哺育着中华民族，孕育了中华文明……在我国五千多年文明史上，黄河流域有三千多年是全国政治、经济、文化中心，孕育了河湟文化、河洛文化、关中文化、齐鲁文化等……诞生了‘四大发明’和《诗经》、《老子》、《史记》等经典著作。”习近平总书记强调：“要推进黄河文化遗产的系统保护，守好老祖宗留给我们的宝贵遗产。要深入挖掘黄河文化蕴含的时代价值，讲好‘黄河故事’，延续历史文脉，坚定文化自信，为实现中华民族伟大复兴的中国梦凝聚精神力量。”①党的二十大报告把文化自信提到了前所未有的新高度。为了深入贯彻习近平总书记的重要指示和党的二十大精神，推进黄河文明不断发展，增强文化自信，我们编写了这套“黄河语言文化研究丛书”。该丛书包括《历代咏黄河诗词曲赋萃编》（7 卷）、《黄河流域语言文化研究文集》、《抗战文艺名刊〈黄河〉研究》，再现黄河文明所蕴含的中华文化思想精

---

① 中共中央党史和文献研究院编：《十九大以来重要文献选编》（中），中央文献出版社 2021 年版，第 195、200—201 页。

髓，供读者品赏体味。

《历代咏黄河诗词曲赋萃编》(7卷)将历代咏叹黄河的诗词曲赋编纂、收录于一书。中国是诗的国度，“动天地，感鬼神，莫近于诗”(《毛诗序》)。诗歌是最为精练的语言表达形式，优秀的古典诗词曲赋是中华文化中的瑰宝，滋润着一代代中华儿女的心田，传承着中华文化深层的精神基因。吟咏黄河一直是中国文学的重要母题。从《诗经》到乐府，从汉赋到唐诗，从宋词到元曲，吟咏黄河的优美诗章之水流淌在中华文化的原野上，留下了非常宝贵的精神财富。翻开中国文学史，吟咏黄河的名诗佳句比比皆是，“旦辞黄河去，暮至黑山头”(《木兰诗》)、“白日依山尽，黄河入海流”(王之涣)、“黄河之水天上来，奔流到海不复回”(李白)、“萧关陇水入官军，青海黄河卷塞云”(杜甫)、“黄河水白黄云秋，行人河边相对愁”(白居易)、“黄河与函谷，四海通舟车”(陆游)、“黄河一旦清，东方日已明”(马致远)、“黄河水绕汉宫墙，河上秋风雁几行”(李梦阳)、“黄河东来日西没，斩华作城高突兀”(顾炎武)、“城上黄河屈注来，千金堤帚一时开”(吴伟业)……作者们用精美的诗词描绘了黄河丰富的意象，让黄河文化在今天仍然具有独特的气质和风华。在实现中华民族伟大复兴的过程中，依然绽放着时代的光芒，这也正是我们编著该丛书的初衷。该丛书力图以黄河为魂，以朝代为经，以作者为纬，广泛搜集、认真整理而全面呈现、系统阐释历朝历代吟咏黄河的诗词曲赋佳作。每篇作品由原文、作者简介、注释、赏析四部分构成，全力做到注释完善、赏析精良，将学术性与普及性融合在一起。

《黄河流域语言文化研究文集》是由陕西师范大学文学院、山西师范大学文学院、西北师范大学文学院与黄河流域多所师范院校、研究机构共同举办的“首届黄河流域语言文化与中文教育研讨会”的论文集，内容相当丰富，涉及黄河流域语言文化研究的多个领域，展示最新研究成果，充分展现出黄河母亲文化对中华文化的辐射意义。该文集所收录的论文从不同层面、多个角度阐释黄河文化的影响力，搭建起广阔的黄河流域语言文化研究和中文教育交流平台，推进黄河文化研究的创新与发展。

《抗战文艺名刊〈黄河〉研究》是冯超老师的专著，梳理以《黄河》为代表的西安抗战文艺的发生发展历程，呈现20世纪40年代发生在西北的抗战文学景观及其背后的社会历史原因和时代人群心理。这是第一部全面研究《黄河》杂志的学术著作。

该丛书所收录的三种书各有千秋。《历代咏黄河诗词曲赋萃编》(7卷)主要突出纵向挖掘，全面梳罗各个时期的咏黄河诗词曲赋；《黄河流域语言文化研究文集》主要是横向视野，从多学科、多角度研究黄河文化的影响力；《抗战文艺名刊〈黄河〉研究》则是集中一点，深入挖掘以西安为代表的西北抗战文学图景。三种书研究范围各有所长，但目的一致，从不同侧面展现黄河文化之博大精深。

“黄河语言文化研究丛书”作为陕西省社科基金项目和陕西师范大学研究阐释习近平总书记系列考察讲话精神重大专项项目成果，得到了陕西师范大学的大力支持，人民出版社对该丛书的出版给予了多方面的帮助，我们一并表示衷心的感谢！

是为序。

王晓鹃　高益荣

2023年9月12日

序　言

李继凯

欣闻冯超《抗战文艺名刊〈黄河〉研究》即将由人民出版社出版，非常高兴。在这里既要向他表达一下祝贺之意，也要遣词造句为这本大著写个小序。

上了年纪，满脑门都是回忆。接到“任务”后我马上想起来那套来之不易的民国时期的《黄河》杂志。大概是20世纪90年代，中文系畅广元老师牵头要编《二十世纪陕西文学》，不少老师参加了课题组，连资料室老师也参加了，他们到处寻找相关资料。第一阶段给我的任务主要是先熟悉一下新中国成立以前几十年的文学，还给了我一些材料，其中就有几捆《黄河》杂志。可是没有多久，就听说因故课题进行不下去了。我也就忙别的事情了。直到冯超考上了博士，我才想起来让他参照学术界正火热的文学期刊研究写作博士学位论文。其时《黄河》期刊已被一位老师借阅数年，冯超多次联系终于取到了杂志，仔细翻阅，发现缺失了一些，于是天南地北到处想办法终于补齐了（据说是目前海内外最为齐全的一套），然后就全面梳理、钻研此刊，下了很多功夫，终于如期拿出了高质量的博士学位论文，还获得了陕西省研究生创新成果奖及省优秀博士学位论文奖。

在持续的研究过程中，冯超先后获得了陕西师范大学、陕西省和国家哲学社会科学基金项目，这对他的教学研究工作都有较大的促进作用。尽管留校工作的“特别能吃苦特别能战斗”的冯超平时很忙，但仍然没有忘记《黄河》杂志的研究，时或还有所增益。如今的这本书经过他本人的再次打磨和出版社编辑的审订，更加趋于缜密和成熟了。简略说来，本书大致有这样几个较为鲜明的特点：

其一，通过学术创新，彰显了大西北抗战文学研究。学术界向来多关注的是根据地延安文化/文学及相关期刊的研究，几乎很少关注当时西安文化/文学的动态及复杂样貌。而就全国抗战文学来说，从同时期期刊着手对西南抗战文学、东北沦陷区文学、上海孤岛文学的研究都取得了不少有分量的研究成果，但对西北大后方，特别是西北国统区（包括西安）的抗战文学的研究（包括期刊研究）则相当薄弱。虽然不能说冯超的《黄河》研究填补了一个学术空白，但他系统、深入的研究毕竟给学术界奉献了第一本《黄河》杂志研究专著，对西北乃至全国抗战文学研究也有切实的促进作用。

其二，历史悠久的黄河是中华民族的象征，战时应运而生的《黄河》也体现了中华民族文化的生生不息，具有丰富的意涵。本书以出版发行于西安的抗战文学名刊《黄河》为中心，全面审视西北国统区抗战文学版图的基本风貌，深入剖析各类文学作品、文学现象与文学景观产生、演变及终止的社会历史原因，并在充分考虑战时特殊文学生态环境和独特政治文化空间的基础上，详细梳理以《黄河》为代表的抗战时期西安文艺的发生发展历程，从更加立体、客观、真实的视角呈现20世纪40年代发生在西北的文学景观（包括文学创作、文学运动和文艺论争）及其背后的社会历史原因和时代人群的精神心理，以期从一些新的角度和立场上拓宽抗战文学的研究空间。其间有对文艺传媒与所处时代环境关系及相互影响作用的探索，有对该刊对抗战文学实际贡献的揭示，这对于深入认识国统区文艺复杂性及其潜在价值、拓宽现代文学研究视野也具有促进作用。

其三，本书是中国现代文学史料整理与研究的一次成功尝试。冯超的《黄河》研究是对原始期刊资料的一次“空前”的搜集、梳理与整合。原始期刊资料的缺失一直是现代期刊研究中的“难以承受之痛”。受时间跨度大、保存不善等原因的限制，很多民国时期的重要期刊因缺乏原始资料而只能停滞于初级研究阶段。能够集齐 42 期《黄河》,本身就是对抗战文学与中国现代文学研究的重要贡献。因此,在全部期刊资料搜集完备的基础上整理和研究《黄河》,不仅能在一定程度上挽救这些珍贵的文学史料,还能够发掘出新亮点与新可能。我还想在此提及:《黄河》原刊的扫描印刷、建立数据库应该也是必要的吧?甚至将其分类编辑化为丛书申请国家出版基金也是可行的吧?

也就是说,未来的《黄河》与西北抗战文学研究仍是可以持续的,也许还可以考虑适时召开相关的学术研讨会,编成相关的研究专集或会议论文集。总之,希望冯超能够在兼顾较多研究对象的时候仍"不忘初心",在研究《黄河》方面能够推出新的成果。

在这个和平年代,回顾和研究抗战历史,窥探抗战名刊《黄河》所蕴含的一切价值,也许恰是读者们所期待的吧?

是为序。

2023 年 5 月 17 日于启夏斋

目 录

绪 论

1937年抗战的全面爆发改变了中国的政治格局，随着侵略与反侵略、摩擦与反摩擦斗争的不断深入，事实上形成了国统区、解放区和沦陷区三种不同的地理境域。而与之相对应的，分属不同境域内的具有自身意识形态、独特文化样貌及鲜明地域风格的区域性抗战文学，则成为中国现代文学的重要组成部分，深刻影响了20世纪中国文学史的书写与建构。倘若细分开来，三种不同区域的抗战文学都有各自的中心与外缘，仅以国统区来看，倘若将陪都重庆当作中心区域，那么环绕在重庆周边的，诸如成都、昆明、桂林、西安等大城市及其周边的广大外缘区域，也都因独特的内容和形式为抗战文学的发生增添了多种丰富性与可能性。

当然，从某种程度上来讲，中心区域和外缘区域只是相对存在的，但强调中心的同时并不意味着对外缘的弱视甚至忽略。即便置于全民统一抗战的大背景下，周边及外缘也并非中心的绝对复制品，各地方在区域板块、地理环境、生活方式、文化内涵上，在与之相关的政治、民族、宗教、历史、文化背景上，特别是抗战爆发后所面对的不同战争形势上显现出的诸种差异性与特殊性，往往更具现实决定意义。因此，对国统区抗战文学的创作者而言，时空场域的不同直接导致了外缘对中心各类抗战文艺政策、纲领、运动、论争常常存在认识上的分歧，贯彻上的妥协乃至执行上的变异。具体到创作实践中，依据自身特征做出主动或被动的调整改变自是必不可少。他们通常会将极具区域特征的四时风景、山川风物等自然景观和民风民俗、方言土语等人文景观纳入抗战文学的考察视野，整体呈现出一种“筋骨有同，血肉各异”的创作面貌。这也意味着虽然重庆处于国统区抗战文学的中心地位，对周边城市或区域具备行政上的领导力和号召力，但在实际的发展演进中，以昆明、桂林、西安为代表的地域性抗战文学依然根植于当地那种相对稳定的时空区域里，并在与国统区中央文学、解放区延安文学的互动、交流、对抗中完成了自身的生成与建构。站在区域文化研究的角度来看，这些城市或地区的抗战文学现象及抗战文学作品正是一种集多样性、复杂性、丰富性等多种因素于一体的“地域想象”。

城市或区域的不同决定了抗战文学地域想象的异质差别，而其中蕴藏的多样性、复杂性和丰富性不仅体现在现代文学制度体系的整体历史变迁中，还存在于战时文学生产活动所有环节里。也就是说，无论是宏观视野下的各类抗战文艺政策、文艺理论的执行演变，还是微观视野下一篇小说、一首诗歌、一部话剧的发表出版，一切能够展示战时文学独特样貌，体现战时文学历史印记的基础材料，都可以成为研究抗战文学地域想象的“活化石”。而在具体的研究中，具有明显区域特征的地方性抗战文学期刊，则凭借其文学信息储存的地域性、连续性、集中性，成为这些基础性材料的“集大成者”，鲜明地体现了抗战文学的历史风貌和战时文学生产环境的时代特征。因而，以一个或多个地方性文学期刊为材料，注重系统地搜集、整理和研究会对发掘、打捞、保存抗战文学史料发挥明显作用。更重要的是，正如李怡先生所说的：“这是克服和跨越中国独特的区域分割特征的基本方式，也是搜寻现代战争造成的知识分子凌乱痕迹的要求，是抢救濒临消失的民国文献的需要，更有利于从一些新的角度和立场上拓宽现代中国文化的研究空间，这就是‘地方性知识系统’的建构。”①

此外，从文学生产、传播与接受的角度来看，文学期刊又是文学创作与读者接受的实体化中间物，处在媒介关系中的重要一环。而“现代文学是报刊

① 李怡：《地方性文学报刊之于现代文学的史料价值》，《中国现代文学研究丛刊》2010 年第 3 期。

文学,文学报刊承担着发表、组织和引导文学的生产和传播,文学期刊既是文学传播的载体,也是文学与社会最直接的联系方式,文学成为一种书籍和读物,文学观念和形式也借助于报刊而得到社会的广泛承认”①。文学期刊作为作者群的集合地,在相当程度上直接影响或决定了一个时期、一个地域的文学内容、题材和风格。普通读者也在这种以期刊为中心的日常阅读中参与具体的文学生产,切身地感受文学的民族性、时代性和社会性。

因此,对抗战文学期刊的整理、辨识不仅能让我们更加真实地“触摸”历史印迹,重新回到“历史现场”以发现、考察曾被文学史叙述遮蔽的细枝末节,还能还原文学文本形成时的历史语境与文化氛围,使国统区抗战文学及文学史研究进入更为深广的视域。

一、国统区抗战文艺期刊及《黄河》的研究现状

从文学期刊来看国统区抗战文学,在整个中国抗战文学研究中并不少见。仅以各类博士学位论文为例,据笔者检索,就有中国社会科学院彭玉斌的《战火硝烟中的文学生态——〈抗战文艺〉研究》(2006 年),四川大学张志云的《〈文艺先锋〉(1942—1948)与国统区文艺运动》(2007 年),吉林大学张玲丽的《在文学与抗战之间——〈七月〉〈希望〉研究》(2008 年),东北师范大学王丹的《20 世纪 40 年代的华南文学——以〈文艺生活〉(1941. 9—1950. 7)为个案的研究》(2012 年),华东师范大学王晶的《〈文艺月刊〉(1930—1941 年)研究》(2013 年)等。这些研究专论多聚焦于国统区内存在时间长、作品总量多、传播范围广的知名文学期刊,注重整体考察与细节梳理相结合的“知识考古式”研究,以发掘隐藏在历史深处的文学史实,在广度和深度上丰富了国统区抗战文学的研究范围,也在相当程度上拓展了中国抗战文学及整个现代文学的研究维度。

① 王本朝:《中国现代文学制度研究》,西南师范大学出版社 2002 年版,第 82 页。

除此之外，以国统区某个地方性文学期刊为考察对象，将宏观和微观视角相结合，对该期刊的存在、发展、特点、风格等进行梳理分析的“个案研究”也不在少数。其中颇具代表性的如明飞龙的《西南联大〈文聚〉杂志与云南20世纪40年代文学》（《思想战线》2009年第35卷），许江的《从〈七月〉杂志看抗战初期文学的困境》（《文艺评论》2015年第5期），孙倩的《抗日统一战线话语下的文学空间——重庆〈新蜀报〉副刊〈蜀道〉研究》（《中国现代文学研究丛刊》2005年第6期），黄群英的《时代的独特书写——〈文艺阵地〉考辨》（《当代文坛》2010年第6期），范忠程的《〈中苏〉半月刊与文化抗战》（《抗日战争研究》2003年第2期），罗建周的《论〈文艺阵地〉的编辑策略》（《商洛学院学报》2013年第10期），吴永贵的《抗战责任与期刊岗位——孙寒冰与他主编的〈文摘〉杂志》（《中国杂志》2015年第4期），王丹的《路向调整与文学多元化——桂林版〈文艺生活〉中的抗战文学》（《山东理工大学学报》2014年第3期），雷蕾的《司马文森和〈文艺生活〉》（《新文学史料》1985年第2期），云仙的《王鲁彦与〈文艺杂志〉》（《西华师范大学学报》1984年第1期），王永伦的《抗战时期贵阳文通书局〈文讯〉月刊知识分子文化关系网络之构建》（《四川戏剧》2016年第4期），佘爱春的《在现实和历史之间：〈戏剧春秋〉月刊上的戏剧文学》（《戏剧文学》2010年第8期），陈尧尧的《深掘民族灵魂的源泉——论〈时与潮文艺〉创作小说》（《贵州大学学报》2008年第2期）等。值得一提的是郝明工的《大后方的文学期刊——以陪都重庆为中心》，摒弃了国统区抗战文学期刊研究中受政治意识形态影响而形成的“左、中、右”三分整理模式，认为这种“一般会排除所谓的右翼文学期刊，而以所谓的左翼文学期刊为主，再兼收所谓的中间文学期刊”的整理模式未能做到完全的坚持学术立场，尊重历史事实，势必会导致多种非左翼文学期刊的被忽视。[①] 也正基于

① 郝明工：《大后方的文学期刊——以陪都重庆为中心》，载中国现代文学研究会、福建师范大学文学院编：《现代文学学术资源的利用与转化——中国现代文学研究会第11届理事会第2次会议论文集》，海峡文艺出版社2015年版，第488—498页。

此,作者才对重庆的《抗战文艺》《文艺阵地》《春云》《七月》《文艺月刊·战时特刊》《文学月刊》《中原》《时与潮文艺》《文艺先锋》《民族文学》进行初步的整理和讨论。虽然针对此类期刊的专门性研究并未持续深入,但对国统区文学期刊的发现和重视也具有重要的导向意义。

通观上述学人的研究成果,不难发现,各类研究论文已经勾勒出国统区抗战文学的基本版图与历史风貌,在一定程度上填补了这一领域的研究空白,但受刊物发行时长及史料保存程度的限制,国统区抗战文学期刊研究还存在诸多问题。其中最突出的就是区域研究上的不均衡。

按照学界统一的看法,国统区指的是国民党统治并切实控制的地区,其实际范围随战事的影响而时有增减,但在抗战进入相持阶段后也基本定型。其地理范围主要包括今天的四川、贵州、广西、云南、陕西、宁夏、甘肃、新疆等省区的全部或大部,占所有国土面积的三分之二,但多为自然环境相对恶劣、经济文化相对落后的西南、西北地区。抗战爆发前,受经济文化发展水平限制,此区域内的文学期刊数量较少,多数省会级城市虽受到了新文化运动的洗礼,也仅有数量很少的文学期刊短期存在,而更多的偏远中小城市甚至从未有过一份正式的文学刊物。抗战的爆发则在相当程度上改变了这一局面,随着上海、北平、广州、南京、天津、武汉等老牌文化中心的先后沦陷,得益于大批左翼作家、自由主义作家、各专业知识分子群体与高等院校、研究机构的迁移,远在大西南的重庆、成都、昆明、桂林,大西北的西安、兰州等城市成为新的文化中心,各类文学期刊也如雨后春笋般迅猛增长。

仅以重庆、桂林、昆明、西安、兰州、迪化(今乌鲁木齐)等六个大中型城市的情况来看。据笔者统计,以 1937 年 7 月 7 日抗战全面爆发为中间点,各城市文学期刊数量在战前与战时的具体数量分别为:

重庆:战前 20 种,战时 271 种;桂林:战前 11 种,战时 94 种;昆明:战前 34 种,战时 70 种;西安:战前 28 种,战时 54 种;兰州:战前 18 种,战时 19 种;迪化:战前 0 种,战时 8 种。也就是说,除兰州的期刊数量在战争前后基本保持一致外，其他五个省会级城市都呈倍数增长，最多的重庆增加了近12倍，最少的西安也增加了一倍，总数达到516种。[①] 也就是说，倘若以出版物的质量与数量为标准来衡量一个地区的文化发展水平，那么称这些城市及其周边地区为抗战时期新的文化中心、文学中心和出版中心无疑是相当有说服力的。

就近年来学界对国统区文学期刊和抗战文学的研究来看，西南地区的重庆、昆明、桂林等城市无疑是被重点关注的。其中，不仅有数量众多的硕博士论文、期刊论文，针对某一种或几种文学期刊展开集中论述；更有多部研究专著在论及抗战文学的同时，以该区域期刊上刊载的多类别文学作品为材料，或多或少都涉及了多种战时文学期刊。如郝明工的《抗战时期的重庆文化》（商务印书馆2016年版）在全面梳理、论述抗战时期重庆的新闻出版、文学艺术、教育发展脉络及历史状况的同时，就先后谈及了《新蜀报·新道》《人力周刊》《诗报》等杂志。其中，重点论述的《春云》正是重庆唯一的一份地方性大型文学杂志。王学振的《抗战时期大后方文学片论》（中国社会科学出版社2013年版）则对文协创办的机关刊物《抗战文艺》和胡风主编的《七月》《希望》及《新华日报》文艺专刊《星期文艺》展开专章论述。姜飞的《国民党文学思想研究》（花城出版社2014年版）、张武军的《从阶级话语到民族话语——抗战与左翼文学话语转型》（中华书局2013年版）、倪伟的《"民族"想象和国家统制——1928—1949年南京政府的文艺政策及文学运动》（上海教育出版社2003年版）、周毅的《抗战时期文艺政策研究》（四川大学出版社2013年版）等论著则聚焦抗战时期三民主义文艺政策和文艺运动的发展演变，对宣扬三民主义文艺和民族主义文艺的《战国策》《文化先锋》《文艺战线》《文化月刊》《文艺月刊》等非左翼杂志均有提及。

与上述地区文学期刊研究热潮形成鲜明对比的是，甚少有人关注大西北国统区的抗战文艺期刊，特别是对以西安为中心的西北文坛则更少有人问津。

① 以上数据均根据刘增人、刘泉、王今晖编著的《1872—1949文学期刊信息总汇》（青岛出版社2015年版）整理统计而来。

仅有的一些论文如周启祥的《〈西北文艺〉三日刊的出版及其篇目》(《新文学史料》1983 年第 3 期),王澄的《〈西北报〉:抗日战争的一面旗帜》(《新闻知识》1995 年第 8 期),曹晶晶的《报纸“通俗化”的典范:抗战时期〈老百姓〉报》(《新闻界》2013 年第 8 期),韩风玲的《抗战时期西北地区新闻报刊事业发展述论》(《理论导刊》2006 年第 1 期)等聚焦于曾在这一地区短暂存在的左翼报刊。如李敷仁主办的《老百姓》报;李初梨编辑的中共陕西省委机关刊物《西北》周刊;西北战地服务团以“战地社”名义在西安进步报纸《国风日报》上主办的文学副刊《西北文艺》三日刊;黄星编辑、全国文协西安分会出版部出版的《西北文艺》半月刊等。此类以回忆、介绍为主的史实性文章虽然涉及了西安的抗战文艺期刊,为填充历史细节作出了一定程度的贡献,但多限于史料的收集整理,终究未能进入国统区抗战文学研究的内部,对一些亟待解决和澄清的理论现实问题也未能有突破性的分析和系统性的解答。

同样的情况也存在于相关研究著作中。20 世纪 80 年代以来,国统区抗战文学被日益重视,研究者开始重点关注抗战文学、文化史的梳理和抗战文学的本体研究。西北国统区抗战文学作为全国抗战文学的一个重要组成部分,显然是无法绕过去的。但事实上却并未获得研究者足够的关注度,绝大部分的研究成果都直接沿用了旧有的史料与学术观点,仅对西北国统区抗战文艺的历史脉络进行简单介绍和梳理,既缺乏客观完整的史料,也没有系统深入的论述。如文天行的《国统区抗战文艺运动大事记》(四川省社会科学院出版社 1985 年版),肖效钦、钟兴锦主编的《抗日战争文化史》(中共党史出版社 1992 年版),苏光文的《大后方文学论稿》(西南师范大学出版社 1994 年版),唐正芒的《“笔”血丹心:国统区抗战文化运动史稿》(中国文联出版社 2001 年版)、《中国西部抗战文化史》(中共党史出版社 2004 年版)等。

至于针对《黄河》文艺月刊的专门性研究,更是少之又少。其中原因,既有西北位置偏远、交通不便、信息闭塞、文化观念相对滞后、文艺发展水平较低等因素,又有原始期刊材料缺失、研究环境不利的影响。仅有的几篇文章如文史的《五四运动以来陕西进步报刊简介》(《陕西青年》1983 年第 5 期)等也仅是或回忆或概览地提及《黄河》。

到了 21 世纪前后,随着各种原始报刊文献的发掘、整理与影印,抗战时期西北国统区文艺期刊研究,特别是专门针对《黄河》的研究也出现了部分成果:如 2001 年孙晓娅在《中国现代文学研究丛刊》上发表的《谢冰莹与〈黄河〉月刊》。该文从《黄河》的作者队伍、形式与内容、栏目设置和主要体裁等角度对其进行了较为系统和细致的分析,并得出《黄河》的特色在于:读者信箱的设置、新闻性、广泛开展社会活动及民间性几个方面。该文认为:“《黄河》在中国现代文学史上并未受到过特殊的重视,但它在抗战期间进步文学活动中起到的积极作用却是毋庸置疑的。《黄河》不仅在当时西北地区是一个极具权威的文艺刊物,成为西安重要的文化堡垒,同时,它还是研究 40 年代西北乃至全国文艺状况的极为宝贵的资料。”①之后,又有高信的《谢冰莹与〈黄河〉》(《报刊之友》2003 年第 11 期),卢洪涛的《〈黄河〉与西北大后方抗战文学》(《西北大学学报》2006 年第 6 期)。其中卢文将《黄河》置于西北抗战文学大背景下,对该刊创办和发展的历程进行了纵向梳理,又对其办刊宗旨、编辑意图、作者阵容、题材范围、体裁式样、文化生态的多侧面横向探析,深入揭示了该刊与西北大后方抗战文学的血肉联系,力图以此勾勒尚未引起学界重视的西北大后方抗战文学的文化图景和历史轨迹。

从以上综述中可以看出,迄今为止,学界对以《黄河》为代表的西北抗战文学的整理与研究虽然有可圈可点之处,但也存在着明显的问题与不足。倘若对照原始刊物来看,各种研究论著中还存在诸如细节错误、评价简单、缺乏定论以及脱离时代背景、研究方法匮乏等问题。这些无疑会影响、干扰和制约研究者对西北国统区抗战文艺的认知理解,乃至文学史叙述。其中原因固然有“筛选式”文学史书写的先天不足,但也更加清晰地显现出学界受历史的客

① 孙晓娅:《谢冰莹与〈黄河〉月刊》,《中国现代文学研究丛刊》2001 年第 3 期。

观流逝性与叙述的主观话语性影响,对散乱无序、隐藏极深,但却极其重要的文学期刊原始材料缺少必要的历史态度和问题意识。同时,与一般性期刊研究所不同的是,对《黄河》文艺月刊的研究不应该仅限于史料发掘、文本阅读及对刊物发展脉络的系统整理。作为地域性抗战文学的代表,《黄河》的独特之处就在于它既同国统区主流抗战文学有着复杂的交流互动,又建构在西安本土文学生态环境和政治文化空间之中。这也使得《黄河》及西北国统区抗战文学研究仍有进一步探讨和突破的学术空间。

一是在有关《黄河》研究的重大问题上有待深化。从问题意识来看,已有的整理与研究成果尽管不同程度地涉及《黄河》中许多问题,但多是概述性质的表层解读,一些重大问题还有进一步扩展、深化的空间。如《黄河》在西北乃至全国抗战文化中的历史地位与价值研究;《黄河》与国统区文化统制关系研究;《黄河》中的"延安"书写;《黄河》的发行出版状况、读者接受与价值导向研究;主编谢冰莹与《黄河》关系考证;《黄河》与国统区文艺运动研究;《黄河》的政治身份与文化身份研究等。

二是在研究视角和方法上有突破的空间。20 世纪 90 年代以来,关于抗战文学期刊的研究视角和评价标准出现了多元化趋势,但也明显受到革命历史阐释的影响,导致在对抗战文学期刊这一独特文学现象进行评价时,存在片面拔高或片面贬低的问题。因此,在《黄河》研究中,应在唯物史观的指导下,以实事求是的客观公正态度,全面深入地考察特定历史环境中产生的独特文学现象,立足于文本,从战争文学的角度对《黄河》的审美特征、价值导向、读者接受等问题进行实事求是的分析,从而明确其在西北抗战文学中应有的历史地位和艺术高度。

三是在《黄河》内容的独特性研究上有拓展的余地。现有的几篇研究文章,虽然已经取得了很大的成绩,但受期刊原始资料残缺的影响,研究中存在诸多模糊、偏颇乃至错误的论述。而今得益于多方帮助,42 期《黄河》业已全部搜集整理完毕。因而从《黄河》内容出发,立足于文本,从其中的每一篇小说、每一首诗、每一幕话剧、每一幅漫画、每一则编后记、每一段征稿中获取值得关注的有效信息，以期从多个方面还原西北抗战文学的别样风貌。

总之，研究《黄河》文艺月刊与抗战文学的地域想象，不仅有助于还原抗战时期西安文坛丰富多样而又复杂矛盾的活动空间，更有助于揭示以西安为中心的西北国统区抗战文学在整个抗战文学图景中的序列和地位，对抗战文学研究乃至中国现代文学研究都有重要意义。

二、《黄河》文艺月刊的样本意义

文学期刊在文学史研究中的重要价值已无需赘述，那么，要想研究以西安为中心的西北国统区抗战文学，势必就需要一个存在时间足够长、刊载文本足够多、发行传播足够远的期刊来做样本。至于为什么会选择《黄河》为样本来分析呢？直接点说，是因为它是抗战时期西北国统区最具代表性的文学期刊，它完全具备上述三种基本要素，同时还具有重庆、桂林、昆明等地区的文学期刊所没有的独特之处。

据统计，抗战时期在西安共创刊有文学期刊 54 种，其中 1937 年 12 种，1938 年 7 种，1939 年 5 种，1940 年 6 种，1941 年 8 种，1942 年 1 种，1943 年 3 种，1944 年 3 种，1945 年 9 种。从年度来看，抗战爆发前三年的总量为 24 种，平均每年 8 种，《黄河》创刊的 1940 年并非期刊发行高峰期。但就这些刊物的生存时长来看，大多都很短暂。1937 年 7 月“《说论》社”创办的《说论》出至 1938 年第三卷第一期停刊；10 月 10 日“《挺进》旬刊社”创办的《挺进》旬刊出至 1938 年 3 月 10 日第十五期后停刊；11 月 28 日由郑伯奇主编，徐永平发行，“《救亡》周刊社”出版的《救亡》出至 1938 年 6 月 13 日第二十二期后停刊；12 月 9 日“西安平津同学会”编辑发行的《怒吼周刊》也于次年 3 月出至第五期后停刊。其他诸如蔡奕编辑、景梅九发行的《街前巷后》，“西安文化日报社”编辑发行的《抗战新辑》，“西安文化动员委员会”主办、“文化动员社”编辑发行的《文化动员》，“西安市中等学校教职员救国联合会”编辑发行的《播种者》等刊物均未能挺过1937年的冬天。有的甚至只发行了两期(如1937年10月创办的《街前巷后》、1937年11月5日创办的《文化动员》)就再无影踪。即便是与《黄河》同一年创办的六种刊物,也仅有1940年1月创刊,出至1944年6月第九卷第六期停刊,由“中央军校第七分校《力行》月刊社”编辑出版,“中央军校第七分校印刷所”“启新印书馆”等印刷的《力行》和1940年11月创刊,1946年12月出至第六卷第十二期停刊,由西安中国银行编辑出版的《雍言》持续时间较长。而由“天水行营《现代中国》社”编辑发行,“中国文化服务社陕西分社”印刷的《现代中国》;“《陕西青年》社”编辑出版,“陕西青年社发行部”发行的《陕西青年》;俞西平编辑,“《血手》月刊社”发行的《血手》等三种刊物则早早消失。

反观《黄河》,自1940年2月创刊到1944年4月停刊计有36期,再加上1948年3月至8月复刊的6期,其生存时间几近五年,共42期之多。纸型为16开本,双面印刷,且每期页数都在40页左右,合刊出版的几期也都相应的增加页码,全部加起来有近2000页,总字数保守计算也在200万字以上。如此长的存在时间和期刊体量,别说是在经济文化较为落后的西北,即便放在彼时的重庆、延安,也堪称巨量,更何况《黄河》还是“纯文艺”刊物。

《黄河》的栏目,除1941年2月第二卷第一期的“戏剧专号”,1941年5月第二卷第四期的“日本反战同志文艺专号”外,其他40期的主要栏目有诗歌、报告、速写、散文、木刻、特稿、理论、小说、戏剧、战地通讯、文艺通讯、杂感、青年园地、论文、特约译稿、读者园地、创作指导、生产文学、补白、文艺短论、特写、游记、文艺批评、理论与批评、漫画、黄河信箱等二十六类,另外还有1941年1月第一卷第十一期“新年号”上的“一九四一年文艺工作者应有之努力”和“抗战以来我所最爱读的书籍”专栏两个。虽然诸如诗歌、报告·速写、散文、论文、小说、戏剧等固定栏目的稿件数量会根据实际情况而偶有增减,但总体42期的栏目设置变化并不大,其内容不可谓不丰富。

至于作品、作者数量,42期的刊物上有多种题材作品七百余篇,撰稿人有谢冰莹、叶鼎洛、李朴园、王亚平、碧野、姚雪垠、孙艺秋、林岚、堵述初、丰子恺、徐仲年、赵清阁、梁实秋、臧克家、姚璐、高长虹、老舍、柳亚子等二百三十余人。其中不仅有业已成名的著名作家、新文艺工作者和社会活动家,还有当时活跃在各条抗日战线上的新闻、文艺工作者,"如西安中央通讯社著名新闻记者刘剑,奔走南北战场的名记者高天和李蕤,《文艺月刊》的编者沙雁,曾任苏州《阵中日报》社长的张佛知;战地文艺工作者田涛、沙坪;从英国归来,新到西北的陈澄之等作家。"①其他则是来自全国各地的青年文艺爱好者。

发行销售的情况,据主编谢冰莹自述,《黄河》"创刊号三千份,不到半月就卖完了,于是第二期赶快加印了两千,一个月不到,又要再版。发行组主张索性加印,由八千到一万,一万二千份。"后来由于前方部队士兵的大量订购,甚至一度增印至两万份。两万份的最高发行量在今天可能不算什么,但放在抗战最为艰难的 20 世纪 40 年代则显得非比寻常。要知道同时期的,号称国统区影响最大、发行最广、存在时间最长、贯彻抗战始终的中华全国文艺界抗敌协会总会会刊《抗战文艺》,"在武汉的时候,可以销到七八千份,而到重庆时期就只能出五千份"②,即便是被胡适、蔡元培称赞为"中国文学史和思想史上划分一个时代的刊物""五四时代之急先锋",掀起文学界革命和思想界革命的"天下第一刊"《新青年》在发行顶峰时也只有一万多本。③

有丰富的栏目内容、可观的发行数量、畅通的销售渠道,《黄河》一经推出就为青年文学爱好者争相购买。在西北,有读者甚至"在物质与精神食粮交困之下……用饿着肚皮省下的钱买《黄河》"④,还有读者因为发行数量少抢购不到而专门向编辑部致信表达苦恼和失望。近处的如汉中、宝鸡、兰州,远处的则有重庆、成都,甚至昆明、桂林等地的青年文艺爱好者看到《黄河》后也

---

① 孙晓娅:《谢冰莹与〈黄河〉月刊》,《中国现代文学研究丛刊》2001 年第 3 期。

② 于元:《老舍的故事》,时代文艺出版社 2003 年版,第 135 页。

③ 《胡适、蔡元培为〈新青年〉重印本题词》,载杨义主编:《中国新文学图志》,人民文学出版社 1997 年版,第 100 页。

④ 参见《黄河》1941 年第 1 卷第 12 期"黄河信箱"中的读者来信《饿着肚皮买黄河》。

向其投稿，在刊物重要栏目之一的“黄河信箱”中畅谈自己对抗战文艺的看法，倾诉对学业家庭诸问题的困惑。这种现象在当时的西北，甚至是全国都是空前的。

若将同时期在西安发行的《王曲》《抗战与文化》《抗战先锋》《民族青年》等刊物对比，则更能说明问题。这几种刊物的创办时间虽较《黄河》早几年，但因栏目内容复杂，且文艺作品较少，因此多局限于一定的区域范围和固定的读者群体。比如1938年创刊的《王曲》半月刊，很少脱期，但因为是国民党中央军校第七分校主办的，所以读者大多是国民党中央军校第七分校的军官和士兵，对其他读者的影响力就十分薄弱。而创刊发行在西安的《黄河》虽处西北，但并非一份简单的区域性期刊。作为西北国统区知名的抗战文艺名刊，它虽没有在其他地方设置分销处或分社，也没有强迫市民订阅的记录，但影响范围和传播接受面基本覆盖了国统区重要城市，影响力自然不可小觑。

除此之外，《黄河》的独特之处还在于其编辑发行的地点。不同于昆明、桂林等边陲城市，自1936年10月红军三大主力会师陕北后，西安因其得天独厚的地理环境成为各种军事力量角逐的角斗场。全面抗战开始不久，国共两党组成抗日民族统一战线共同打击侵略者。按照两党达成的协议，由红军改编的八路军在西安设立办事处。而西安虽地处抗战大后方，但紧扼西北咽喉，且是中共中央所在地——延安——进出其他地区的交通要道。中共陕西省委及其他进步力量均汇集于此，利用一切形式发展抗战文艺，最大限度地宣传、动员、组织各阶层群众加入抗日救亡队伍中，为巩固抗日民族统一战线创造条件。但随着战事的发展，特别是抗战进入相持阶段后，国民党对西北的控制与封锁愈演愈烈，西安作为国民党顽固派反共的前沿据点，自然得到重点关注。到了《黄河》创刊时的1940年，国共双方的斗争与摩擦有增无减，西安上上下下既弥漫着民族战争的硝烟，也混杂着党派纷争的潜流。在此种社会政治文化氛围中存活的《黄河》，不管是主编、作者还是读者，难免会受到各种势力的影响和左右，《黄河》文艺月刊的独特性就此显现。因此，选择《黄河》这个历史的见证者和记录人，对研究西北抗战文学的价值和意义也就不言而喻了。

三、研究目标、意义、方法和创新之处

作为一份诞生于抗战时期的文学刊物，《黄河》同当时诸多文学期刊一样，以一种独特的存在方式，真实而艺术地成为战争的记录者，因而成为研究抗战文学的第一手材料。而《黄河》跨越抗日战争和解放战争两个时期的办刊历史又决定了，本书必然是以“抗战文学”为论述主体，同时兼顾全面、整体性研究。这就意味着，我们要做的正是以42期《黄河》上刊载的所有文本为原始材料，对文学作品、理论批评、发复刊词、编后记、读者信箱、文坛广播以及与刊物有关的一切有效信息进行系统地爬梳和分析，并在充分考虑战时特殊文学生态环境和独特政治文化空间的基础上，全面审视西北国统区抗战文学版图的基本风貌，详细梳理以《黄河》为代表的民国西安文艺的发生发展历程，以更加立体、客观、真实的视角呈现20世纪40年代发生在西北的文学景观（包括文学创作、文学运动和文艺论争）以及景观背后的社会历史原因和时代人群的精神心理，以期从一些新的角度和立场上拓宽抗战文学的研究空间，填充中国抗战文学发生发展的历史细节，最终发现抗战文学“地域想象”的独特魅力。

抗战文学是诞生于民族解放战争中的一种特殊文学形态，在中国现代文学史上留下了诸多文学记忆和文学遗产。而记录这类文学记忆和文学遗产的最好载体莫过于那些与抗战同生、同长的抗战文学期刊。由谢冰莹主编的，旨在立足西北、面向全国的大型文艺月刊《黄河》正是其中极有代表性的一个。因而，研究《黄河》，研究这份在西北大后方留下巨大影响力的抗战文学名刊就有了重要意义。

一是研究《黄河》有助于还原西北抗战文学的真实面貌。抗战文学作为一个特殊文学现象与现代文学的成长、发展、壮大几近同步，是中国现代文学史的重要组成部分。而从同时期期刊着手，对西南抗战文学、东北沦陷区文

学、上海孤岛文学的研究已颇有成果,但对西北大后方特别是国统区的抗战文学和抗日文学活动研究则略显薄弱。事实上,相对于西南、东北、上海等地,位置偏远、交通不便、信息闭塞、文化观念相对滞后的西北抗战文学对于改善抗战文化生态环境、推动整个西北大后方抗日斗争持续深入发展,以及促进大后方文化建设和社会发展都起到了积极的作用。而对发行出版于西安的《黄河》的发掘和研究无疑是走进西北抗战文学的一条重要而又快捷的通道,其能量不容忽视。

二是研究《黄河》有助于认识国统区文艺复杂性及其潜在价值,拓展现代文学研究视野。在抗日民族统一战线的旗帜下,共产党领导的左翼文学力量自是抗战文学的主流,但也应该承认的是,在国统区及其他抗日战场上具有国民党背景的右翼文学也是一支不容忽视的抗日力量。事实上,各种文学力量之间都存在着错综复杂的紧密关系,其文学场域的丰富性和复杂性在以《黄河》为代表的文学期刊中有着颇为独特的显现。因此,从原始期刊资料入手,对昔日备受冷落或忽视的资料信息进行二度阐释和理性分析,不仅可以发现其中蕴藏的潜在价值,还可以在很大程度上拓展现代文学研究的路径和视野。

三是研究《黄河》有助于还原梳理战争意识形态背景下文学期刊的生成机制。作为一份横跨抗日战争和解放战争两个时期的文学期刊,《黄河》在一种特定的文学生态环境中创刊、停刊、复刊、终刊,其复杂曲折的历史活动时刻受到战争的影响。同时又因主编文化心态、政治理念、文学观念的变化,刊物在办刊方式、组稿策略、栏目设置、出版发行、文本内容、艺术特色、审美倾向、读者接受、价值导向等多方面具有别样特征。因此,以《黄河》为研究对象,不仅可以深入剖析期刊特征,还原和梳理期刊生成机制,还可以小见大,由表及里的多角度、全方位揭示战争文学生态环境下,西北抗战文学乃至中国抗战文学的存在形式和发展特征。

本书既属于现代期刊学、抗战文学研究,又涉及传播学、编辑学、文献史料学与现代中国文艺史料学等多个学科领域。因此,性质及研究对象本身决定了研究方法和技术路线的选择。

第一,坚持以唯物史观为指导的研究方法。马克思主义唯物史观及其文艺理论方法,除要求研究期刊必须从客观存在的历史事实及历史范围出发外,同时也应注意期刊发展进程中美学与历史相统一的特点。因此,研究《黄河》,一方面,要把它置于抗日战争和解放战争的特定历史背景和历史条件下,同时还要同左翼文学、抗战文学、讽刺暴露文学的发展历程相结合;另一方面,坚持具体问题具体分析,实事求是、客观公正的分析评价。

第二,多学科综合研究方法。《黄河》研究涉及的内容包括现代期刊学、抗战文学、传播学、编辑学、文献史料学与现代中国文艺史料学等多个学科及其研究方法。而期刊研究本就具有相当的复杂性和综合性,任何细微的文字,如一条广告、一首小诗、一幅漫画、一则编后记,甚至一段征稿中都有可能潜藏着值得关注的巨大信息,而这正是后人常常忽略的。因此,采用多学科综合研究的方法,在严格遵循本学科学术规范的同时,注重借鉴结合历史学、考证学等多学科的研究方法及其学术规范。

第三,注意理论分析与实际论证相结合。《黄河》前后历时 5 年,共 42 期,有近 200 万字的篇幅,内容异常丰富,尚需进一步挖掘开发。因此,在研究时首先阅读文学文本,特别是刊物上涌现的一批优秀文学作品,并在此基础上进行理论分析;同时运用实证研究和比较研究的方法发现刊物在办刊方式、组稿策略、栏目设置、出版发行、文本内容、艺术特色、审美倾向、读者接受、价值导向等多方面的别样特征,注重把《黄河》的史料发掘和文学文体、文学流派、不同知识分子的文化心态以及他们的文艺选择联系起来,进而展现战时文坛丰富复杂的活动空间,揭示《黄河》在中国现代文学史上的独特价值。

以上即本书研究中采用的基本方法和手段。整体来看,各种方法与手段既有独立性,可独立运用,又有联系性,可渗透补充,具有较强的适用性和可操作性。

此外,作为一朵战火硝烟中的文苑奇葩,《黄河》在西北抗战文学史、中国现代文学史上并未受到过特殊的重视。以《黄河》文艺月刊为基础材料,深入发掘抗战文学地域想象的创新之处。

第一,《黄河》研究是对原始期刊资料的一次彻底梳理与整合。原始期刊资料的缺失一直是现代期刊研究中的难以承受之痛。受时间跨度大、保存不善等原因的限制,很多民国时期的重要期刊因缺乏原始资料而只能停滞于初级研究阶段。而能够集齐42期《黄河》,本身就是对抗战文学与中国现代文学研究的巨大贡献。因此,在全部期刊资料搜集完备的基础上整理和研究《黄河》,不仅能在一定程度上挽救这些珍贵的文学史料,还能够发掘出新亮点与新可能。

第二,《黄河》研究是开启西北国统区抗战文学研究的钥匙和纽带。就抗战文学来说,从同时期期刊着手,对西南抗战文学、东北沦陷区文学、上海孤岛文学的研究已颇有成果,但对西北大后方,特别是西北国统区的抗战文学和抗日文学活动的研究则略显薄弱。因而,研究《黄河》也是对西北国统区抗战文学的一次深入发现和有益探索。

第三,《黄河》研究是对文艺传媒与所处时代环境关系及相互影响作用的尝试。文学期刊作为不同文学阵营作家表达文艺观念的重要载体,在特定的时代、政治、文化背景下,首先是一种重要的传媒工具,自然就被赋予了争夺文化话语权的重要使命。《黄河》就是抗日战争中的一个重要文化武器,不仅发展抗战文学,反对日本帝国主义的侵略行为,还刊登暴露讽刺文学,对揭露战时阴暗面贡献良多。因此,从政治、经济、文化等角度扫描《黄河》,既是对文艺传媒发展过程与本质的探视,也为当下文艺期刊的生存与发展提供有益的借鉴。

第一章　西北抗战文学大背景下的《黄河》

第一节　中国抗战文艺期刊发展概况

抗战文艺期刊作为战时文学生产的一个重要组成部分,既是文学作品传播与接受的直接载体,又以“文学不肯让位”的精神,切实履行抗战救亡的神圣使命。因而对抗战文艺期刊的分布情况进行概述,并在此基础上厘清不同区域内的发展特征,就成为《黄河》研究的重要参考。

一、东北、华北、华中沦陷区文艺期刊的曲折抗争

置于全民抗战的大背景下,整个沦陷区文学主要包括“1931 年九一八事变后的东北沦陷区文学,1937 年七七事变后以北京、天津为中心的华北沦陷区文学,1937 年‘八一三’后,以上海、南京为中心的华中沦陷区文学”①。尽管各区域沦陷时间长短不一,地域文化类型有别,且受日伪文化专制统治和奴性教育的影响,但各区域内的进步文学期刊还是以极其复杂的面目和形态,采用曲折的抗争方式承担起弘扬不屈抵抗意志和延续民族文化血脉的任务,因而在整体上呈现出“隐忍”“深藏”的历史底色和文化品格。

从 1931 年九一八事变爆发到 1945 年 8 月日本正式宣告投降的十四年间,东北全境处于伪满洲国(1923. 3—1945. 8)的统辖之下。出于统治的需

---

① 钱理群:《中国沦陷区文学大系——史料卷》,广西教育出版社 2000 年版,第 1 页。

要，日伪政权在对沦陷区人民实行严格舆论管制的同时，也对出版机构、文艺期刊的创办与经营进行了严格限制。1931 年东北沦陷后，绝大部分报纸和文艺期刊皆停刊，仅有个别报纸如《泰东日报》副刊《文艺周刊》，《国际协报》副刊《国际公园》，因为有日本人的投资而得以保留。此后，随着日军侵华进程一再加速，东北被日本关东军彻底控制，以伪满洲国"新京"（长春）为中心，先后出现文艺期刊和含有文艺板块的综合性杂志共计近 30 种，其中颇有代表性的如《凤凰》《明明》《艺文志》《文选》《诗季》等纯文学期刊。这些同人杂志，大都由一批有着强烈民族感情和不屈抵抗意志的文人创办，因此在真实客观地揭露东北沦陷区人民艰难困苦生活的同时，也隐含着不甘堕落的心灵追求和精神坚守。只是，受战时纸张紧缺及伪文化政策的影响，绝大多数文学期刊的生存环境极为恶劣，存在时间较短，特别是 1932 年伪满政府出台伪《出版法》严格禁止出版一切具有变革伪国家组织嫌疑的宣传品，并设立"弘报处"，对具有"反满抗日"倾向的进步刊物一律取缔。到 1942 年，东北沦陷区除《麒麟》和《新满洲》这类以通俗大众文学为主的期刊尚存外，其他纯文学期刊消亡殆尽，其状况正如当时的评论家衣云所言："满洲杂志界的没落，已是不容否认的事实。虽然在此后数年来，继续出版的杂志不下数十种之多，然而多半是昙花一现，能维持较长生命的恐无一二了。"①纯文学期刊消失以后，作为补充的报纸文学副刊，如《大同报》副刊《新文坛》《艺文》，《盛京时报》副刊《神皋杂俎》《文学》，《大北新报》副刊《松水半月刊》《大北文学》《大北风》，《哈尔滨新报》副刊《新潮》，《文艺协报》副刊《文艺》，《营口新报》副刊《星火》《辽河》等"报端文艺"相继出现，并在"杂志缺席"的情况下，出人意料地担当起文学传播和文化反抗的特殊使命，成为东北沦陷区举足轻重的文学阵地。

在华北沦陷区内，尽管出版机构受到日伪的严格管控，但因文人荟萃之地和北方文化中心——北平的存在，相较于东北沦陷区文学期刊分布的分散性，

① 衣云：《满洲杂志谈》，《大同报·艺文》1942 年 7 月 4 日。

华北沦陷区的文学期刊不仅数量较多,“文艺和以文艺为主的杂志和报纸副刊多达188种”①,而且在地域上更为集中,有三分之二以上的文学期刊在北平,其中颇有影响力者有《朔风》月刊、《全家福》月刊、《中国文艺》月刊、《学文》月刊,以及报纸类副刊,如北京《晨报》文艺副刊《艺术生活》《苗圃》《游艺》,《儿童周刊》文艺副刊《文艺周刊》,《新民报》文艺副刊《明珠》《炉边》《闲话》,《新北京报》文艺副刊《新文艺》《艺术周刊》等。此外,在京津两市的大学校园内,还存在着一批校园文艺期刊,如燕京大学学生在《燕京新闻》上先后创办的《文艺副镌》《文艺》《勺园》《枫岛》《文苑》,辅仁大学学生创办的《辅仁文苑》《辅仁生活》,汇仁中学、天津工商学院等教会学校创办的《荣耀》《覆瓿》《公教学生》《现代诗》等,其上刊登的富有爱国情感的现实主义创作,既打破了华北沦陷初期文坛的寂寞荒芜局面,也为后期培植青年作家贡献了力量。

从整体上看,在日伪严密的思想文化统治下,华北沦陷区文坛和文艺期刊呈现出一种同现实和时代相“疏离”的创作倾向,这些由新文学作家或文学青年创办并编辑的纯文学和以文学为主的期刊,在内容上大都“态度严肃地探索着华北沦陷区新文学发展的途径,提倡纯文学,讲求文学技巧,在不同程度上受七七事变前‘京派’文艺期刊的影响”。②

至于华中沦陷区,1937年日本帝国主义全面侵华后,把以上海、南京、武汉等城市为核心的长江中下游地区当作夺取战略资源的经济中枢,华中沦陷区逐步形成。从整体上来看,华中沦陷区的大部分期刊都聚集在上海、南京和武汉三座城市。抗战时期,上海文学期刊数量占整个华中沦陷区的六成③,而“孤岛”时期也涌现出数量可观的文学期刊。如《上海“孤岛”文学报刊编目》中就收录了“孤岛”的纯文学期刊72种,报纸文学副刊24种④。“孤岛”文学

① 钱理群:《中国沦陷区文学大系——史料卷》,广西教育出版社2000年版,第581页。

② 钱理群:《中国沦陷区文学大系——史料卷》,广西教育出版社2000年版,第584页。

③ 钱理群:《中国沦陷区文学大系——史料卷》,广西教育出版社2000年版,第660页。

④ 上海社会科学院文学研究所现代文学研究室、上海图书馆特藏部文献组编:《上海“孤岛”时期文学报刊编目》,上海社会科学院出版社1986年版,“前言”第1页。

期刊的创办形式十分多样，其中左翼文人作为“孤岛”期刊的主要力量，除创办了以《鲁迅风》为代表的抗战文学期刊外，还创办了《华美周刊》《文献》等兼顾政治、文艺与学术的综合性期刊。此外，非左翼的文人创办的救亡主题刊物的数量和影响也不容小觑，如《人世间》（上海）、《文会》、《大众文化》、《红醪》等，都以支持抗战为宗旨。上海完全沦陷之后，文艺界深沉的民族忧患意识和较高的文艺创作水准并未在悲愤中完全沉寂，各派文学力量围绕着30余种文学刊物重新聚合，其中较为重要的有刊载爱国进步作家作品的《万象》《春秋文艺丛刊》《碧流》《文潮》；有依托通俗文学创作的《小说月报》《紫罗兰》《大众》《春秋》；有聚焦散文创作的《古今》《风雨谈》《天地》《人间》；还有聚合多类作家、刊载多种体裁作品的《杂志》。① 华中沦陷区的另一个文化中心是南京，沦陷时期南京有20余种综合性文学期刊和以文学为主的杂志出现。其中较为重要的有《国艺》《作家》《野草》《文艺两周报》《作品》《艺潮》等。在武汉，也有《绿洲》《火炬》《奔流》等文艺小报型刊物以及《大楚报》《武汉报》《江汉晚报》等报纸文艺副刊。

二、解放区文艺期刊的复杂生成

抗战全面爆发后，中国共产党领导的八路军和新四军先后奔赴抗日前线，并在全国范围内创建抗日民主根据地，解放区抗战文艺也由此轰轰烈烈地开展起来。在中国共产党的直接领导组织下，以延安为中心的陕甘宁、晋察冀和晋冀鲁豫等边区，以及抗战胜利前后出现的新老“解放区”内，不仅出现了以《新中华报》和《解放》为代表的党报党刊，还出现了由各文艺组织团体和“同人”编辑的专业文艺报刊及综合性文化报刊。这些文艺期刊以毛泽东文艺思想为指导，刊载了大量的延安文艺运动通讯报道及创作活动，展示并宣传解放区作家的工农兵文艺作品及其新的人民的文艺风貌，在担负起“发展抗战文

① 详见黄万华：《沦陷区文学鸟瞰》，《中国现代文学研究丛刊》1993年第1期。

艺振奋军民,争取最后胜利”①文化使命及其历史任务的同时,也践行了中国共产党确立的“在文化上作中流砥柱,成为全国文化的活跃的心脏”的目标②。

整个抗战时期,以延安为首府的陕甘宁边区一直是中共中央所在地,也是其领导的政治革命、新民主主义文化实践及延安文艺运动的中心。因而基于当时的政治军事斗争需要及中国革命的实际,各机关团体通过创办或改造的方式,先后编辑出版了各种报纸期刊杂志200余种。其中,以《红色中华》《新中华报》《解放日报》《边区群众报》为代表的党报党刊,通过创办文艺副刊或文艺专刊的方式,明确延安文艺的发展方向和批评原则,并根据革命形势的需要,调整相关文艺政策,确立战时文化规范。最典型者如1941年9月16日创刊、丁玲担任主编的《解放日报》副刊《文艺》,在其存在的半年多时间内,共编辑出版了111期,发表小说41篇、散文50余篇、诗歌36首,文艺评论、理论60余篇及数十篇翻译作品,成为当时延安文艺运动中最为重要的文艺阵地之一。其他如《红色中华》副刊《红角/赤焰》《红中副刊》,《新中华报》副刊《新中华副刊》《青年呼声》《特区文艺》《边区文化》,《边区群众报副刊》等不仅呈现了延安文艺的早期样态以及发展过程中的独特风貌,在当时的陕甘宁边区文艺运动及创作活动产生了广泛影响,而且对其他根据地、解放区文艺运动及其创作活动的展开,也产生了指导性和示范性作用。

得益于知识分子的大量汇集以及宽松、开放的文化政策,大量的文艺组织,丰富的文化生活,催生出数量众多的综合性和专门性文艺刊物,如山脉文学社主编的《山脉文学》《山脉诗歌》,延安文艺界救亡协会主办的《文艺战线》,中华全国文艺界抗敌协会延安分会主办的《大众文艺》,陕甘宁边区大众读物社编辑的《大众习作》,延安新诗歌会编辑的《新诗歌》,中国文艺社主编的《中国文艺》,延安鲁迅艺术文学院草叶社创办的《草叶》,陕甘宁边区文化

① 中共中央党校图书馆:《新民主主义革命时期影印革命期刊索引(抗日战争时期)》,中共中央党校出版社1987年版,第336页。

② 《欢迎科学艺术人才》(社论),《解放日报》(延安)1941年6月10日。

协会群众文艺编委会编辑的《群众文艺》，以及《青苗》《谷雨》《部队文艺》《诗刊》等文艺刊物。其中影响最大的当属1938年10月16日创刊于延安的《文艺突击》。该刊为半月刊，由陕甘宁边区文化界救亡协会所属的文艺突击社编辑发行，社址位于延安北门外杨家岭，是在毛泽东同志的支持与鼓舞下诞生的一个文学刊物，最初由奚原（原名奚定怀）、柯仲平、刘白羽等发起创办，编委有柯仲平、林山、奚原等人。刊物宗旨是推动抗战文艺的发展，内容以文学作品为主，兼有理论作品。主要作者有奚原、柯仲平、刘白羽、周扬、何其芳、沙汀、肖三等。《文艺突击》第1卷以创作为主，偏重于报告文学、小说和诗歌，其中丁玲的《马辉》、何其芳的《日本人的悲剧》等报告文学，沙汀的小说《堪察加小号》，柯仲平的《告同志》等，都具有相当的影响。而后自1939年5月25日出版的第5期起，《文艺突击》出版“革新号”，并改为十六开本，每期四五十个页码，竖排，用毛泽东同志题写的另一报眉。在“革新号”创刊词中说：“它将不是单纯登载文学作品的刊物，它将是延安、边区以及延安中心所能达到的地区里的一切文学艺术者的镜子”，是“以文艺为主的综合刊物”。[①] 除此之外，《文艺突击》为了更好的体现“突击”精神，发挥文艺的社会职能，还特别以“特辑”为名编辑刊物。总的来说，《文艺突击》尽管出版时间不长，但在宣传抗战文艺、建设抗战文艺理论、培养解放区文学后备力量等方面作出了突出贡献。

随着抗战的持续深入，在陕甘宁之外的晋察冀、晋冀鲁豫、晋绥、华中、苏北等根据地，广大文艺工作者在声势浩大的延安文艺运动的影响和指导下，以抗日救亡为中心开展文化建设，并以其绚丽多姿的形式和丰富多彩的内容为抗战胜利、为根据地建设发挥着积极的作用。在被中共中央称为“敌后模范的抗日根据地及统一战线的模范区”的晋察冀边区，从抗战之初到抗战胜利前后，晋察冀边区党领导下的报刊杂志及其发挥出的指导作用和社会影响等，都使其成为晋察冀边区的延安文艺运动及其创作活动的一个重要组成部分。

---

① 《延安文艺丛书》编委会：《文艺史料卷》，湖南文艺出版社1987年版，第675页。

具体来看,从1938年10月创刊于阜平的第一个报纸文艺副刊《抗敌报》副刊《海燕》开始,先后出现了《新华日报·华北版》副刊《新地》、《黄河日报》副刊《山地》、《抗战文化》副刊《吕梁文化》等,这些文艺副刊克服了来自各方面的困难,表现着广大人民群众和部队战士的战斗生活。如1939年9月创刊的《黄河日报》文艺副刊《山地》,因刊物的题名者及编辑者赵树理的主张,自创刊后就成为一份以通俗易懂、贴近民众为特色的大众化刊物。赵树理不仅以本名在《山地》发表文章,还以“本鄙人”“起萧”等笔名写了不少通俗、泼辣、专门揭发阎锡山及其爪牙假抗日、真贩卖的讽刺小品。各类作品语言通俗易懂,能说能唱,生动活泼;形式多样,有快板、鼓词、顺口溜、民谣、小故事、小小说,很受读者欢迎。此外,还有沁河文艺协会主编的《太岳文艺》,晋西文协分会主编的《西北文艺》,晋察冀边区文协主办的《晋察冀文艺》,太行文联主编的《文艺杂志》以及创刊于张家口的《北方文化》、邯郸的《北方杂志》等。这些党政机关编辑出版的报纸刊物以及群众团体创办的报刊杂志的大量涌现,都使得晋察冀边区的文艺运动呈现出鲜明的地域特征和蓬勃发展的景象。

三、西南、西北国统区文艺期刊的多样建构

随着日寇侵华进程的加剧,东北、华北、华中、华南等地相继陷入战火之中,传统文化中心北平、上海、南京等城市也先后沦陷。大批文化机构及不愿做亡国奴的左翼作家、自由主义作家迁移至以重庆、成都、桂林、昆明、西安为中心的西南、西北国统区大后方,新的文化中心和国统区抗战文学据点开始崭露头角。知名大学、文艺团体、出版机构的建立与聚集,自然吸引了一大批优秀的文化人和知识分子,他们以笔为枪戈,以报刊为阵地,进行文艺上的持久抗战,也形成了一道独特的抗战文化景观。

整体上看,抗战期间,国统区新办文学期刊约262种①,其中有五分之四

① 刘增人:《中国现代文学期刊史论》,新华出版社2005年版,第206页。

的集中在重庆、成都、桂林和昆明四个城市。作为战时陪都的重庆，更是因其经济、政治、军事和文化中心的定位，出版事业得以迅猛发展。据刘增人、吴俊、唐沅等学者统计，1937 年到 1945 年间，重庆创刊、复刊的文学期刊有 140 余种①，其中外地迁来期刊约 15 种。② 最具代表性的应是创刊于汉口，后迁至重庆的中华全国文艺界抗敌协会会刊《抗战文艺》。作为抗日战争时期寿命最长的文艺刊物，《抗战文艺》自 1938 年 5 月 4 日创刊，到 1946 年 5 月 4 日出版第十卷第六期终刊号为止，八年时间里正刊、特刊编辑了 80 期，实际出版发行了 78 期，"在引导和推动抗战文艺运动、开展抗战文艺理论探讨、培育抗战文艺作品等诸多方面都发挥了不可替代的历史作用"。③ 四个城市之外，还有一些地方也创办了抗战刊物，如四川省万县的《诗前哨》、乐山的《诗月报》等；湖南省长沙的《抗战日报》《文艺战线》《抗战戏剧》《抗战音乐》，武冈的《大众日报》等；江西省赣州的《半月文艺》等；广西省南宁的《广西青年》《民众园地》《新动向》《南方杂志》《南方青年》《创进月刊》，梧州的《东方战友》等。同时在广阔的西北地区，如甘肃省的《现代评坛》《新西北》《抗敌》《战号》《战地文化》；新疆的《文艺月刊》《新芒月刊》。值得一提的是本处大西南偏僻落后地区的贵州，因抗战时期的文化、教育西迁，贵州籍文化名人如谢六逸、蹇先艾等纷纷返乡，而中华文艺界抗敌协会贵阳分会等文艺团体和文艺组织的成立，更直接带动了贵州抗战文学的发展。抗战期间，贵州的文学期刊和报纸文学副刊有 70 余种④，颇有影响者如《抗敌》《抗建》《文讯》《文学创作》《七七》《十月旬刊》等。此外，在省会贵阳，新创文学期刊虽然只有 4 种⑤，但却出现

① 刘增人：《中国现代文学期刊史论》，新华出版社 2005 年版，第 5 页。

② 罗蓉蓉：《抗战时期重庆文学期刊研究》，博士学位论文，华中师范大学文学院，2019 年，第 11 页。

③ 彭玉斌：《〈抗战文艺〉的版本问题》，《新文学史料》2006 年第 2 期。

④ 谢廷秋：《贵州抗战文化与文学研究》，博士学位论文，华中师范大学文学院，2012 年，第 66 页。

⑤ 刘增人：《中国现代文学期刊史论》，新华出版社 2005 年版，第 5 页。

了众多报纸文艺副刊,如《贵阳日报》副刊《革命军》《新垒》,《贵州晨报》副刊《每周文艺》,《大刚报》副刊《阵地》,《中央日报》副刊《前路》等。

针对国统区抗战文艺期刊的丰富复杂情况,学者丁婕①从期刊的思想内容、政治倾向、派别立场等方面做了梳理和考察,认为重庆、成都、桂林、昆明四个城市新办的文艺期刊中,具有左翼文学倾向,认同《在延安文艺座谈会上的讲话》立场的数量最多,约占全部期刊数量的40%,其中颇有代表性的如1942年创刊于桂林,先后由左翼文人王鲁彦、端木蕻良、邵荃麟担任主编的《文艺杂志》,该刊坚持文艺为抗战服务的原则,发表了不少暴露国统区黑暗统治,批评不良市侩风气的讽喻性作品,是大后方抗战文学成就的集中体现。此外,还有茅盾主编的《文艺阵地》,胡风主编的《七月》《希望》,以及《文哨》《今文学丛刊》《戏剧春秋》《中苏文化杂志》《理论与现实》《文学月报》《文化动员》《世界文艺季刊》等期刊,都成为宣传抗战、鼓舞士气、推动文艺发展的重要阵地。通过这些期刊,左翼作家们发表了大量的作品,表达了对抗战的支持和对社会现实的关注。同时,在"文化城"桂林有《野草》《文献》《文艺生活》《新道理》《战时艺术》;在昆明有《文艺月报》《文聚》《春秋》;在成都有《诗垦地》《工作》……这些期刊以不同的文学形式,在抗日战争期间发挥了重要的宣传、教育和凝聚民众作用,为中国的抗战事业和文学发展作出了积极贡献。

至于坚持非左翼文学立场的期刊,则有大致三种类型:其一为坚持纯文学创作者,如《文聚》《万象》《文学集刊》《明日文艺》《枫林文艺》《新文学》《春风文选》;其二为旨在传承文化思想,探究学术者,如《读书通讯》《斯文》《星期评论》《国文月刊》《文史杂志》《中国文化研究汇刊》《当代评论》《理想与文化》《中国文化研究专刊(乙)》《文学译报》《半月文萃》《人文科学学报》《国文杂志》《文史哲季刊》;其三为认同国民党"三民主义""民族主义"文学政策

① 丁婕:《抗战时期国统区文学期刊研究》,《社会科学家》2012年第10期。

者，如《沙磁文化》《教育与文化》《文化新闻》《战国策（战国）》《图书月刊》《文艺青年》《少年之友》《国防周报》《文化先锋》《文艺先锋》《民族文学》《中外春秋》《正谊》《龙凤》《新中国》。此外，还有一些存在时间短、规模小的刊物，如《青年人·文艺副刊》《燕风》《文化新闻（昆明）》《前锋月刊》《散文与诗》《旭锋》《戏剧批评》《诗垦地》《文化杂志》等。

尽管国统区抗战文艺期刊类别繁多，面貌各异，且作为两党争夺意识形态和舆论阵地的重要方式，不可避免地受到了政治斗争的侵染，但依然团结了抗战力量，启蒙了民族精神，传播了文化知识，推动了文化创新，在宣传抗日、推动文艺发展、培养文艺人才、凝聚抗战力量和记录历史等方面都发挥了重要作用，为中国抗日战争的胜利和文化的发展作出了重要贡献，也具有重要的历史价值和现实意义。

总而言之，作为抗战发展进程中的历史遗存，不同地域、不同时期出版的文艺报刊，都或隐或现地包含着中华民族坚韧的抗战意识和不屈的民族精神，刊发的大量文艺作品，既展现了中国文学的多样性和丰富性，也为后来的文学发展提供了重要的借鉴和启示。因此，对抗战文艺期刊搜集、整理和研究，不仅是对这些丰富珍贵且真实可靠的文艺文献资料的再现，也是还原意蕴繁复的历史形态、揭示抗战文艺发展全貌的必要步骤。

第二节　民族危机与西安抗战文学的发生

西安，古称长安，是历史悠久的文化古都。近代以来，却因山峦阻隔，交通不便，在新文化发展进程中步履维艰，也与北京、上海等现代文化策源地逐渐疏远。不过，随着民族危机的加深，封闭独立的西安开始觉醒，抗日救亡的呼声在偏远闭塞的大西北散播开来，这也为抗战文学的发生及发展提供了可能。九一八事变、一·二八事变、长城抗战、华北事变、七七事变，从局部抗战到全面抗战，西安，这个地理位置险要的西北重镇，最终成为中国抗日救亡运动和文化活动的发源地之一。同时,西安抗战文学虽是民族危机爆发和扩大后的产物,但党派之争亦在相当程度上决定了它的发展走向。西安事变以和平解决告终,国共两党之间的紧张关系也出现缓和,并停止军事对抗,实现了暂时的妥协。但双方在政治上的戒备与防范心理依然存在。这既是两党在文化领域一系列冲突斗争的延续,也预示了西安抗战文学自发生之日起就面临着极其复杂、艰难而又特殊的生存环境。

一、局地战火刺激下的曲折萌发

1931 年 9 月 18 日夜,日本关东军炮轰沈阳北大营,史称九一八事变。消息传到陕西西安,《新秦日报》《西安日报》《民生日报》《西北文化日报》等地方性报纸率先报道,以新闻通讯的形式刊发了多条有关战局形势的时事新闻。与讲究新闻性和时效性的报纸相比,出版周期较长,但版面较为宽松的期刊杂志则反应稍显迟缓。直到 12 天后的 10 月 1 日,西安出版的《新陕西》月刊①才在该期卷首页上刊文评论。

文章以编者的口吻自述:

> 当这一期本刊,正在排印的中间,我们突然接到了日本帝国主义者出兵东三省,占领沈阳、营口等地并屠杀我民众的噩耗!我们接到了这个噩耗,真好像一粒子弹打进了我们的脑壳一样。

显然,地处西北、消息闭塞的西安各界对日寇的侵略行径缺乏相应的思想准备。震惊之余,却对当前形势有着异常清醒的认识和准确的判断,直言:

> 无疑的!要靠帝国主义者所操纵的国际联盟来主持正义,那是万靠不住的!那不过是一种幻想罢了。即或有的话,那也不过是帝国主义者因为本身厉害的关系,不得不说几句“冠冕堂皇”的动听话而已!

---

① 《新陕西》月刊创刊于 1931 年 4 月 1 日,“《新陕西》月刊编辑委员会”编辑发行,主要栏目有论文、陕西之社会文化、最近本省重要言论、最近省闻、本省法规、文艺等。1932 年 3 月 1 日出至第 2 卷第 3 期停刊。

因此，与国民政府寄希望于国联调停而奉行不抵抗主义相比，《新陕西》认为：

我们应该从此振奋起来，团结一致；整齐我们的步伐，严密我们的阵容，并准备我们的实力，以与此横蛮的敌人决斗！以回答敌人所加于我们的凌辱。同时在我们全国的同胞，尚未动员驰赴疆场以前，我们对于敌情应该先做一番侦探的工夫；对于敌人的实力，也应该估计一番，那才能“知彼知己”！那才能“克敌制胜”！

只是《新陕西》是以介绍陕西政治经济状况、历史文化及社会发展为主的社科综合性刊物，自创刊之日起就很重视关于陕西实际情况的调查研究。因此编者在文章的最后呼吁：

读者诸君，尤其是熟悉日本情形的诸君，在很短的时间内，能够将日本帝国主义者的军备，政治，经济，以及近百年来所加于我国的各种侵略的情形，有系统的写将出来，投给本刊，以便引起大众对日本帝国主义的检讨；以便暴露日本帝国主义的罪恶！以便促动全国同胞的“同仇敌忾”之气。①

之所以用这么大的篇幅介绍《写在这一期底前面》，是因为作为一个综合性刊物，《新陕西》的编者在文章中虽未直接邀约有关抗战文学的稿件，但实际上在此后数期版面有限的“文艺”栏目中，逐渐减少了娱乐性、消遣性较强的纯文学作品。而同时期诸如“陕西省立第一民众教育馆”编辑发行的《陕西民众》，“陕西公立职业学校”编辑发行的《工作》等公开出版的各类刊物，也都开始关注突然爆发的战争。“陕西全省教育界反日帝国主义救国会宣传部”甚至专门编辑发行了刊物《打倒日本帝国主义》，大量刊载讨论对敌斗争方式和策略，鼓励东北军民奋起抗战、英勇斗争的诗歌、散文、小说和话剧。由此，西安抗战文学的序幕正式拉开了。

---

① 《写在这一期底前面》，《新陕西》1931 年第 1 卷第 7 期。

遗憾的是，九一八事变虽在西安掀起了阵阵波澜。但经济落后、文化贫瘠、报纸期刊严重缺乏的社会现状也在很大程度上限制了西安抗战文学的发展。事变爆发后的很长一段时间，除《新秦日报》《西安日报》《民生日报》等地方性报纸外，能够发表专文讨论对敌斗争方式和策略，刊载抗战文艺作品的只有《新陕西》《陕西民众》《文学十日》《新长安》等少数几种刊物。甚至此后的几年，在偌大的历史古都，能够连续出版，维持时间较长的报刊读物也很少，且生存时间都很短暂。即便是陕西省政府秘书处主办的《新陕西》也仅出版到 1932 年 3 月第二卷第三期后即告停刊，其他如《打倒日本帝国主义》，仅在当年 10 月出版创刊号一期后就再无下文。也就是说，在以文学期刊、文艺副刊及单行本文学书籍为主的传播时代，纸媒介（又叫印刷媒介）的缺乏不仅直接降低了抗战文学的丰富性和层次性，还导致文艺信息无法顺畅、快捷、高效地进入普通受众的接受视野，大大压缩了西安抗战文学的发展空间。同时随着事变新闻性的降温，且并非如东北作家群一样创作了有较大影响力的抗日文学作品，处在萌发阶段的西安抗战文学不久即陷入了沉默。不过沉默并不是死寂，对富有爱国心、正义感的作家与艺术家们来说，无论他们身处何地都难以置身于抗战这一时代主潮之外。在西安，抗战文学题材的作品并没有彻底消失，爱国主义这个最普遍的主题也没有被遗忘，而是随着民族危机的不断加深，持续搅动并逐渐影响了整个社会。

1935 年，日寇为达到“渐进蚕食”的侵华目的，发动了华北事变，民族危机空前加剧。中共中央结束长征，胜利北上，最终落脚在距西安仅六百余里的陕北延安一带。到了 1936 年年初，南京国民党内部对待中国共产党的态度出现明显分化。中国共产党在确定新的统一战线后，与驻扎在西北的东北军张学良部和十七路军杨虎城部取得了联络，在联共抗日等重大问题上达成了一致。张学良开始消极妥协地对待蒋介石的军事策略，希望能够借助政治谈判解决国共对抗问题，实现一致抗日。西安的抗战氛围与抗战舆论与日俱增，抗战文学也就借此发酵，并在各种报刊杂志的推动下持续涌现。

1936年4月15日创刊于西安的《西北新闻》①正是其中代表之一。虽然创刊号上类似于发刊词的《开场白》一文明确表示：

我们用不着把什么提倡艺术，以及艺术如何启示人生，一类好听话在这里絮叨，我们只相信文化与艺术的最高使命，是教人生更有意义，更为丰富的生在而已，自然，这也就是《西北新闻》发刊的动机。②

然而就实际情况来看，在五四解放思想退潮后，“为人生”与“为艺术”两种文学呼声日趋低弱，“为民族”“为国家”“为社会”的声音持续高涨，《开场白》中所说“教人生更有意义，更为丰富的生在”之类的五四话语，自然无法支撑起彼时抗战救国的舆论文化空间。尽管编者试图模糊办刊的真实目的，但紧接版面下方的一首《献诗》则明白无误地表达了主编马伯超的真正意图，全诗如下：

太平洋上的血浪奔腾，
地中海中的波涛汹涌，
暗无天日的非洲大陆，
抗争的火花照映通红！

我们伟大的中华民族，
并不是命运注定的奴隶！
为什么受敌人疯狂的榨压，
还不敢奋勇翻身突起！

四年来所得血的教训，

① 《西北新闻》，半月刊，1936年4月15日创刊于西安，“《中国新闻》摄影社”创建人马伯超编辑，“《西北新闻》摄影社”发行。主要转载各种时事新闻，辅以评论，多与西北有关，另刊有多首现实主义诗歌作品。主要栏目有评论、西北新闻、专载、转载、特载、呻吟语、诗歌、附载等。1936年出至第3期停刊。

② 马伯超：《开场白》，《西北新闻》1936年第1期。

敌人的侵略只有日益加紧，
我们只有危难中争取生存！
撕开枷锁，自己去作主人！

树起民族革命的大旗！
建立抗敌救亡的营垒！
斩断敌人侵略的毒掌，
使中华境内高射自由之光！！！①

只是，《西北新闻》所强调的“奋勇翻身”“争取生存”“民族革命”“抗敌救亡”等革命大业的承担者，似乎还仅限于国民党。在这个杂志中，个别文章鼓吹“攘外必先安内”的老调重弹似乎和《开场白》中的意旨颇有抵牾，让人一时难以分清刊物的中心思想究竟是什么。

事实上这也引发了读者的疑惑，纷纷致信编辑部诘问，以致主编不得不在半个月后的第二期卷首语上，以《答覆读者给我们的教训》为题特地解释道：

读者都说本刊没有中心思想，我们也感到这点，因为我们并不是一个有背景的宣传工具，为任何党派做喇叭，所以才感到相当困难，而开辟了一条“中庸大道”，站在客观立场，凭着良心，坚强下去，绝不屈服于黑暗的势力，以期走到最后目标——抗敌救亡，争取民族解放。②

从之后的稿件情况来看，《西北新闻》确实恪守了“不做宣传工具”的原则，也大量刊发与抗战相关的时事新闻、特载评论和诗歌作品，如《世界弱小民族反帝的怒潮》《现阶段日本思想之倾向》《苏蒙日满对峙与中国》《对于华北的一种认识》和诗歌《长白山上的怒吼》《呻吟语：骗》《吊古长安》等，切实地履行了“唤醒大家，共同和民族敌人拼命”的使命，推动了西安抗战舆论和

① 《献诗》，《西北新闻》1936年第1期。
② 马伯超：《答覆读者给我们的教训》，《西北新闻》1936年第2期。

抗战文学的发展。

《西北新闻》出版三期即告终止，西安的抗日宣传虽未停滞，但也面临着很大的现实困境。1936年4月创刊的《西北向导》①和同年11月创刊的《文化周报》②则相当程度上反映了西安抗战文化的真实面貌。对抗日及国共联合等问题已有全新的认识，其中《抗日与内战》一文就颇能代表一时的态度与意见。文章开篇即断言：

> 抗日是救亡复兴的要图，内战是斫损民族元气的最好办法，这二者之间没有丝毫相同的地方，绝不应混为一谈。借口抗日来进行内战是一种丧心病狂的荒谬举动，没有人会予以宽容；而在真正的抗日原则之下，也绝对不会爆发内战——要求举国协力之不暇，谁更忍得自己去促成民族阵线的破裂？即便有政见的出入，认识的分歧，只要根本立场是一致的，尽有许多途径可以达成融洽，绝不会借助于战争。只有甘心背叛民族利益的人们，才会在千钧一发的紧急关头，进行祸国的内战。

最后作者则喊话政府：

> 对国内政争应该从民族利益的立场求得一个避开战争方式的正确解决方法；而更重要的，我们切迫的希望着全国各方都捐弃前嫌，集中国力，在统一的指导策划下去进行抗日复土。③

此段论述虽没有直接提到"攘外必先安内"政策，但是对国民政府在民族危机不断加重之际，依然无视全国抗日呼声而肆意挑起内战的错误处理方式颇有成见，甚至用"丧心病狂""荒谬""背叛民族利益"等感情色彩异常浓烈

---

① 《西北向导》，旬刊，1936年4月1日创刊于西安，刘雨田主编，"西北向导社"发行，1936年12月1日出至第25期停刊。主要刊发有关西北开发与建设、国内外时政类文章，对绥远问题多有关注，也有部分文艺作品，主要栏目有兰州、译文、社会调查、漫谈、漫画、文艺等。

② 《文化周报》，周刊，逢每月7日、15日、23日、30日出版，1936年11月7日创刊于西安，奚如编辑，"文化周报社"发行，主要刊发时评、报告文学、一周情报，对工人反日罢工运动、绥远战事多有关注，1937年1月出至第12期停刊。

③ 《抗日与内战》，《西北向导》1936年第12期。

的语词批评政府，以示不满。这在当时的西安报刊新闻界也属少见，更何况《西北向导》还是受国民党西北政训处直管的刊物。

虽无相关资料佐证此观点在社会上的接受程度，但实际上却在驻扎于西北的广大东北军官兵中激起了较强的反响。张学良的机要秘书栗又文就在《西北向导》上发表了《致西北向导编辑部》的信，讲述了一位东北军下级军官因国土沦丧以致流亡西北的苦难遭遇，并表示东北军官兵希望停止内战，打回老家去。岂料，该文甫一发表，就遭到西北政训处的干涉，不仅对主编严加叱责，还命令编辑部将全部刊物收回，撤销该文后重印。取而代之的则是另一位自称东北流亡人士林光汉的《告东北军全体将士书》。林光汉的文章虽然也直陈，“复土问题，应为东北军今后最高之政治原则，为了复土来拥护国家的统一”，“收复失地的任务，是东北军的唯一使命”。但对中国共产党却极尽污蔑攻击之能事，认为中国共产党提出的抗日口号是“一阴谋之所在”，目的就在于“使东北军同情于共党，但却可能扰乱军心”，因此“东北军……为揭破共党阴谋，稳定自身阵容，坚定将士信心，大势所趋，也不能不自己举起‘收复失地’和‘抗敌’的大旗，以与共党阴谋相搏斗，以粉碎其窃取抗日口号之重要阴谋”①。其后，《西北向导》上又连续刊发了读者对《告东北军全体将士书》一文的讨论文字，林光汉亦四次著文回应，但核心观点依然没有改变，即东北军应“举起收复失地和抗敌的大旗，与共党阴谋相搏斗”②。

旨在宣传张学良联共抗日政治主张的《西京民报》③，和地方进步人士创

---

① 林光汉：《告东北军全体将士书》，《西北向导》1936年第4期。

② 林光汉：《关于〈告东北军全体将士书〉的补充和答辩》，《西北向导》1936年第7期。

③ 《西京民报》创办于1936年6月18日，是张学良为宣传联共抗日的政治主张，向东北军官兵进行反对内战、抗日救国宣传教育而创办的。初期使用西北政训处的名义，后由张学良个人出资。在西安事变前，曾参与了纪念鲁迅逝世、援助绥远抗战募捐、纪念“一二·九”一周年等大型群众活动，在东北军官兵、西安社会各界尤其是广大爱国青年中产生了较大影响。1937年2月中旬停刊。

办的《秦风日报》[①]，也因为多次编辑发表反对内战、一致抗日的救国宣传类文章，受到国民党西安新闻检查所的阻挠和干扰，轻者被强制命令删改文章，重则禁止发表，以至于各刊物不得不屡次“开天窗”以示抗议。而上文提及的《文化周报》，则密切关注国内时局动态，不仅刊发了大量东北军民抗日救国的消息，还结合时事，以新闻通讯的形式汇报各地的紧张局势，向西北民众展示日趋严重的民族危机。如《短评：北平已无“九一八”》《绥东简报》《一周情报：北戴河又被冀东伪组织接受了》《哈尔滨通讯：日伪军“秋讨”中义军之应对战》《抗日的罢工高潮》《即刻释放七个救国领袖》等。此外还在其特别栏目——“人民呼声”中，以显眼位置刊登各地抗日军民、社会团体的抗日救国宣言，如《福建军人反日救国会宣言》《全国各界救国联合会为团结御侮告全国同胞》等。甚至公开向政府争取救国言论的自由，以“鼓励政府对日强硬外交”，“反对或明或暗地断送国土”。[②] 遗憾的是，各文艺刊物的抗战言行并未得到政府的回应与采纳，对政策与时局也无实质性影响。由此可见，西安的抗战氛围和抗战舆论虽然强烈，且颇得民众及东北军官兵的拥护支持，但屡遭打压，生存空间不断被挤压，这也反映出国民政府在对待中国共产党及抗日等重大问题的态度，较之以前，并无太大的进步。

直到西安事变爆发，情况遽然改变。事变发生当日凌晨，张学良、杨虎城的部队即控制了整个西安城，并对新闻报刊实行舆论管制。杨虎城的十七路军联合中共西北特别支部徐彬如等共产党员，以西北各界抗日救国会的名义，接管了执意宣传“攘外必先安内”政策的国民党陕西省党部机关报《西京日报》，并将其改名为《解放日报》。在各方力量谈判期间，《解放日报》刊发了人

① 《秦风日报》创刊于1937年5月9日，董事长杜斌丞，社长兼发行人成柏仁，主编张性初（张秉仁）。全面抗战爆发前，主要报道各地的抗日救亡运动、国共第二次合作的消息，重点揭露了日本的虚伪外交及侵略本质。栗又文的《致西北向导编辑部》的信在《西北向导》上被撤销重印后，在西安以东北抗日义勇军代表和张学良随从军官身份活动的共产党员刘鼎曾说：“以后像这类文章应该送《秦风日报》发表，那是地方进步人士办的。”可见《秦风日报》之性质。

② 张超：《争取救国吾言论的自由》，《文化周报》1936年第1卷第3期。

量系统宣传张学良、杨虎城对时局主张的专论和针对时事阐明态度的社论，尖锐抨击了国民党对日妥协和对内反共的错误政策，向社会民众阐述了“战则生存，不战则死亡”的道理，并在此基础上出版了各类专刊、专栏、文艺周刊，宣传抗战主张。其中的一个文艺周刊“烽火台”不仅立志于“肩着大时代的使命”，“使大众的笔，成为抗敌的箭簇，待着救亡的烽火，射进每一个中国人的心”，还要“用文艺教育大众，打击敌人”，“使得大众不分阶级、性别与党派都在抗敌阵线上携手迈进”，最终“在西北建立成一道文艺的国防线”①。而另一个周刊“冲锋号”则在首刊号中声明：

> 在日本帝国主义不断进攻和加紧分割中，伟大的无可伦比的“一二一二”把西北从阴暗的云雾里解放出来了……可是祖国大地重重的暗云笼罩着无数万大众底悲惨的命运……我们一群爱好文艺的青年，生存在这民族危亡的线上，应把握现实，负起历史所赋予的任务，以笔作战斗的武器，奋身投入这伟大的巨流，为民族生存而抗战，绝不畏缩、投降。②

可以说，这一时期的《解放日报》实质上成为了西安抗战文化的领导者，在相当程度上调动了社会各界的抗战情绪，推动了西安抗战文学的发展进程。

遗憾的是，虽然包括《解放日报》《文化周报》《新秦日报》《学生呼声》等在内的一大批报刊杂志上刊发了大量诗歌、散文等“短平快”式的抗战文艺作品，但随着事变的和平解决，国民党南京政府的政治势力卷土重来。《解放日报》被《西京日报》接收，后于 1937 年 2 月 10 日停刊；西安一中“学生文艺研究会”编委会编辑发行的《学生呼声》同年 5 月出至第七期后停刊；“西北青年文艺工作者协会”主编出版的《沙河》也仅在 4 月 20 日出版一期便再无消息……整个西安的抗战文学再次陷入低谷。

---

① 贾晓琴：《1936 年西安发行的解放日报》，《新闻研究资料》1984 年第 2 期。

② 贾晓琴：《1936 年西安发行的解放日报》，《新闻研究资料》1984 年第 2 期。

二、全面抗战爆发后的初步勃兴

1937年7月7日，日本侵略者悍然发动了震惊中外的卢沟桥事变，驻地中国守军奋起还击，全面抗战正式拉开了帷幕。日军在占领华北大片领土，控制重要交通线后，加速了侵略西北各省的步伐。一方面集中兵力侵犯山西、陕西两省交界的黄河东岸，为渡河西侵、攻占陕北作准备；另一方面又大举进犯晋南、豫北等地区，并由绥远窥伺宁夏，直逼陕西，企图进军西北和西南。也就是说，为了打下中共中央所在地陕西延安和因西安事变而成为全国抗战基地的陕西西安，给中国抗战以致命一击，穷凶极恶的侵略者加大了对陕西及整个西北的侵略步伐。这也使得陕西在抗战全面爆发后不久，就从重要的战略后方转变为国防前线，甚至成为西北乃至全国的抗战重心。紧张的战事在陕西各地引起了巨大震动，特别是在省会西安，团结一致、抗日救亡成为社会各阶层人民的共识。从7月中旬起，西安城内各报纸杂志上的抗日文学作品数量猛增，西安文学向战时形态转变的进程也随之开启。从一定意义上说，娱乐性、消遣性和纯文学作品的逐渐减少标志着战前西安文学历史的正式结束。而抗战文学及文艺运动，则在抗战全面爆发后的炽热战火中轰轰烈烈地开展起来。

与七七事变前的曲折萌发不同，这一时期西安抗战文学的初步勃兴主要表现在以下几个方面：第一是各种期刊杂志的大量出版，多种形式、风格的抗战文学作品遍布其上。战争的全面爆发改变了人们的日常生活，关注战争以及和战争有关的一切成为普通人介入社会的重要渠道。只是对他们来讲，电台、广播、电影等新媒介的缺乏，使快速、便捷地获取政治、军事、文学信息颇为困难。同时，战时贫瘠的文化生活又在相当程度上刺激了人们的信息需求。于是，期刊杂志这种成本低廉、信息丰富、传播广泛的纸质媒介就成为国统区文学传播的重要载体。而从七七事变爆发至当年年底不到半年的时间里，在西安这座文化贫瘠、发展滞后的西北城市，集中涌现出一批抗战期刊，其中有名可载者就有《说论》月刊[①]、《改进》月刊[②]、《抗战新辑》半月刊[③]、《挺进》旬刊[④]、《革命青年周刊》[⑤]、《烽火》旬刊[⑥]、《街前巷后》月刊[⑦]、《文化动员》月刊[⑧]、《救亡》周刊[⑨]、《怒吼》周刊[⑩]、《抗战与文化:理论的、实际的、政治的、文艺的》半月刊[⑪]等十余种。1938 年出版的《第二期抗战后:西线战绩》一书就对西安抗战文化的情况做了如下描述:

> 这里的文化界,渐逐活跃起来了,现在日报约在十家以上,内容比较充实,要算《工商日报》与《文化日报》,消息都是一样,"通讯"和"论文"两报比较多些,其中还有不少可靠的材料。《救亡》周刊,是郑伯奇编的,大约算是正在进行的西安文化界救亡协会的机关杂志,许多有名作家在上面写文章,曹靖华先生似乎亦是编辑人之一。《活的生活》、《文化动员》、《贡献》这几种刊物都为当地青年所编辑,内容在水准以上,书报我

---

① 1937 年 7 月创刊,"《说论》社"编辑发行,主要栏目有时论、学生特栏、专著、文艺、名人介绍等。1938 年出至第 3 卷第 1 期停刊。

② 1937 年 9 月 5 日创刊,"《改进》杂志社"编辑发行,刊发有教育论文、文艺作品等。仅出一期。

③ 1937 年 10 月 1 日创刊,"西北文化日报社"编辑发行,主要辑录转载郭沫若、茅盾、田汉、郑伯奇、宋庆龄等社会知名人士的抗战作品和言论,1937 年 11 月出至第 4 期停刊。

④ 1937 年 10 月 10 日创刊,"《挺进》旬刊社"编辑发行,主要刊发政论、纪实文章以及小说、诗歌等文艺作品。1938 年 3 月 10 日出至第 15 期停刊。

⑤ 1937 年 10 月创刊,"《革命青年周刊》社"编辑发行,主要栏目有一周间国际形势、抗战一周、短评、文艺、战地常识、时事论著、乡村工作等。1938 年 2 月出至第 12 期停刊。

⑥ 1937 年 10 月创刊,"《烽火》旬刊社"编辑,李赞侯发行,主要刊发抗战宣传文字和大鼓等传统文艺作品。1938 年 2 月出至第 12 期停刊。

⑦ 1937 年 10 月创刊,蔡奕编辑,景梅九发行,刊发各种形式的抗战文艺作品,1937 年 11 月出至第 2 期停刊。

⑧ 1937 年 11 月 5 日创刊,"西安文化动员委员会"主办,"文化动员社"编辑发行,主要栏目有时评、战情、抗战中的现实问题、文化线、文艺方案、情报等。1937 年 12 月出至第 2 期停刊。

⑨ 1937 年 11 月 28 日创刊,郑伯奇主编,许永平发行,"《救亡》周刊社"出版,主要栏目有短评、论文、通讯、纪事、专载、文艺、特载、报告等。1938 年 6 月 13 日出至第 22 期后终刊。

⑩ 1937 年 12 月 9 日创刊,"西安平津同学会"编辑发行,主要刊发短评、短文、通讯、报告等抗战文艺作品。1938 年 3 月出至第 5 期后停刊。

⑪ 1937 年 12 月 10 日创刊,"西安抗战与文化社"编辑发行,主要栏目有抗战理论、发扬民族精神、专论、译述等。1942 年 6 月出至第 6 卷第 8 期停刊。

只见到一种，叫《抗敌漫画》，为东北青年画家陈执中君一人支持，是石印的，可谓在西北角上播了一粒漫画的种子。①

虽然这些刊物多非纯文学性质，但基本每种每期上都设有文艺栏目，刊登种类名目繁多、新旧形式兼及的抗战小说、报告、散文、诗歌、大鼓、诗词、文艺通讯作品，以丰富西安的抗战文学市场，实现宣传和动员群众抗战救亡的现实目的。也就是说，这些因抗战而生，以描写抗战，服务抗战为宗旨的期刊杂志，是文学参与现实社会，融入战争机制的明证。它们的大量出版对传播抗战文艺产品和推动抗战文学运动起到了重要的保障作用，真正成为中国现代新闻教育事业奠基者谢六逸所称赞的"普及教育之利器，首数报章，以其一纸风行，也能转移社会趋向于也"②。

第二是抗战文学创作异常活跃，几乎所有的文艺工作者都能以抗战为创作中心。抗战初期绝大多数在西安的文艺工作者，都自觉地关注抗战，服务抗战。他们把文学作为宣传工具和战斗工具，以自己的实际行动履行教育民众、发动民众，揭露敌人、打击敌人的时代重任。《文化动员》创刊号上的《编后杂谈》一文就声明：

抗战前途，并不乐观，文化与文化工作者，是不能逃难或缴械的，应当立刻反攻，促进日本帝国主义的崩溃，提早中华民族的解放，这也是文化与文化工作者的任务。③

郑伯奇主编的《救亡》周刊也呼吁文化工作者要以文化总动员的方式保卫西北，并确定文化总动员保卫西北所达成的几点原则：

第一，要建立文化动员的总的联合，以民主的方式，决定总动员的行动纲领与工作方针；第二，要开展各个文化部分的动员工作，并且，在动员

① 依非：《由西安到洪洞》，载江诒等：《第二期抗战后：西线战绩》，大时代书店 1938 年版，第 79—80 页。

② 谢六逸：《谢六逸文集》，商务印书馆 1995 年版，第 272 页。

③ 《编后杂谈》，《文化动员》1937 年第 1 期。

中把各个文化部分的组织建立起来;第三,要争取救国文化运动的自由与合法的保障,使这一个运动能够自由发展。①

文艺工作者以宣传和动员抗战为目的,投入抗战文学运动和文学创作,在相当程度上实现了文学追求与抗战现实的紧密结合。更重要的是,绝大多数的作家虽然秉持不同的政治信仰、文学审美情趣和艺术创作风格,但在唯有以战争来争取并捍卫个人生存权利和民族尊严的社会现实下,他们别无选择,只有以爱国主义为基础,将自身融入抗日救亡的时代洪流中,以实际行动参与到抗战文艺创作和文艺运动中来,汇成民族解放战争的滚滚洪流。

第三,文艺界抗日民族统一战线进一步扩大,一大批新的文艺界抗战救亡组织和文艺团体相继出现,抗战文艺运动风起云涌。抗战全面爆发前,西安就有文艺界救亡团体活动,如 1937 年 1 月成立的西北青年文艺工作者协会就呼吁各地的文艺工作者,"紧密的联络起来,组成坚强的阵营,取得一致的目标,朝着一个方向集体的发挥文艺的战斗力量"②。七七事变后,文艺界救亡组织和文艺团体更是相继涌现。11 月初成立了西安编辑人协会,会员三十余人,选出郑伯奇、史群、陈菲、段念兹、蔡奕五人为理事。11 月 21 日成立了西安文化界协会,会员二百余人,郑伯奇、以群、陈翰伯、史群、周伯勋五人为常委。不久,文协第一次执行委员会审议决定,报协、剧协、歌协、美协、科协、图协、游艺协等组织均委托文协会员负责筹备。西安木刻漫画研究会、西北作家协会、新时代歌咏团等亦相继成立。正如 1937 年 11 月 28 日《西安文委十一、十二月份文化工作计划总结》报告上所说的那样:"十一月份西安文化工作的优点是:能和一般救亡团体运动配合,文化界已经参加了各界代表团,力争救亡运动的开展,并且起了积极作用。"③同时,各救亡组织和团体打出的口号如"文

① 慕韩:《文化总动员保卫西北》,《救亡》1937 年第 3 期。

② 《西北青年文艺工作者协会成立宣言》,《学生呼声》1937 年第 1 卷第 5 期。

③ 《西安文委十一、十二月份文化工作计划总结》,载中央档案馆、陕西省档案馆编:《陕西革命历史文件汇集 · 1937 年》(2),内部资料 1992 年版,第 11 页。

化总动员保卫西北；扩大文化界抗日统一战线；争取救国言论、出版自由；改善新闻检查制度；开展反日、反汉奸思想斗争；文化工作者武装起来；实施战时教育”等也颇能反映出这一阶段西安抗战文艺运动的特点。①

值得一提的是，包括西北战地服务团、上海救亡演剧队、难民孩子剧团、新安旅行团等抗日文化宣传团体也开赴西安进行抗日演出和宣传。丁玲的话剧《河内一郎》，端木蕻良、萧红、塞克结合形势创作三幕话剧《突击》，在西安四个半月间就演出了68场；而在其他省份风行一时，以爱国主义为基调宣传抗日救亡的新旧剧作，如《投笔从戎》《梅花岭》《梁红玉》《民族英雄》《花木兰》《忠烈图》《盗虎符》等也在西安轮番上演，产生了很大反响，极大地调动了各阶层民众的抗日救亡热情。

至于从抗战全面爆发至1939年年初的西安抗战文艺及文艺界发展状况，1939年3月创刊，浙江省战时文化事业委员会编行的《浙江战时教育文化月刊》就刊专文——《最后堡垒的西北文化运动》予以介绍。这里不妨引出部分，仅为以偏概全式的呈现：

> 自从战事爆发以后，大西北的文化界，也起了一个很大的震动，最初在西北重心的西安，虽然定期刊物只有两三种，那时候因为上海在战争，国内原先出版的刊物，一时同陷于停刊，西安市上见不到外来的刊物，一般人都感悟到精神食粮的恐慌，但这只是暂时的性质，同时也不仅仅西安是这样，后来由于各战区重要都市的沦陷，到西安去的“文化”一天多似一天，再加上西北临时大学也设在西安，所以刊物出版地表现上，呈现出在西安从来所未有过的雨后春笋的现象，先后出版地刊物，也多搬到汉口出版，骤然输送到西安，把西安变成了刊物的世界。去年春天，日人的铁蹄踏到了风陵渡，西安紧张起来，有些学校和许多“文化人”，立刻又离开那里，霎时西安的文化界，就像火车开走后的车站，一下子变为冷落萧条

① 《西安文委十一、十二月份文化工作计划总结》，载中央档案馆、陕西省档案馆编：《陕西革命历史文件汇集·1937年》(2)，内部资料1992年版，第15页。

的不堪，以后台儿庄大胜，晋南的局势缓和，西安情形稳定，西安文化界也就又恢复了常态。直到现在，因为大时代把西北的文化界锻炼得坚强起来，纵然日机不断的飞往狂炸，他们并不逃跑了他们要负起领导民族的责任，拿“文化”和日本的炮弹拼！他们要以笔杆当枪杆准备和野蛮的民族厮杀！大时代使他们健壮起来了！①

在抗战文学初步勃兴，抗战文艺运动有序开展的同时，国共之间的合作情况却不容乐观。正如之前所说，国民党基于以往对内压制的统制政策以及对民众运动的畏惧心理，不仅对共产党领导的文艺组织和文艺力量心存芥蒂，还对活跃在西安的知识分子以及由其建构的文化舆论空间，表现出相当程度上的疑虑和不安。

卢沟桥事变三天后的7月10日，中共陕西省委就日军进攻卢沟桥事件发表了“告西北各界同胞书”，呼吁“全西北民众动员起来！组织起来！武装起来！要求抗日救国的集会、结社、言论、出版、罢工之自由！从工厂、农村、学校、兵营出来，到街道上去，参加示威！到华北去，参加抗战！……拥护国共合作！立刻完成全民族统一战线，抵御日寇侵略！”②12日，中共陕西省委又致电省委常委、组织部部长兼西安市委书记心余③，告知“关于卢沟桥事件扩大西安应即进行的几项工作”，其中明确指出“动员各报纸、刊物加紧抗（战）宣布（传），组织宣传队到街上、近部（郊）宣传，标语、口号、传单应广泛，扩大保卫平津与抗战宣传”④。

与此同时，国民党陕西省党部也行动起来，于7月14日在西安省党部大

---

① 《最后堡垒的西北文化运动》，《浙江战时教育文化月刊》1939年第1卷第3期。

② 《中共陕西省委为日军进攻卢沟桥事件告西北各界同胞书》，载中央档案馆、陕西省档案馆编：《陕西革命历史文件汇集·1937年》(2)，内部资料1992年版，第247—248页。

③ 即张德生，字心余、辛余，曾用名博五、仲房、老关、德甫等，陕西榆林人，中共七大代表，原中共陕西省委第一书记。时任陕西省委常委、组织部部长兼西安市委书记。

④ 《陕西省委致心余并报洛甫电——关于卢沟桥事件扩大西安应即进行的几项工作》，载中央档案馆、陕西省档案馆编：《陕西革命历史文件汇集·1937年》(2)，内部资料1992年版，第249页。

礼堂召开了陕西省各界抗敌后援会成立大会，并集中讨论了《修正陕西省各界抗敌后援会简章》，通过了以大会名义发布的《电慰前方抗敌将士案》和《组织各界慰劳团案》。值得注意的是，国民党陕西省抗敌后援会简章明确规定："后援后的宗旨为在中国国民党领导之下，领导陕西各界从事抗敌工作"，具体到抗日宣传工作上，则要求："统一抗敌宣传，由抗敌后援会制定宣传方针，分发各机关团体参照，对于有反后援会之方针的宣传将设法加以取缔，宣传方式及扩大宣传方法交执委会办理。"①很明显，与中共站在国共合作和抗日民族统一战线的立场上，推动抗战宣传工作所不同的是，国民党陕西省党部更为关注文化领导权的归属问题，希冀包括中国共产党在内的所有党派，"要拥护中央的一切国策，服从最高领袖蒋委员长的一切领导。"②而中国共产党的态度也很明确："中国共产党在政治上和组织上是完全独立的政党，他服从于国家民族利益和民众利益，服从于自己的革命纲领和政策。今日国共两党是在共同抗日的目标下合作。"③

对在张学良、杨虎城影响下创建、组织起来的各抗日救亡团体，国民党陕西省党部也设法收编。对于不同意归入国民党组织领导的，千方百计地禁止、阻挠其组织活动，甚至一次性取缔了包括西安文化界协会、西安编辑人协会、西安市中等学校教职员联合会、西安市世界语学会、西安新文艺促进会、新时代歌咏团、西北民众抗战剧社、西北青年救国联合会、西北作家协会、陕西青年抗日决死队等 13 个抗日救亡团体。而对抗战全面爆发后创刊的多种抗战文艺期刊则施加压力，迫使其停刊。上文提及的《挺进》旬刊、《革命青年周刊》、

---

① 阎朦：《抗战初期的陕西省各界抗敌后援会事略》，《西安文理学院学报》2006 年第 6 期。

② 《中共陕西省委第二次谈话——关于十月二十九日国民党陕西省党部负责人谈话》，载中央档案馆、陕西省档案馆编：《陕西革命历史文件汇集 · 1937 年》(2)，内部资料 1992 年版，第 454 页。

③ 《中共陕西省委第二次谈话——关于十月二十九日国民党陕西省党部负责人谈话》，载中央档案馆、陕西省档案馆编：《陕西革命历史文件汇集 · 1937 年》(2)，内部资料 1992 年版，第 454 页。

《烽火》旬刊、《救亡》周刊、《怒吼》周刊等刊物就在1938年2月至6月间相继停刊。

对此，中共陕西省委据理力争，在机关刊物《西北》周刊上相继发表了《关于解散西安十三个救亡团体》《我们的意见》等社论。延安的《解放》也公开发表了《中国共产党陕西省委致国民党陕西省党部一封公开的信》，指责国民党陕西省党部查禁救亡报纸杂志，取缔救亡团体，破坏救亡文化运动，并对其压制学生救亡运动的错误做法严厉批评：

> 青年学生在街上募捐，党部不准；青年学生演救亡戏剧，党部禁止，青年学生到乡下宣传，党部骂他们是“自由行动”；青年学生组织战地服务团，党部不准他们开会，青年学生在街上讲演，党部派便衣队跟在他们后面；几十种救亡前进书籍杂志，党部下令禁止销售；若凡存有救亡书籍的青年学生，党部查出加以逮捕；若干教育界抗日分子，党部授意撤职了！①

在中国共产党的强烈谴责和社会舆论的坚决反对下，国民党陕西省党部和西安行营被迫作出让步，先后释放了一些被捕爱国青年。但对各类抗战文艺宣传和文艺运动依然高度紧张，严加戒备，深恐为中国共产党抗日政策和抗日纲领张目的抗战文学作品或宣传文字影响到整个西安的社会文化舆论，进而威胁或动摇其统治地位。因此，国民党陕西省党部不惜联合各种势力，加大文化统制力度，严格新闻检查制度，对有不利于其形象的报纸杂志予以查禁封停，同时集中宣传“三民主义文艺政策”及“一个主义”“一个领袖”“一个政党”“一个军队”等政治主张。

总而言之，在全面抗战爆发后不久，尽管西安的抗战文学和抗战文艺运动实现了初步勃兴，但国民党的文化统制并未减弱。随着事态的发展，包括蒋介石在内的国民党人对中国共产党的疑惧和不满态度日益强烈，任何被认为有“异样”色彩的期刊杂志和文艺作品都面临禁毁的危险，西安的抗战文学生存

① 《中国共产党陕西省委致国民党陕西省党部一封公开的信》，《解放》1937年第24期。

空间不断缩小。特别是毛泽东于 1940 年根据陕西省委关于地下党工作情况汇报和全国地下党斗争的工作经验而制定《中共中央书记处关于陕西工作的决定》后，“荫蔽精干”成为中共在国统区斗争的根本性方针。具体在陕西，则明确规定：“陕西党必须严格执行这一方针，加强党与社会的及群众的广泛联系，以达到长期埋伏，积蓄力量的目的。”①由此，中国共产党的话语空间逐渐萎缩，西安的抗战文学格局也由多元走向一元，而《黄河》，这个在西北乃至全国都具有重要影响力的抗战文艺名刊，就在这样的文学生态环境下诞生了。

① 《中共中央书记处关于陕西工作的决定》，载中共中央文献研究室、中央档案馆编：《建党以来重要文献选编（一九二一——一九四九）· 第 17 册》，中央文献出版社 2011 年版，第 473 页。

第二章 《黄河》的历史风貌与文化特性

抗日战争进行到1940年，相较于重庆、桂林、昆明等文艺工作者聚集的西南大后方，以西安为中心的西北国统区则略显沉寂。受物价高涨、印刷困难及日寇袭扰等多种原因影响，许多抗战初期颇有影响的文学期刊因物资困难、稿件缺乏而难以为继，先后停刊。① 在当时的西安，正如亲历者所描述的那样：

> 只要是一个文艺爱好者或是稍微留心文艺活动的人，莫不感到西北的文艺荒。文艺刊物有如凤毛麟角，文艺作家也是寥寥可数，而无数的青年文艺爱好者只好仰望于重庆、桂林等地外来的文艺食粮了，因而《文艺月刊》，《七月》，《野草》，《自由中国》及《文艺生活》等纯文艺刊物，一到西安就销售一空……西北文艺食粮的缺乏和需要的急迫，由此可见。②

正是在这样的背景下，作为西北国统区抗战文学代表的大型文艺月刊《黄河》诞生了。

---

① 据笔者统计，1937年7月起在西安创刊、发行的24种文学期刊，截至《黄河》出现的1940年2月23日时，生存下来的已是寥寥。仅有1937年12月10创刊，“抗战与文化社”编辑出版的《抗战与文化：理论的、实际的、政治的、文艺的、批评的、综合的》；1938年1月创刊，“抗敌文先锋编辑委员会”编辑的《抗敌先锋》；1938年创刊，国民党中央军校第七分校主办，“《王曲》社”编辑出版的《王曲》；1939年2月1日创刊，胡绳编辑，陕西西安生活书店发行的《读书月报》；1939年5月4日创刊，“陕西省新生活运动促进会妇女工作委员会”编辑，“《战时妇女》月刊社”发行的《战时妇女》；1939年6月3日创刊，“陕西省教育厅编审室”编辑出版发行的《抗建·抗建半月刊》；1939年11月创刊，“民族青年出版社”编辑发行的《民族青年》；1939年创刊，“军事委员会天水行营青年劳动营《青年劳动》月刊社编辑室”编辑出版的《青年劳动》等8种，消失比例占三分之二。

② 姚珞：《我的希望》，《黄河》1942年第2卷第10期。

第一节 《黄河》的发展分期

1940 年 2 月,《黄河》在西安创刊,主编者为《黄河》文艺月刊编辑室,实际负责人是谢冰莹,出版、发行者为新中国文化出版社,编辑室和出版社均位于西安市香米园德化里三十八号。① 1944 年 4 月《黄河》出版至第五卷第四期后停刊,此为抗日战争时期。1948 年 3 月,在西安复刊,西安新中国出版社发行,新中国出版社印刷厂印刷,地址位于西安盐店街公字二号。复刊号出版至 1948 年 8 月第六期终刊,此为解放战争时期。

一、艰难的发展:抗日战争时期

抗日战争时期的《黄河》开始于 1940 年 2 月,终止于 1944 年 4 月。若从具体卷期数上来说,在这一时期内,包括 1941 年 7 月第二卷第五、六期合刊,1942 年 5 月第二卷第十一、十二期合刊,1944 年 4 月第五卷第三、四期合刊在内:1940 年共发行十期;1941 年共发行十一期;1942 年共发行五期;1943 年共发行八期;1944 年共发行二期。即从第一卷第一期至第五卷第三、四期合刊算起,四年内共发行五卷三十六期。为了更加清晰、准确地展示,特列表如下:

表 2-1 《黄河》出版情况

	1940 年	1941 年	1942 年	1943 年	1944 年
1 月		第 1 卷第 11 期	第 2 卷第 10 期(新年号)	第 4 卷第 1 期(新年号)	
2 月	第 1 卷第 1 期(创刊号)	第 1 卷第 12 期 第 2 卷第 1 期(戏剧专号)		第 4 卷第 2 期	

① 香米园,具体位置在今天的西安洒金桥大街以东、北马道巷以西、早慈巷以南、西五台以北,其中巷道纵横交错,根据每条巷道所在方位,又分为正街、东巷、西巷、南巷和北巷,并皆冠以“香米园”三字。

续表

	1940 年	1941 年	1942 年	1943 年	1944 年
3 月	第 1 卷第 2 期	第 2 卷第 2 期			
4 月	第 1 卷第 3 期	第 2 卷第 3 期		第 4 卷第 3 期 第 4 卷第 4 期	第 5 卷第 3、4 期合刊
5 月	第 1 卷第 4 期	第 2 卷第 4 期	第 2 卷第 11、12 期合刊	第 4 卷第 5 期	
6 月	第 1 卷第 5 期			第 4 卷第 6 期	
7 月	第 1 卷第 6 期	第 2 卷第 5、6 期合刊	第 3 卷第 1 期	第 5 卷第 1 期	
8 月				第 5 卷第 2 期	
9 月		第 2 卷第 7 期			
10 月	第 1 卷第 7 期	第 2 卷第 8 期	第 3 卷第 2 期		
11 月	第 1 卷第 8 期	第 2 卷第 9 期			
12 月	第 1 卷第 9 期 第 1 卷第 10 期				

从表 2-1 可看出，按照出版周期的长短，抗战时期的《黄河》又可以大致分为两个阶段：一是从 1940 年 2 月至 1942 年 5 月，这一阶段的出版周期较为固定，两年零三个月的时间里，共出版两卷二十四期，基本能够按照月刊的模式每月一期正常发行；二是从 1942 年 7 月至 1944 年 4 月，此阶段的《黄河》虽然还叫月刊，但已同国统区内超期、延期频繁的刊物一样，变为不定期出版，如 1943 年 8 月第五卷第二期出版后，间隔了 7 个月才见到第五卷第三、四期合刊。而在这一年零九个月的时间里，断断续续共发行了三卷十二期，总体数量较之前减少了一半。

至于刊物主编，从刊物登记信息及目前掌握的资料来看，可以分为三个阶段：第一是谢冰莹主编阶段。1940 年 2 月《黄河》创刊号上注明的主编者为《黄河》文艺月刊编辑室，但实际负责人是谢冰莹。她自 1940 年 1 月到达西安后，一直负责刊物的实际编辑工作。第二是《黄河》编辑委员会主编阶段。

翻阅刊物,笔者发现,自 1943 年 1 月第四卷第一期开始,《黄河》成立了编辑委员会。对于成立编委会的原因,谢冰莹解释道:

为了团结西北的文艺作家,同时充实本刊的内容起见,所以从一月一号起,我们成立了一个黄河编辑委员会,有我们九个人负责看稿子,同时向各地的作家拉稿,对于青年作家的作品,也准备尽量多登,打算每一季出一个专号……①

至于编委会成员,当期的"新中国文化出版社启示"对此有详细的描述,具体信息如下:

本社为团结西北作家,充实《黄河》内容起见,除请谢冰莹先生继续担任黄河主编外,另增聘下列诸先生为《黄河》编辑委员,自三十二年元月起扩大篇幅刷新内容,诸希亮察。

《黄河》编辑委员会

主　　编　谢冰莹先生

编辑委员　李朴园先生　冷　波先生　耶　草先生

易水寒先生　叶鼎洛先生　廖伯周先生

厉厂樵先生　戴　涯先生

(以姓字笔画多少为序)

第三个阶段是厉厂樵(厂字读作 ān,同"庵")主编。从 1943 年 8 月第五卷第二期开始,《黄河》的主编已成为此前的编辑委员厉厂樵。在当期的《启示》中,亦有声明:"本刊主编人谢冰莹女士已离陕,此后改由厉厂樵先生主编,投寄谢女士之信件,请勿直接寄至本社。"②

厉厂樵的名字,现在听起来可能有些陌生,但在 20 世纪三四十年代,却是大名鼎鼎。据资料查证,厉厂樵生于 1901 年,去世于 1960 年,上海人,是民国时期知名报人,在上海、广州、西安的报刊新闻界颇有影响力。他出版有小说、

① 编者:《编后》,《黄河》1943 年第 4 卷第 1 期。

② 《启示》,《黄河》1943 年第 5 卷第 8 期。

杂感集多部,如1927年11月上海现代书局出版小说《囚犯》;1928年6月现代书局出版杂感集《拉矢吃饭及其他》,收录其1927年主编南京《民国日报》副刊时发表的数篇文章;1928年12月上海卿云图书公司出版其杂感集《求生不得》、小说戏剧集《丈夫》;1929年11月广州朝日出版社出版《朝生暮死》等。曾在上海编辑过北新书局的文学期刊《青年界》,30年代活跃于广州。1931年前后在广州主编《民国日报》副刊《黄花》,据该刊投稿者回忆:

广州《民国日报》发刊于一九二六年二七年“大革命”时代,到了三十年代,“国民革命”气概早已荡然无存,但它的副刊还是很正派的,偏重文学著译(有《堂·吉诃德》连载可以作证)。那时广州很多文学青年都投过稿……厉厂樵编的副刊,至少不能说是反动的,虽则这张报纸的领导机关是“四一二”后的国民党省党部。①

1932年厉厂樵联合欧阳山等人成立了广州作家俱乐部,厉厂樵为俱乐部章程起草成员。该俱乐部号召广大作家继续发扬五四精神,创作进步的、大众的、反帝反封的革命文艺,后因广东军阀陈济棠的白色恐怖,及参加活动者成分复杂且观点不一、难以协调等原因而停止活动。其间,他还在广州《心声》旬刊上发表了多篇评介郭沫若、鲁迅作品的文章,如1932年10月21日评介郭沫若《创造十年》的读书散记;同年11月评介鲁迅《三闲集》的短文。其中,评介鲁迅的文章颇显犀利,在当时乃至现在依然颇有特色。仅摘录如下:

鲁迅先生的散文,以尖酸热辣见长。他的讽刺简直是热骂,虽不至于如泼妇骂街那样的排山倒海,但是气涨着脸,仿佛是怒不可遏了,而又不肯破口大骂,于是忍着怒气,就从旁边刺过一枪,砍来一刀……如其是愤懑郁积,就要拔剑而起,而又无用武之地的时候,就看看鲁迅先生的散文,一抒怒气,仿佛吃了辣椒那样的滋味,舌尖嘴唇是麻木了,眼泪鼻涕是淋漓了。但是眼睛一闭,分外地觉得爽快而且舒畅。……在他的犀利辣毒

---

① 陈原:《隧道的尽头是光明抑或光明的尽头是隧道》,商务印书馆2002年版,第179—180页。

> 的笔锋之下,也曾骂过腐旧的社会,也曾骂过政府,也曾骂过“革命”,不失为堂皇正大的血战,但是私人的琐事,不必一骂的细端,他有时也不肯放松……一经他刻画出来,便另有风趣,依旧不失为很好的散文……“唇红齿白”的“革命文学家”虽然抖擞精神,勇气百倍,毕竟是“唇红齿白”,还没有达到“世故很深”的地步,所以只好拖刀勒马了。①

全面抗战爆发后厉厂樵即北上西安,在新中国文化出版社供职,并任国民党中央陆军军官学校第七分校战干团政治教官多年。1943 年 8 月第五卷第二期起正式担任主编,直至 1944 年 4 月《黄河》第五卷第三、四期合刊号出版。《黄河》停刊后,厉厂樵依然活跃在西安报刊新闻界,1947 年被国民党陕西省政府委员兼陕北行署主任顾希平任命为西安绥靖公署新闻处副处长,担任同年 3 月创刊的《同仁日报》的发行人兼社长。

需要特别说明的是,仅从刊物目录页下方的出版信息来看,在 1943 年 1 月《黄河》编辑委员会成立后,谢冰莹的名字依然出现在主编者的位置,直至同年 7 月第五卷第一期出版。但据谢冰莹自述:“我是(1943 年)三月十二日的晚上离开西安的,第二天清早到了宝鸡,十六日由宝鸡动身,十八日上午抵广元。”②这就意味着,在谢冰莹 1943 年 3 月 12 日离陕后,同年 4 月出版的第四卷第三期、第四期,5 月出版的第四卷第五期,6 月出版的第四卷第六期以及 7 月出版的第五卷第一期,很有可能不是谢冰莹主编。因为缺乏足够的资料和回忆文章,我们无法得到准确的答案,但唯一可以确定的是,在谢冰莹出走后,《黄河》的编辑与运营并不顺利,1940 年 4 月出版的第四卷第四期,5 月出版的第四卷第五期,6 月出版的第四卷第六期以及 7 月出版的第五卷第一期共四期刊物,相对之前的数期,不仅篇幅明显减少,且栏目也比之前简略。虽然谢冰莹走后刊物的实际负责人也试图调整编辑策略,改版内容,并在 1943 年 7 月出版的第五卷第一期《编后》中特别声明:“自本期起,本刊的内容略有

---

① 厉厂樵:《鲁迅的〈三闲集〉——读书散记之二》,《心声》1932 年第 2 卷第 2 期。

② 谢冰莹:《遥寄〈黄河〉读者》,《黄河》1943 年第 4 卷第 5 期。

改进，每期有文艺短论数篇，接着是文艺论文，其次是小说、诗歌、散文，最后是文艺名著的评介。”①但也未能改变它的命运，在署名厉厂樵主编的第五卷第二期，第三、第四期合刊出版后，《黄河》因纸张缺乏、印刷困难、亏损严重等原因正式停刊。

二、转换中的动荡：解放战争时期

1948 年年初，解放战争正在中华大地上如火如荼地进行。此时的西安，因物价飞涨、社会动荡等原因，文艺刊物极端匮乏，整个文坛呈现出一片荒凉的景象。正在此背景下，《黄河》文艺月刊在西安复刊了。有资料考证，《黄河》的复刊与当时西安新中国出版社负责人廖伯周关系甚大。

廖伯周，湖北公安人，1934 年考入清华大学。抗战爆发后尚未毕业即投笔从戎，参加位于陕西凤翔的国民党中央陆军军官学校第七分校第十五期政治队，与后来同属《黄河》编委会成员的姚珞同期。1938 年 5 月毕业后分配工作。不久战时工作干部训练团第四团（简称“战干四团”）在西安成立，第十五期政治队自 1939 年起奉命隶属为战干四团管理，廖伯周在训练团任助教。1943 年国民政府军事委员会在凤翔成立“军事委员会战地失学青年就学辅导处”，廖伯周任辅导处教导部注册科科长，后又担任国民党中央军校第七分校校刊《王曲》的主编。1943 年 1 月起与厉厂樵、姚珞等人共同担任《黄河》编辑委员会委员。抗战胜利后在西安创办《自由评论》，主张实行“第三条路线”。1947 年 3 月国民党西安绥靖公署主办的《同仁日报》《战斗日报》先后创刊，廖伯周分别担任总编辑和社长。

至于复刊的细节，有文章考证，1948 年 1 月和 3 月为《黄河》复刊一事，廖伯周两次呈文西安市政府，上报复刊的原因、主编、出版等事宜。

第一次时间为“民国三十七年（1948）元月十四日”，文曰：

---

① 编者：《编后》，《黄河》1943 年第 5 卷第 1 期。

窃《黄河》月刊于二十八年始创,抗战期间风行西北,销数达两万份,三十三年以出版社改组而停版。兹以西北纯文艺刊物极为缺乏,故拟即行复刊,并续聘北平师范学院教授谢冰莹女士为主编。谨依出版社规定填具声请登记书三份、证明书一份,声请登记。谨呈

西安市政府

《黄河》月刊发行人廖伯周呈

第二次时间为"民国三十七年(1948)三月八日",文曰:

窃伯周等鉴于西北文艺月刊之缺乏,特组《黄河》月刊社,发行纯文艺性《黄河》月刊一种,恳钧府准予现行发刊,并请转请颁给登记证为祷。谨呈

西安市政府

《黄河》月刊发行人廖伯周呈①

从两件呈文中即可看出,作为发行人的廖伯周实为《黄河》复刊的力推者。而呈文中显示的"续聘北平师范学院教授谢冰莹女士为主编""恳钧府准予现行发刊,并请转请颁给登记证为祷",再加上复刊号目录下方:《黄河》月刊的发行者为西安新中国出版社,印刷者为新中国出版印刷厂,二者地址位于西安盐店街公字二号等出版信息,可以澄清一个重要的史实性问题,即复刊时谢冰莹是在北平师范学院担任教授,《黄河》的复刊地是在西安,并非部分研究者所说的"1948 年初,谢冰莹在北京师范大学讲授'新文艺习作',同时在北平复刊《黄河》月刊,仍任主编。"也正是由于主编谢冰莹时在北平,而发行、印刷都在西安,所以复刊时期《黄河》的投稿地址变成了两个:一是西安盐店街公字二号新中国出版社;二是北平府右街黄城根卅四号黄河编辑部。具体的编辑流程则是:投稿人将稿件直接投给或由新中国出版社转寄给北平的谢冰莹;稿件在谢冰莹手中编辑完成后,以航空邮件的方式从北平空邮至西安,以

① 介然斋:《谢冰莹和当年的〈黄河〉月刊》,新浪博客,http://blog.sina.com.cn/s/blog_5f180ef20102yz9q.html。

便出版社排版、发行;待印刷完成后再由编辑部分销至北平、重庆、济南、南京、长沙等地。这样来看,早在20世纪40年代,《黄河》主编谢冰莹已是现代意义上的“遥控主编”。

《黄河》复刊时正值解放战争时期,北平、西安两地虽未遭战火侵扰,但亦不太平。特别是随着解放战争进程的加速,北平、西安的局势日益紧张,《黄河》的编辑发行工作也日渐困顿。对此,谢冰莹始终都有较为清醒的认识,她在每期刊物上撰写的《编后》则生动地记录了复刊时期《黄河》的艰难生存环境和谢冰莹自复刊到终刊的心路历程。为了更加准确而又翔实地展示出来,笔者特意分期摘录,以供参考。

1948年3月5日《黄河》复刊第一期《编后》:

> 本刊当物价疯狂上涨,整个社会在动荡不安中复刊,自然有许多地方不能如我们所理想的那么好,希望爱护本刊的老朋友和新读者们,给予我们以精神上的鼓励和援助。在整个中国文坛陷于最沉闷最荒凉的今日,是需要出版家,作家,读者通力合作,打成一片,互相体谅,互相协助,才能渡过难关,维持文化的生命。①

1948年4月1日《黄河》复刊第二期《编后》:

> 真是不幸,本刊复刊号第一期刚印出来,就遇到洛阳大战,不但纸价飞涨,而且不易购到,在西安的面粉也卖到百多万一袋的。今天,要支持一个刊物,的确是不容易的。当编者在北平收到西安寄来的三包黄河,看了上面那一百多万的邮资,不觉大大地吃了一惊。但不管怎样,刊物还是要出的,因为在今天,精神食粮的恐慌,并不亚于物质。
>
> 我们感谢诸位朋友和读者诸君的热忱,承他们寄来许多珍贵的稿件,为了篇幅所限,不能一一刊登,实在万分抱歉!如果纸荒问题能解决,本刊的篇幅将尽可能的扩充,那时就可以多刊载一些青年朋友的作品。②

---

① 编者:《编后》,《黄河》1948年复刊第1期。

② 编者:《编后》,《黄河》1948年复刊第2期。

1948年5月1日《黄河》复刊第三期《编后》:

首先我要向许多朋友和读者诸君道歉,为了节省一点邮费,不另分别覆函,在此一并致谢,并请经常赐稿,多予指教批评。

……本刊复刊虽然只有短短的两期,而他的踪迹,居然到了遥远的重庆,长沙,济南,南京等地,承许多爱护他的青年朋友寄稿来,编者真是万分高兴!①

1948年6月1日《黄河》复刊第四期《编后》:

本刊自复刊后,接读者纷纷来函鼓励,使我们精神上感到莫大的兴奋,虽然西北处在烽火连天的危境,而由北平飞陕的航邮又告停顿,因此三期至今尚未收到,而四期稿件又不知何日才能寄到西安?在这种情形之下,编者真是五内如焚,行坐不安,但愿稿件不遗失,能按月出版,哪怕迟几天也是好的。

……

本期刊登了成都,重庆,开封三篇文艺通信,过去这些地方都是文人荟萃,刊物如雨后春笋般出版的地方,如今竟落得这样凄凉荒芜,真令人有沧海桑田之慨,战事带给我们的痛苦和损失是无法形容的,因为眼看着全国各地的文化日趋没落,所以人家对于《黄河》这朵从惊涛骇浪里翻滚出来的浪花特别爱护,也特别珍惜,朋友,请你们更热忱的和我们携手吧!②

1948年7月1日《黄河》复刊第五期《编后》:

物价一天数涨,有人说,在这个时代办刊物,简直是疯,既赔钱,又受累,而且还要受气,根据这理论,那么在大热天流着汗看稿子,写稿子的人,自然也是疯子;进一步,连看刊物的人也是疯子,为什么他不去吃冰淇淋,喝汽水,看电影,偏偏要节省吃窝窝头的钱来买刊物看,是的,我们都

① 编者:《编后》,《黄河》1948年复刊第3期。

② 编者:《编后》,《黄河》1948年复刊第4期。

是疯了,也只有这样的疯子,将来社会才有办法,才能彻底改造!

当我接到社里的信说,为黄河已赔出三亿多时,我心里万分难过,我早知道有这么一天的,而且销路越好,赔的越多,但我们早已说过,为了要在这沙漠似的中国文坛,培植这一棵小草,我们不能不拼命挣扎,但是谁能担保《黄河》的生命能维持多久呢?写到这里,我的心真酸痛!①

1948年8月15日《黄河》复刊第六期《编后》:

真是俗语说的:"天有不测风云,人有旦夕祸福。"这一□□来(□处为无法辨识的字。此后再有出现,不另赘述。——引者注),编者在病魔的侵害下,曾有好几次想到自杀,但每次都被强烈的理智克服了!

穷与病,永远是结不解之缘的,自然我也不能例外,一个半月以来,我患着很厉害的湿气病,由两耳蔓延到脸部颈部,中医西医换了十个以上都治不好,白天不能做事,晚间痛不能眠,这是使《黄河》六期脱期的一个原因,我不能不说明白,并向该刊作者和读者,深深道歉!②

尽管条件艰苦且困难重重,但从谢冰莹的编后记中也可看出,包括主编在内的《黄河》编辑部还是想尽一切办法克服困难,坚持刊物的正常运营。他们不仅动用各方力量,购买纸张,联系印刷,最大限度地保证刊物的正常出版,还对栏目进行改版,在理论与批评、小说、散文、诗歌等原有栏目的基础上,增加了以刊载各地文坛简况、作家消息的"文艺通讯",青年读者作品的"读者园地"和"漫画书评"三个栏目。

事实上,这些努力还是颇有成效的,就纸张优劣程度和印刷排版质量来看,复刊时期的《黄河》用纸就比1940年创刊时的精致,排版及印刷也比之前更好,就连每期当中的错别字也比之前少很多。复刊时期的稿件,亦不同此前,除谢冰莹新近创作的数篇论文、小说、散文外,名人作家的多类别作品亦明显增多,如理论与批评栏目中有赵景深的《现代诗人的危机》《朱佐朝的渔家

① 编者:《编后》,《黄河》1948年复刊第5期。

② 编者:《编后》,《黄河》1948年复刊第6期。

乐》,李长之的《艺术论的文艺原理》,徐仲年的《圣·戴须贝里和他的著作——当代法国飞将军兼小说家》,张寿林的《小说题材之统一与结构》《小说与道德》,赵清阁的《中国新文艺思潮与趋势》;小说栏目中有碧野的《归来》,赵清阁的《结婚一周年》,张十方的《误会》《失业》,江朗的《被损害者》;散文栏目则有徐仲年的《棒喝记》,梁实秋的《市容》《沙发》《钱的教育》《房东与房客》,孙伏园的《记许寿裳先生》等。引人注目的是,在第六期复刊号上还刊载有知名漫画家丰子恺的六幅漫画《入狱大喜 不怕饿死》《慈母与爱儿》《爸爸不要去》《腐败的面包 不费的恩惠》《一枕新凉一扇风》《好本领》。除刊登知名文艺家的各类作品外,复刊时期的《黄河》亦特别重视青年读者的稿件,在从第二期开始增设的读者园地栏目上,每期短则两三篇,多则七八篇,基本全是青年读者的散文、诗歌作品。

1948 年 8 月 15 日,《黄河》复刊第六期延期半月后出版。与以往不同的是,该期除理论与批评、小说、散文、漫画、文艺通讯、诗歌、读者园地、黄河信箱、文坛简讯等常规栏目外,另刊登了三则启事:

其一是《谢冰莹启事》:

冰莹自主编本刊以来,承各地文友,源源赐稿,读者热烈支持,复刊首卷,得以完成,深为感谢!兹因本人旧疾复发,谨遵医嘱,住院疗养;本刊编务,势难兼顾,自第二卷一期起,即辞去编务,此后诸君惠稿,请直寄“西安盐店街公字二号黄河编辑室”,至一卷余稿,已全部寄往西安,如有查询,请经洽为备。

其二是《本刊重要启事》:

兹以物价飞涨,纸源缺乏,益以本刊主编谢冰莹先生远处北平,诸多不便,且病魔时扰,不堪艰钜,迫不得已,只好暂时停出,俟时机好转,物价稍稳后再谈复刊,半年以来,厚承各地作家与读者先生热情爱护,感荷至深,今后尚希时赐致言,不胜感祷。

其三是《黄河月刊社发行部启事》:

本刊被迫暂停，所有订户（不论固定，自由）之余款，如须退回，请于一月内来函声明，当即照办，如改购其他书报文具，可予九折优待，请即函知西安北大街公字一号新中国出版社办理为荷！

仅从三则启事来看，无论是远在北平的主编谢冰莹，还是地处西安的《黄河》月刊社，都没有停办《黄河》之意，且言辞中透露的尽是惋惜与遗憾，甚至期待《黄河》有朝一日能再度复活。但历史的车轮滚滚向前，作为时间的经历者，人们既无法选择，也不可逃避，唯有接受。1948 年下半年，人民解放军即将与国民党军主力进行战略决战，谢冰莹栖身的北平已处在暴风眼之下，《黄河》发行出版所在地西安也是战云密布。8 月，大病初愈的谢冰莹接到好友梁舒同的信，信中邀她去台湾师范学院教国文。处在贫病之下的谢冰莹稍作迟疑即远赴台湾，此后再未能返回大陆。自此，创刊于 1940 年 2 月，停刊于 1944 年 4 月，复刊于 1948 年 3 月，终刊于 1948 年 8 月的《黄河》文艺月刊正式宣告结束。

第二节 《黄河》的独特风貌

作为一个因抗战而生的大型文艺刊物，《黄河》文艺月刊是反映民族解放战争的一面镜子。它真实地记录了中华民族抗日救亡的点滴血泪和苦难抗争的心路历程，因而在内容和形式上都有自己独特的面貌。这具体表现在文学性与历史性兼具、地域性与开放性共生、新闻性与战斗性并存等几个方面。

一、文学性与历史性兼具

《黄河》是西北国统区少有的大型文学月刊，其特殊的文化身份和历史使命决定了刊物的内在内容与外在形式，使刊物在整体上呈现出文学性和历史性兼具的特征。抗战时期的《黄河》创刊于 1940 年，停刊于 1944 年，作为西北国统区战时生存时间较长的文学期刊,36 期《黄河》上共刊载有不同体裁、不同内容的各类文艺作品六百余篇,平均每期 17 篇左右,具体到每卷数量则为第一卷一至十二期 246 篇,第二卷一至十二期 189 篇,第三卷一至二期 27 篇,第四卷一至六期 72 篇,第五卷一至四期 41 篇。

值得一提的是,虽然《黄河》发行于文化贫瘠、经济落后的西北,与中华全国文艺界抗敌协会机关杂志《抗战文艺》此类全国性刊物相比,在稿源、稿酬上并无优势,但从作品数量和质量来看,抗战时期的《黄河》还是得到了各地文艺家们的鼎力支持,成为立足西北、面向全国的知名刊物。在六百多篇作品中,有多篇是在当时有较大影响力和感染力的文艺作品,其中相当一部分作品的作者已是颇具盛名的民国军政界、文艺界知名人士,还有一些作者经过成长与磨炼,日后也成为中国现代文学史上的经典作家。具体说来,前者如孙伏园的论文《别香斋先生》《川语识小》,柳亚子的诗歌《海上对雪》、文艺批评《海国英雄叙》,冯玉祥的诗歌《春礼劳军歌》,赵清阁的诗歌《生日》,高长虹的论文《论文艺反攻》、诗歌《七七诗》《青年王进的下落》,徐仲年的小说《疯》,老向的小说《黄跛子》《两个学徒》、诗歌《石匠》《募寒衣》《悼周夫人》,卢冀野的诗歌《蜀秦道上》《北征之曲》,张佛千的论文《我对于民族战争文学的一点意见》,叶鼎洛的论文《戏剧与宣传》《今后中国艺术形态上应走的途径》、戏剧《汉奸的跳舞》、小说《红豆》、诗歌《我想起了松花江》,李朴园的论文《我的写剧经过与经验》、戏剧《黄莺儿》,冷波的戏剧《张店之夜》《梅子姑娘》,还有林语堂、老舍、白薇等人的书信;后者则如碧野的诗歌《献》、小说《于陵》《乡间》,臧克家的诗歌《最后的讽刺》,姚雪垠的论文《怎样写人物个性》《论形象》,林岚的小说《造船的人》《冰雪封锁了草原——长诗〈长恨歌〉的 story》、千行长诗《灰色马》《长恨歌》,李辉英的小说《进城》(长篇《关外》之一节)等。需要特别说明的是,早年就以“北伐女兵”的形象而蜚声民国的《黄河》主编谢冰莹也是刊物的重要作者之一。她以真名、笔名和编者的身份,在刊物上发表了大量的论文、小说、散文作品,对刊物的发行出版影响甚大。①

据笔者粗略统计,《黄河》第一期至最后一期(不包括 1948 年复刊号 6 期)上各类作品有近 170 万字,1500 余页,其中理论文章(包括论文、文艺批评、创作指导、书评、文艺短论)71 篇,小说 66 部,散文 107 篇,诗歌 113 首,戏剧 24 部,报告 35 篇,文艺(战地)通讯 35 篇,黄河信箱 44 篇,译稿 24 篇,编后记(编辑室)24 篇,特写 12 篇,木刻 5 幅,漫画 3 幅,以及包含发刊词、特稿、杂感、文坛广播(消息、简讯)、作家书简(短简)、散曲、戏剧插曲、游记、乐曲、文化点滴、编辑室日记、歌剧及其他作品四十余篇(首)。这些数量庞杂、类型多样的文艺作品以文学照亮现实,自然赋予了《黄河》浓厚的文学性。其中绝大多数虽然都是老舍所说的,"时刻不离的紧握住现实,完全为抗战尽心竭力"②的抗战文艺,但无论是作者还是编者,都没有为了追求抗战宣传效果而刻意放弃或者降低作品的文学水准,而是通过改变形式、提升内容的方式,动员各阶层民众广泛参与到民族解放战争中来,这就极大地丰富了战时文化空间,扩大了抗战救亡宣传,推动了西北抗战文艺运动的发展。

仅以论文来看,这个栏目主要有文艺理论、文艺短论、创作指导等几种类别,是为了解决抗战文艺理论研究紧缺、理论批评薄弱的问题而专门设立的。抗战时期,受创作环境、现实需要等多种原因的影响,许多抗战文艺作品,"所写下发表的大抵是现象,是速写,没经过琢磨,也没时间去琢磨。热情淹没了人物,叙述多过于描写"③,因而普遍存在内容单一乏味、形式刻板呆滞的现象。针对于此,《黄河》主要作者之一的叶鼎洛就曾直接批评:"现在我们感到

① 主编谢冰莹在《黄河》上发表了大量的自撰稿,这种集编者与作者二重身份于一身的编辑现象在当时有特别的价值和意义,值得深入讨论。同时,分析谢冰莹《黄河》上的自撰稿,也可从某种程度上窥视谢冰莹对国统区抗战文艺的认同与疏离。因此,本书后半部分特有专节对上述问题集中论述。

② 老舍:《努力,努力,再努力!》,载《老舍全集》第 14 卷,人民文学出版社 2013 年版,第 213 页。

③ 宋之的:《谈"抗战八股"》,《抗战文艺》1938 年第 3 卷第 2 期。

形式之刻板的原故，实在是因为内容太单纯，小说都成了直线的，戏剧都成了平面的，诗歌都成了口号的，绘画都成了贴式的，在作者和读者方面，自然都相互地感到倦怠而渐入停滞的苦闷状态了。”①因此，如何解决抗战文艺面临的现实困境，提升文艺工作者的理论素养及批评水平，同时总结弊病，指明未来发展方向就成为全国文艺界人士急需解决的问题。

对此，《黄河》的论文栏目是这样做的：不仅邀约柳亚子、姚雪垠、段念兹、叶鼎洛、高长虹等一大批文艺界知名人士撰写相关理论文章，如《戏剧与宣传》《论史剧》《小说题材之一与结构》《谈反侵略文学的战略》《论文艺反攻》《论艺术作品的和谐性与统一性》《建立文艺批评》《论形象》等，而且将每期的论文栏目都放在版面最为突出的位置——刊首，以显示其在整个刊物中的重要性。从论文栏目的稿件总量来看，包括创作指导在内，此类颇有现实针对性和理论深度的学理性文章，在抗战时期的 36 期《黄河》中有五十余篇，每期上有近两篇之多。要知道一期《黄河》也不过 40 页左右，而论文栏目所占篇幅少则五六页，多则 10 页不止，可见《黄河》对理论栏目的重视程度。

此外，其他如为响应“把戏剧送上前线”“戏剧上街、戏剧下乡”口号而设立的戏剧栏目；采用自由体形式，篇幅短小精悍，语言铿锵有力，充满号召力和战斗性的诗歌栏目；题材广泛，内容翔实，故事丰富而又多样的小说栏目，也都成为弘扬爱国主义与人间正义，追求丰富人性内涵、历史内涵和民族文化精神的重要代表。可以说，《黄河》充分地体现了西北国统区抗战文学的创作成绩。受限于篇幅，在此并不详细展开论述《黄河》抗战文艺作品的内容、特点、风格等，后面章节会进行系统、充分的研究。

《黄河》不仅刊载了大量的抗战文艺作品，还真实地记录了以西安为中心的西北国统区抗战文学运动的全貌，其中不仅有广大文艺工作者以笔为枪、以文化为战场，兢兢业业为抗战宣传的光辉历史，还有刊物编者以文学战斗的形

① 叶鼎洛：《我们怎样打破目前文艺界的苦闷》，《黄河》1942 年第 2 卷第 10 期。

式投身到战火硝烟之中的难忘记忆。从这个角度来看,在抗战中生存了四年多的《黄河》实际上也是一部西北文艺界的抗战救亡史。

首先,《黄河》的历史性体现在它忠实地记录了西北国统区抗战文艺的发展轨迹。从1940年创刊到1944年停刊,在四年多的时间里,作为抗战时期西北国统区唯一的大型文学期刊,《黄河》实际上扮演了历史记录者的角色。就像创刊号《编后》中所说的那样:"《黄河》是敌后产生的,所以,它将永远保持着它的战斗的姿态。反映敌后,反映战地,反映战区里的黑暗面,反映战地民众的英勇斗争,将是它以后的一贯的中心内容。"①从具体实践上看,《黄河》着重从多方面记录西北抗战的历史风貌,尤其偏重对抗战军人英勇献身事迹、西安民众抗日救亡运动和普通民众苦难生活的展示,因此对《黄河》上的理论、散文、小说、戏剧及其他多种题材、风格作品的研究,就是对西北国统区抗战文艺发展轨迹的研究。

其次,《黄河》的历史性还体现在刊物本身。长期以来,有关国统区抗战后期及战后一段时期,特别是由国民党主导的文艺刊物,在学界长期处于被忽视的尴尬状态。而发行出版于国统区西安的《黄河》自然也未能免除此种命运。不过,正如抗战文艺是一个整体,任何以偏概全、浮光掠影、厚此薄彼式的研究必定无法全面、真实、准确地反映抗战文艺的全貌一样,《黄河》研究自然应该把与《黄河》有关的一切信息都置于历史的显微镜下。如此,首当其冲的正是《黄河》文艺月刊本身,因为无论从时间还是数量,总计四十二期,约两百万字的《黄河》都堪称西安民国文学期刊的代表,刊物内外、字里行间蕴藏的线索和史料都是完善、深化文学史叙述的重要材料。

"是文,也是史"是老舍对《抗战文艺》的整体评价。其实,这一评价也适用于《黄河》文艺月刊。因为与《抗战文艺》一样,处在同一时代的《黄河》同样,"不单刊露了战时的文艺创作,也发表了战时文艺的一切意见与讨论,并

① 编者:《编后》,《黄河》1940年第1卷第1期。

且报告了许多文艺者的活动。它是文,也是史。它将成为将来文学史上的一些最重要的资料。同时它也表现了一些特殊的精神,使读者看到作家们是怎样的在抗战中团结到一起,始终不懈的打着他们的大旗,向暴敌进攻。"①

二、民间性与开放性共生

抗战甫一爆发,文化界的知识分子都积极投入抗战文艺的创作中,为了更好地深入民间,动员民众,很多作家自觉放弃了西方文学思想,转而向民间寻找适合抗战宣传的素材和形式。陈思和曾对此有过较为独到的分析:

> 抗战爆发,由于中国社会结构的变动,民间社会逐渐被注意,它与国家的政治意识形态和知识分子的新文化传统鼎足而立的局面形成。……民间文化则以通俗文学与抗日主题相结合重新焕发活力。……我们纵观这一时期的文学创作,无论在哪个区域,新文化传统都出现了分化,有坚持原来的启蒙立场而受到不同程度的挫折,也有慢慢地从自身传统束缚下走出来,向民间文化靠拢,如老舍、田汉等人的通俗文艺创作(国统区),如张爱玲、苏青等人的都市小说(沦陷区),又如赵树理等人向通俗文化的回归(抗日根据地)。战争给了民间文化蓬勃发展的机会,"五四"以来的文化"三分天下"到这时才有了明确的分野。②

正是在这样的背景下,由知识分子主导的《黄河》文艺月刊亦开始实践通俗化和大众化的文学理念,整体风貌上呈现出较为明显的民间性特征。

《黄河》的民间性首先体现在主编谢冰莹对"文人下乡""文人入伍"的倡导和实践上。《黄河》创办的 1940 年,距文协提出"文章入伍,文章下乡"口号已有两年之久。在此期间,全国各地的文艺家自发组织起来,将既有的文学发展趋势转化为了一个全国性的通俗文艺运动。此举虽然影响并推动了通俗文

① 老舍:《八方风雨》,载《老舍全集》第 14 卷,人民文学出版社 2013 年版,第 391 页。

② 陈思和:《民间的沉浮:从抗战到"文革"文学史的一个解释》,载《陈思和自选集》,广西师范大学出版社 1997 年版,第 204 页。

艺的发展,但也留下了部分遗憾:既未从根本上满足兵间、乡间普通士兵民众的文化需求,又未彻底实现教育士兵,动员民众的现实目的。之后虽有郭沫若为改变此种弊端,强调文艺要表现人民大众,文艺家要向人民大众学习和人民大众保持密切关系,建议将"文章入伍,文章下乡"口号改为"文人下乡""文人入伍",但情况亦未有较大改善。《现代文艺》的编者黎烈文就指出:"抗战后,很多人喊着文人下乡与文化到内地去,不过却依然局促于少数大都市,如重庆、桂林、香港、上海……"①实际上,身处西北国统区的谢冰莹对此有更为深切的感受。在《一九四一年文艺工作者应有之努力》一文中,她批评道:

> 我希望一九四一年的文化工作者,再不要开那"文人下乡","文人入伍"的空头支票,希望他们(自然连我也在内,)脚踏实地的去干!同时更希望我们不要发牢骚,说什么"没有伟大的作品产生?"每个人都要在寂静的午夜扪心自问:"在抗战的烽火中,我为国家民族出过多少力?用过多少心血?写过多少值得发表的文章?"②

除对抗战文艺工作者提出了更加严格的要求外,谢冰莹自己也身体力行,深入前线、后方获取创作素材。她奔赴中条山战场慰问前线将士,参观宝鸡俘虏收容所采访被俘反战日军,多次考察西安周边的生产合作社,还将演剧舞台搬往乡间街头,组织反侵略剧团、战干剧团深入兵间、乡间演出,以实际行动践行"文人下乡""文人入伍"。

《黄河》的民间性还体现在刊登的大量通俗文艺作品中。抗战爆发后,本着功利性和目的性需要,民间文艺被置于异常重要的位置。茅盾就曾说:"抗战文艺中如果没有民间文艺形式的作品,那就绝不能深入民间。我们早已说过要加强大众化了,然而假使不从民间文艺去学习,消化它而再酿造它,那么,我们所谓大众化始终不能圆满的。"③随着战争的深入,最具民间性的通俗文

---

① 黎烈文:《发刊词》,《现代文艺》1940 年第 1 期。

② 鸣岗:《一九四一年文艺工作者应有之努力》,《黄河》1941 年第 1 卷第 11 期。

③ 茅盾:《关于大众文艺》,《新华日报(汉口)》1938 年 2 月 13 日。

学受到了前所未有的重视,《黄河》上也开始大量刊载各种形式、内容的通俗文艺作品。从形式上来看,有通俗韵文《石匠》《卖菜李》(老向),歌谣《大麦香》(穆天)、《农民抗战歌谣》(狱夫)、《募寒衣》(老向)、《吕梁山的大众歌谣》(楚江),还有以民族形式创作的歌剧《木兰花》、《北欧民间朗诵史诗》[挪威奥尔珂德(olcott)著、凯沙译]等。从内容上来看,则有描写因牛被杀而当兵为牛报仇的小说《牛》(曼辉),有描写铁匠为国仇家恨最终走上抗日战场的小说《祖传金家第四代》(刘剑),也有讲述邮政工人为传递消息冒死穿越敌人封锁线的特写《鬼门关》(徐夷),还有讲述为救被日寇掳掠的妻子而加入抗日队伍的歌剧《青山之恋》(冷波)。这些形式多样、内容生动的通俗文艺作品,不仅语言通俗易懂,读起来朗朗上口,故事情节也极具传奇性,其中好多人物形象都是民间社会中经常出现的,因而深受不同层次读者的喜欢。

需要特别提及的是通俗文学创作者之一的老向。老向本名王向辰,抗战时期与老舍、老谈(何容)并称为通俗文艺"三老"①。他是"文章入伍,文章下乡"口号的创始人,在《黄河》上发表通俗文艺最多,成就最大。据不完全统计,仅抗战开始的 1938 年和 1939 年两年间,老向就在自己主办的通俗刊物《抗到底》、文协机关刊物《抗战文艺》、赵清阁主编的《弹花》和徐仲年主编的《文艺月刊 · 战时特刊》上发表了各种形式的通俗文艺作品达二十六篇(首)之多。《黄河》上刊载的则有通俗韵文《石匠》《卖菜李》,小说《黄跛子》《殷家寨》《两个学徒》《错对门儿》,童谣《募寒衣》,诗歌《悼周夫人》八篇。他的这些作品会依据内容的不同,选择相对应的民间形式,从而实现内容与形式的完美结合。

他曾自述:"我曾利用过寡妇哭五更的调子试写过灾童哭五更,更利用妓女叹十声的调子试着写过日本人叹十声,还利用过北方最流行的所谓窑调二十四糊涂试着写过女兵选丈夫",其最终目的就在于探索"旧瓶装新酒"的诸

---

① 金克木:《何荣教授》,载《金克木小品》,中国人民大学出版社 1992 年版,第 52 页。

多可能,使作品“更容易大众化”。① 就拿抗战时期知名度极高的童谣《募寒衣》来说,为发动群众积极响应政府的“募捐寒衣运动”,老向以儿童歌谣的形式创作了《募寒衣》二十首,如第一首《小板凳儿》:

小板凳儿,四条腿儿,
我给战士念个嘴儿。
战士给我一块糖,
拿到家里孝亲娘。
亲娘给我钱一吊,
拿到街上买衣料。
爷一件,娘一件,
一件送给英雄汉。
英雄穿上身,
赶到前线杀敌人。②

这首《小板凳儿》以儿童的口味叙述了“糖”“钱”“衣料”的交换过程,在突出兵爱民、民拥军的同时,将落脚点置于“募寒衣”这一主题。歌谣语言通俗,音调铿锵,语意诙谐,且句末押 an、ang、ao 韵,读起来朗朗上口,颇有味道。实际上,谢冰莹也正是看中了老向作品中的通俗性和民间性,因此不仅在“编后”语中大加赞赏,还多次去信约稿。

与民间性共生的是开放性,《黄河》的出版为所有从事抗战文艺创作的作家提供可供成长的文化空间,也使原本各自为战的文艺作家能够在《黄河》这片“公共园地”上培植抗战文艺。这就使地处西北的《黄河》具有了一种前所未有的开放性。

首先,这种开放性体现在刊物主编的开放性。谢冰莹是编辑家,又是社会

---

① 老向:《论瓶与酒》,《弹花》1938 年第 1 卷第 6 期。
② 老向:《募寒衣》,《黄河》1940 年第 1 卷第 10 期。

实践家,在主持《黄河》工作时,她不仅注重作品的思想内容,还时刻注意以开放性的姿态紧密联系社会。1940 年 7 月正值抗战爆发三周年之际,为激励警醒世人,谢冰莹特在《黄河》第一卷第六期上开设纪念“七七事变”的“七七专号”;为了办好第二卷第四期上的“日本反战同志文艺专号”,谢冰莹曾与助手亲自到宝鸡战俘收容所进行深入的参观、采访、调查,鼓励反战日军写文章,揭露日本军阀的罪恶。至于创办“日本反战同志文艺专号”的目的,则如她随专号发表的《俘虏收容所参观记》一文所见:“我的目的,并不单为自己寻找写作材料,而是想在他们中间发现几位能写文章的人,好让他们投稿到《黄河》来,——对于我们的抗战宣传更有莫大的力量。我明知在征集稿件方面的困难,但我想做一件事只要有决心,不畏困难不怕麻烦,总有达到目的的一天。”①

此外,谢冰莹还在《黄河》上定期开展主题征文活动,如 1940 年第一卷第十期上的《抗战以来我所最爱读的书籍》,1941 年第一卷第十一期上的《一九四一年文艺工作者应有之努力》,以及 1942 年第二卷第十期新年号上的《我的希望》。从实际效果来看,几次征文活动都有大批来自全国各地的作者参与。他们在《黄河》上集思广益、共同讨论人们关切的文艺问题和社会热点。其中关于“生产文学”“文化劳军”的专题讨论就得到了非常不错的社会反响,谢冰莹还借此捐献了第四卷第一期的全部稿费,以支持文化劳军运动委员会的工作。《黄河》的声名和销量也随之扩大。正是在谢冰莹的努力下,《黄河》才广泛地参与了国统区各种文艺、社会活动,这对丰富西北文化空间具有重要的指导意义。

其次,《黄河》的开放性还体现在作家群体的开放性。《黄河》虽是创办于西安的区域性文艺期刊,但自创刊开始就极其重视作者队伍的建设。编者明白,要想让刊物在文化荒漠般的西北迅速成长,就必须秉持包容、开放的办刊

---

① 冰莹:《俘虏收容所参观记》,《黄河》1941 年第 2 卷第 4 期。

理念,不计较投稿者的思想倾向或艺术趣味,而应以艺术水准为唯一标尺,广泛吸收接纳所有作者的来稿。事实上,《黄河》能够立足西北,面向全国的秘诀就在于此。整个作家群体中有宣传三民主义文艺的李朴园、戴涯、姚珞,有自由主义文人梁实秋、林语堂,也有热衷左翼文学创作的碧野、李辉英。也就是说,不同于许多只刊登部分作家作品的同人刊物或有较强政治倾向的党派刊物,《黄河》其实是一个对所有文艺家开放的公共平台。此外,除知名作家外,《黄河》还很注意发现与扶植那些正在成长的文学新人和青年作者,对于他们的投稿,不管其名气、资历和社会影响如何,只要作品的艺术水准够高,《黄河》都能为他提供发表空间。正如《编后》中所说的那样:

> 本刊绝对欢迎任何作家的稿件,只要是内容充实,技巧高明,而又能反映这战时各种生活的,不论这些作家在文坛上有无声望,本刊一概发表。我们不想专拉所谓"成名作家"的稿件,为本刊出色增光,但求发表的作品有骨,有肉,有血,有泪,又有伟大的圣洁的灵魂。我们也不想建设什么崇高的文坛,但求本刊能成为西北爱好文艺者公共的园地。①

为此《黄河》特设专栏"青年园地"和"读者园地",有意多登载初涉文坛但才华横溢的青年文学爱好者的作品,以扶植他们的成长。例如,小说《路》的作者柳絮是一位从未发表过作品的青年;剧本《月夜》是作者黎嘉的处女作,在《黄河》上发表这篇作品的时候,他不满二十岁,这也是《黄河》第一次发表青年作家的剧本;《给萍娘》的作者是一位不满十四岁的女孩。文章发表后,谢冰莹和路丁专程拜访她,对她寄予了无限希望;作品《马老五》和《泣别了家园》是两位青年的作品,一个刚从前方回来,一个当时正在西北大学求学;冯振乾的名字当时经常出现在《黄河》上,他的第一篇习作《草原之歌》就发表在《黄河》第一卷第九期的"读者园地"上——当然,还有一些已经在文坛上略有影响的青年作家,如王曼洛、一卒等。据谢冰莹《本刊的过去与将来》

① 编者:《编后》,《黄河》1943 年第 5 卷第 1 期。

一文中所述:“黄河十一个月来所收到的稿件截止本年一月底止共收到一千五百八十六件,因篇幅的关系,已登出的只二百一十一篇,其中有十分之四是新近作家的作品。”①这些就充分体现出《黄河》作家群体的开放性。

最后,《黄河》的开放性还体现在文体的开放性。《黄河》虽称“纯文学”期刊,但并不限制所刊文艺作品的文体,也就是说其上刊载的文章已超出了既有文学体裁的局限,成为广义上的抗战文艺期刊。创刊号的《征稿简约》中就明确声明:“本刊除特约撰稿外,以下各栏均欢迎投稿:1. 文艺理论 2. 小说 3. 报告 4. 特写 5. 戏剧 6. 诗歌 7. 杂感 8. 漫画 9. 木刻 10. 书评 11. 读者园地 12. 各地文艺通讯。”②从实际情况来看,《黄河》上刊载的文体样式还不止这些。据笔者不完全统计,就有理论、论文、文艺批评、创作指导、书评、文艺短论、小说、散文、诗歌、戏剧、报告、文艺通讯、战地通讯、编后记、编辑室、特稿、杂感、文坛广播、文坛消息、文坛简讯、特写、木刻、漫画、作家书简、短简、译稿、散曲、黄河信箱、戏剧插曲、启事、游记、乐曲、文化点滴、编辑室日记、歌剧等 35 种,由此可见《黄河》的文体的开放性。

三、新闻性与战斗性并存

作为战时文艺刊物,《黄河》不仅刊登了大量文艺作品,还刊登了多篇具有新闻通讯性质的战地通讯、报告文学、文艺通讯、文化点滴、文坛消息、文坛广播、文艺简讯。同时,《黄河》在西北生存斗争的四年是抗日战争最艰辛最困难的四年,但在广大文艺工作者团结一致、坚持抗战的共同努力下,《黄河》以鲜明而持久的战斗性始终冲在抗日宣传的最前线,成为西北抗战文学的一面旗帜。

全面抗战正式开始后,一切社会生产活动都被纳入战争框架,文学生产作为战争机器的一部分,自然要肩负起媒介宣传的责任和义务。作为抗战时期

---

① 谢冰莹:《本刊的过去与将来》,《黄河》1941 年第 2 卷第 1 期。

② 《征稿简约》,《黄河》1940 年第 1 卷第 1 期。

西北国统区唯一的大型文艺刊物,《黄河》上刊登了多篇汇报前线战争态势、展示各地文艺状况的战地通讯、报告文学、文艺通讯、文化点滴、文坛消息、文坛广播、文艺简讯。这些题材的作品,相当完整地反映了各地所开展和组织起来的重要文艺活动及文艺动态,成为战时民众了解战争的一个重要窗口。谢冰莹曾说:

> 尽管我用尽了脑筋,费尽了心力,但《黄河》始终没有编到合乎我们理想的地步。……在中国的文坛,她不应和一般文艺刊物一样只登些小说戏剧诗歌之类的作品,她应该特别注重在战地通讯和报告文学,生产文学这几部门。①

实际上,《黄河》的新闻性主要就体现在此。

自创刊号开始,为了让各地读者更加及时、准确地了解前线的战争动态与各地区的文艺发展状况,谢冰莹特意刊登了一些寄自前线的战地通讯和报告文学。前者如汇报中条山战役及山西战争局势的《敌寇总崩溃前夕的晋南》(海萍)、《新黄河之东》(葛佩琦),反映湖北各地战情的《宁寨血战记》(解纷)、《襄樊,双沟,枣阳》(白克),还有日本反战斗士鹿地亘的《寄自火线上的信》等。后者则有《我是怎样逃出汉口的》(包光悟)、《蚌埠一夜》(邱西陵)、《我们在白马山上》(价夫)、《"日支亲善"——发生在北宁铁路客车上的三个平凡小故事》(果子)、《绥西前线上的生产运动》(杜波)、《动员激流中的韩城》(蔓锄)、《戏剧的热流在陕南》(李英才)、《咱们在孤岛上》(沈振麟)、《长征三千里》(张彻)、《太行山下》(亚萌)、《在黄河前线》(岳军)等。这些来自不同战区的战地通讯和报告文学,很好地满足了战时民众的信息需求,《黄河》也因之成为信息传播、复制、扩大的重要窗口。

此外,《黄河》之所以能够办的特色鲜明、内容充实,还在于刊物上遍布始终的文艺通讯、文化点滴、文坛消息、文坛广播、文艺简讯。曾有多年办刊经历

① 谢冰莹:《本刊的过去与将来》,《黄河》1941年第2卷第1期。

的谢冰莹是个经验丰富的编辑家,她深知此类信息在扩大刊物影响力,突出抗战宣传鼓动作用时的重要性。因此在创刊之时,就曾建议组建一个以《黄河》为传播载体的全国文艺通讯网,她曾解释说:“这是一个有计划的全国文艺通讯网,每期至少有一篇;一方面使读者明了抗战中各地的文坛状况,另方面黄河这刊物虽在西北出版,但他是有全国性的,希望各省以及沦陷区域的文友,多多赐稿,以培植这朵在抗战中成长的鲜花。”①此外,她还试图在《黄河》上举行一个“扩大通讯运动”,但因为编辑室人手、经费不足而作罢。即便如此,在谢冰莹等人的不断努力下,《黄河》还是及时刊登了很多记录、反映前线消息和文艺界动态的作品。仅以文艺通讯为例,就有反映香港抗战文艺团体、文艺运动发展状况的《香港的文艺界》《在香港办刊物》《香港的战文丑》(陆丹林);反映重庆文坛、剧运的《重庆文坛拾掇》(杜庶)、《重庆剧讯》(波);其他如寄自山西的《中条山的文化简报》(丽山),寄自鄂北的《鄂北文化运动的活跃》(白克),寄自上海的《孤岛出版界的一短片》(陶亢德)、《孤岛的出版界》,寄自宁夏的《塞上抗战影片放映记》(乔力)、《在萌芽中的塞上文化》(张昱),寄自大别山的《大别山的文化动态》(程南秋)、《大别山的文化运动》(殷乘兴),寄自兰州的《皋兰山下》(达明),寄自河南的《中原的文艺动态》(谢东平),寄自华北的《沦陷中的华北文艺》(艾娟),以及《城固文化动态》(白英)、《关于战地写生队》(彭华士)、《怀念开封》(李蕤)等。这些极具新闻价值的文章扩大了《黄河》的信息容量,成为抗战文艺参与战争、服务战争的绝佳证明。

至于战斗性,则是由《黄河》的性质决定的。为了实现宣传抗战、动员抗战的现实目的,《黄河》牢牢地抓住了“抗战”和“救国”这两个关键词,并贯穿刊物始终。其发刊词即以战斗的姿态宣告了《黄河》战斗性之所在:

你下游入海的故道,你从(重)新游荡的东海,都被倭骑践踏,倭舰侮

① 编者:《编后》,《黄河》1940年第1卷第1期。

辱了！你和你的兄弟长江珠江黑龙江都遭遇了同样的恶运，受到了魔鬼的欺凌，为历史上所没有的奇耻大辱。你能够忍受吗？你能够默而叹息吗？不！决不！我相信你会怒吼起来！会战斗起来！

看吧！奔腾豪放的水势！听吧！汹涌澎湃的涛声！这是黄河在抗敌反攻的时候了！千千万万的战士在黄河两岸冒雪冲锋；千千万万的同胞在黄河流域引吭高唱！我相信在最近的将来，黄河将有惊人的胜利！将创建伟大的功勋！将在复兴民族的历史中写下最光荣的一页！将由黄河的扫荡，扩展到长江珠江黑龙江之肃清倭寇还我金瓯！将见青天白日的光辉，由昆仑的高原照彻到太平洋的海面！

怒吼吧，黄河！

战斗吧！黄河！①

这一发刊词吹响了《黄河》战斗的号角，也确定了《黄河》战斗的基调。而紧随发刊词其后的《一九四〇年文艺工作者的任务》则对所有的抗战文艺工作者提出了明确要求，可以看作《黄河》战斗性的具体延伸：

一九四〇年，是我国在远东反侵略的战争，已经到了第三年，民族的存亡与个人的存亡，有莫大的密切关系。作为文艺工作者的个人，在今天所负的任务，比任何个人还重要。简单地说来，文艺工作者，在抗日反汉奸侵略的战争中，应当利用武器，对准敌人，作殊死的决斗。自然文艺工作者的武器，不是飞机，大炮，坦克车，而是一切作品：诗，散文，剧本，报告，墙头小说，章回小说，鼓词和弹词之类。②

此外，《黄河》的战斗性还体现主编谢冰莹身上。作为一个从战火硝烟中走出来的女兵作家，谢冰莹骨子里始终蕴藏着一股锲而不舍、顽强无畏的韧性战斗精神。抗战爆发后一直活跃在抗日救亡第一线的战斗经历则是这种精神的绝佳证明。据她自述：

---

① 国馨：《黄河（代发刊词）》1940 年第 1 卷第 1 期。

② 念兹：《一九四〇年文艺工作者的任务》，《黄河》1940 年第 1 卷第 1 期。

> 编者在过去三年中，拖着多病的躯体，抱着一支钢笔，一卷稿纸，曾工作了五个战区，踏遍了十个行省，在黄浦江边，在淮河两岸，在紫金山麓，在大别山中，在长江两岸，在新旧黄河，在京浦京沪线上，在平汉陇海路上，在桐柏山头，洞庭湖畔，亲眼目睹我英勇将士抱的是敌忾的热情，过的是艰苦的生活，而表现出来的是勇敢的战斗，慷慨的牺牲！国家生命赖以绵延，民族精神赖以焕发。①

在主编《黄河》之后，谢冰莹虽从战斗前线转移到了所谓的西北大后方，但其骨子里蕴含的战斗性并没有任何衰减。借助《黄河》这个平台，她投笔为枪，奋战在抗战文艺的第一线，不仅全身心的投入《黄河》的编辑工作上，自己还先后发表多篇极具战斗性的抗战文艺作品，以实际行动证明自身的价值和意义。其中颇有代表性小说有《银座之夜》《一个女兵的自传》《姊姊》，理论与批评有《建立生产文学》《作家与生活》《再论作家与生活》《纪念七七》《开展西北文化运动》《文化劳军是什么?》《目前文艺的危机》，散文(报告)有《裸体杀敌的战士》《敌人是这样虐待“俘虏”的》《关于“保障作家生活”》《记反侵略剧团》《壮烈的五月》《献给炮火中的战士们》《“八一三”的回忆》《一个痛心的回忆》《关于战干剧团的演出》《俘虏收容所参观记》，还有包括创作经验与指导在内其他作品多篇。这些刊登在《黄河》各期上的作品既有高昂的爱国激情，又有无畏的英雄气概，还有坚定的必胜信念，因而带给读者极大的鼓舞与激励。《黄河》文艺月刊的战斗性也由此显现。

第三节 《黄河》的编辑艺术

现代编辑学认为，编辑艺术的概念包括两个方面:“一是编辑工作方法的总称，即编辑工作的思维及技术等；二是通过编辑的劳动，以出版物的形式表

① 编者:《献给炮火中的战士们》,《黄河》1940年第1卷第6期。

现特有的思想感情和文化信息。”①实践证明，编辑艺术水准的高低从根本上决定了刊物的命运。而这也是《黄河》文艺月刊虽有印刷简陋、纸张粗糙等技术上的不足，但依然能够在战时极端恶劣的文学生态环境下坚持数年之久的关键所在。本节从组稿策略、编排设计、栏目设置等几个角度探讨《黄河》高超的编辑艺术。

一、灵活高效的组稿策略

对刊物编辑者来说，要想使刊物的内容符合读者的口味，得到读者的认可，如何组稿是关键。在和平时期，这可能较为容易，因为编者有足够的时间精力、完善的物质保障选择自己认为合适的作品，通过形式与内容的完美组合，尽可能地吸引读者的注意。但在硝烟四起的战争年代，这却并非易事，轰炸频繁，交通受阻，印刷不便，稿源缺乏……任何突如其来的变故都会迟滞、阻碍甚至中断刊物的正常出版。因此，如何通过灵活高效的组稿策略解决相关问题，使刊物既能及时准确地反映主编的办刊意图，又能符合大多数读者的利益，就成为刊物成功与否的关键所在。对此，《黄河》是这样做的。

首先，组稿时注重反映重大历史事件，积极参与社会讨论。日军侵占山西后，为达到“固华北、抑洛阳、窥西安”②的目的，自 1938 年起先后 13 次围攻山陕战略要地中条山。到 1940 年年底 1941 年年初，为逼迫国民政府投降，在具体分析了中国战场形势后，日寇又提出“1941 年度……特别期待于在华北消灭山西南部中央军的一战（亦即中条山战役）。”③由此，全国民众的目光都聚焦在有“关系国家安危之要地”称号的中条山战场。而《黄河》则顺应民众期待，大量刊载反映战役动态，鼓励前线将士抗战斗志的作品。其中颇有代表性

① 强志军：《编辑艺术及其特征》，《编辑学报》2002 年第 4 期。

② 孟庆宇：《抗日名将唐淮源遗骸迁葬记》，《文史精华》2009 年第 1 期。

③ 日本防卫厅战史室编：《日本军国主义侵华资料长编（上）——〈大本营陆军部〉摘译》，天津市政协编译委员会译，四川人民出版社 1987 年版，第 615 页。

的就有弘扬守卫中条山将士不畏困难奋勇杀敌精神的《裸体杀敌的战士》《在炮火中成长起来的小战士》，解读中条山抗战形势的《敌寇总崩溃前夕的晋南》，报告中条山战事惨烈程度的《中条山突围记》《在黄河前线》，以及汇报中条山境内报刊出版状况的《中条山的文化简报》等。

《黄河》组稿时不仅能够及时高效地反映重大历史事件，还能根据实际情况参与讨论一些业已发生或延续较长时间的文艺论争。如 1938 年 12 月 1 日，梁实秋在其主编的国民党《中央日报》副刊《平明》上发表了由他署名的《编者的话》，文中提及："与抗战有关的材料，我们最为欢迎，但是与抗战无关的材料，只要真实流畅，也是好的，不必勉强把抗战载搭上去。至于空洞的'抗战八股'，那是对谁都没有益处的。"[①]此文一经刊出便立刻遭到左翼作家们的集体非难，但受当时的政治、历史环境影响，再加上论辩双方的宿怨阻隔，讨论演变成一场文坛纷争。梁实秋最终于 1939 年 4 月辞去《平明》主编，论争告一段落。只是，与大多数人未充分认知就大肆批评不一样的是，10 个月后创刊的《黄河》却对梁实秋批评"抗战八股"的文字深表赞同。他们认为：

> 民族战争文学的题材是很广泛的，绝对不仅限于张得标放步哨，李得胜打游击；或者王婆婆被敌人强奸死，刘小妹被敌人掳去一类的狭隘范围。固然上面所说的几项，都是我们应该描写的体裁，应当表演的忠勇故事，和暴露敌人的残忍。但抗战两年多来，无论在前线或后方的作家，似乎都把写作的范围规定在一个模型里。好像如果不在一篇文章里来一个壮烈牺牲，喊几声杀尽日本鬼，中华民国万岁，便不能成为抗战文学似的。自然，这种观念是错误的。[②]

也就是说，在迟滞了较长一段时间后，《黄河》即开始远距离的理性审视梁实秋的观点，并依据抗战文学的发展现实得出了较为公允的评价和客观的

① 梁实秋:《编者的话》,《中央日报副刊・平明》1938 年 12 月 1 日。
② 冰莹:《建立生产文学》,《黄河》1940 年第 1 卷第 2 期。

认识。这种“春华秋实”或者“隔年收获”的现象,其实正是商业信息和科学技术领域常常提及的“延时效应”。以现代信息传播媒体的技术水平而论,此种因信息传播途径单一、手段落后而导致的信息贫困,在科技日益发达的今天无疑是十分危险的。但在抗战时期,或者并非坏事。从一定程度上来说,战时独特文化空间下,有关抗战文学论争、文学思潮、文学运动的实践和讨论,只有经过一段较长时间的考验,文艺工作者们才能更加理性、清晰、客观地认识其发生发展过程中的得失厉害。《黄河》在组稿编稿中反映军事、文坛动态方面的灵活性亦由此可见。

其次,组稿时注重发挥编者的主观能动性,以适应战时文学生产模式。从期刊编辑学的角度来看,编者作为刊物编辑过程中的灵魂人物,是保障刊物正常出版发行的重要内因。而在战时状态,与刊物出版发行有关的所有因素变得无法预估,这就迫使编者在组稿时必须具有高度的灵活性。《黄河》创刊号能在短短四十多天的时间正式出版,就与此有关。据资料显示:因为《黄河》筹备时间太短,很多作者的稿件都未能按时到达,但为了能在 2 月底出版创刊号,谢冰莹只能硬着头皮编下去。巧合的是,在创刊号尚差两三千字且苦于无稿可发的时候,民国著名诗人、词曲家卢冀野随国民参政会组织的“西北视察团”到陕西各地区视察。时闻谢冰莹在西安编辑《黄河》,即去探望。谢冰莹当即抓住机会,请卢冀野现场为《黄河》写稿,又将卢氏在几次出川返蜀征途中创作的诗词曲作全部拿回,连同现场所写的诗,以《北征之曲》为名,分四次连载于《黄河》上。这样不仅解决了创刊号版面不够的问题,还提高了刊物的知名度,可谓一举两得。

这种主观能动性还体现在谢冰莹灵活高效的约稿方式。只要是在西安的作家基本都接到过谢冰莹的约稿,甚至仅仅是路过西安的作者,也会受谢冰莹之托奉上作品。如高长虹经西安去中条山,当时正值七七事变四周年,《黄河》为推出“纪念七七”专栏,特邀高长虹创作了论文《论文艺反攻》。碧野到西安也为《黄河》写了小说《于陵》。即便外出考察,谢冰莹亦不忘为刊物拉稿，据她自述，去宝鸡参观俘虏收容所就“不单单为自己寻找写作材料，而是想在他们中间，发现几位能写文章的人，好让他们投稿到黄河来，一来在精神上鼓励他们，二来在物质方面，多少可以帮助他们。”①

在《黄河》出版的抗战中后期，原有文学生产模式已经变化，西安的文学生态环境亦急剧恶化，许多刊物因邮路不畅、经济困顿、纸张缺乏等原因无法按期出版，合刊、脱期现象普遍。为了维持刊物的运行出版，编者亦调整编辑策略，灵活应变。如《黄河》第一卷第六期上刊载有老向的小说《黄跛子》之一节，原计划在下期发表后续部分，但远在重庆的作者老向却因为生病而未能及时完成续稿，为此编者不得不临时调整编辑策略，多多刊登青年作者的文章以达到篇幅要求。同样，叶鼎洛的论文《今后中国艺术形态上应走的途径——新浪漫主义》因篇幅较长，编者原想做两期登载的，后来因为印刷太慢的缘故，临时改变计划决定把五、六两期合刊，所以又把论文的后半部分节加了上去，叶鼎洛的论文得以全文刊载。第一、二卷《黄河》上原有很多知名作者的稿件，但随着抗战的深入，这些作者终日为生计困扰，难以投身创作，这就直接影响到《黄河》的稿源稳定。特别是在1942年1月15日第二卷第十期出版后，《黄河》陷入长时间的停滞状态，直到四个月后的5月30日第二卷第十一、十二期合刊才印出。其中虽有印刷困难等外界因素影响，但缺乏名家稿源导致《黄河》无稿可登的情况也不容忽视。为了缓解此种状况，谢冰莹在第二卷第十一、十二期合刊中特别声明：从三卷第一期开始准备多选载青年作家的稿子，以弥补名家供稿不足的问题。

最后，组稿时注重设置特辑、专号和集体创作，紧跟文坛发展形势。四十二期的《黄河》上共有诗歌特辑一个，戏剧专号一个，日本反战统治文艺专号一个，集体创作四个。其中多数是为了现实需要而灵活设置的。比如1941年第二卷第四期上的日本反战文艺专号。1940年，宝鸡日本战俘收容所的“反

① 冰莹：《俘虏收容所参观记》，《黄河》1941年第2卷第4期。

侵略剧团”赴西安演出抗战话剧，受到了西安各界的热烈欢迎，演出大获成功，这自然引起了谢冰莹的关注。在了解剧团是由日本战俘组成后，她即以南芷的笔名在《黄河》上发表了介绍成员组成和评论剧团情况的文章《记反侵略剧团》。随着演出场次的增多，“反侵略剧团”在西北的影响力也不断增大。到1941年，为了配合日本反侵略同盟会的反战宣传，在新中国文化出版社社长郭增凯的指示下，谢冰莹一面深入宝鸡俘虏收容所参观考察，一面向相识的日本反战同志写信约稿，最终在1941年5月30日出版了“日本反战文艺专号”。再比如以征稿、约稿形式组织的4次集体创作：1941年第二卷第四期上的《一九四一年文艺工作者应有之努力》《抗战以来我最爱读的书籍》，1942年第二卷第十期“新年号”上的《我的希望》和1943年第四卷第一期“新年号”《我对于文化劳军的意见》，也全部是根据现实需要而专门设置的。据统计，仅《一九四一年文艺工作者应有之努力》《抗战以来我最爱读的书籍》这两个主题，就有二十七位作者发文讨论，其参与程度不可谓不广泛。

需要特别提及是的1942年第二卷第十期“新年号”上一组总结1941年各地文艺发展状况的文章。这组文章共有六篇，分别为《一年来的西安文艺》（齐辩）、《一年来的中原文艺界》（谢东平）、《一年来的洛阳文艺》（李渠）、《一年来的重庆文艺》（沙雁）、《一年来的成都文坛》（牧丁）、《一年来的西安美术界》（张克伦）。据该期《编后》所载：

> 为了要检讨过去一年间的各地文艺工作，所以本刊特约了好几位朋友专写这方面的文字，可惜因为交通迟缓的关系，昆明，贵阳，桂林，长沙，江西等地的文艺通讯都不能按期寄到，这是美中不足的地方。①

这组文章虽然没有以特辑、特刊或者专号命名，但确确实实地展现了编者灵活高效的组织策略，最终实现检讨各地文艺工作的目的。

---

① 编者：《编后》，《黄河》1942年第2卷第10期。

二、不同凡响的编排设计

抗战时期的文学期刊是以宣传抗战、服务抗战为首要任务的，诞生于西北国统区的《黄河》自然也不例外。只是文学期刊并不仅仅是文字编排组合的印刷品，单纯重视内容的更新和变化往往会让读者产生一定程度的视角疲劳，长此以往，势必会影响到刊物的生存发展。此时，在诗歌、小说、剧本、散文等正文本周边环绕着、穿插着或点缀着的“副文本”则开始发挥重要作用。正如金宏宇先生在《文本周边：中国现代文学副文本研究》中所说的那样：“对于有匠心的作者来说，副文本是他们营构文本的特殊策略；对于理想的读者来说，副文本则可能是进入正文本的必由之径；对于解构批评家来说，副文本是结构作品的裂隙之处。”①对此，《黄河》的编者是这样做的。他们始终奉行内容与形式并重的编辑方针，将《黄河》当作内容与形式相结合的有机统一体，在提升刊物内容水准的同时，亦将关注点置于标题、扉页、封面画、插图、书法等辅助性文学之上，注重形式上的编排设计，力争做到图文并茂，相映成辉，使刊物既能达到政治宣传和民众教育的现实目的，又能带给读者多重形式的审美感受。

首先，研究《黄河》的编排设计需要关注它的封面。封面作为文学图像的代表，固然可以反映文学作品的版本变迁过程，在中国现代文学版本学中具有重要研究价值。同时，封面图画还隐藏着很多不为人知的学术信息，特别是对于文学刊物来说，封面图像的选择和使用往往反映了编者的编辑、创作心态和艺术趣味，更从较深层次上影响了读者在阅读接受过程中对作品意义、风格、特色的阐释和理解。正如杨义先生所说：“20 世纪中国作家在书籍装帧和插图上的构想与选择，不仅是版本学上的遗痕，而且在审美学上是作家灵魂的见证。”②

---

① 金宏宇：《文本周边：中国现代文学副文本研究》，武汉大学出版社 2014 年版，第 1 页。

② 杨义：《中国现代文学图志》，生活 · 读书 · 新知三联书店 2009 年版，第 13 页。

《黄河》主编谢冰莹就认为好的封面不仅可以直观形象地传递刊物的主旨思想，还可以给人以美的启迪，让读者大大减少生疏感。《黄河》创刊号的封面就是一幅版画。画面中，一个头戴钢盔、背挎刺刀的士兵注视着远方，他的背后就是古老的城楼和城墙。士兵面部轮廓清晰，目光异常坚毅；刺刀露有寒光，看似锋利无比；城楼城墙虽有斑驳，但也坚如磐石。在这里，士兵和刺刀犹如身后不可攻破的城墙和城楼一样，是中华民族不屈斗志和坚强力量的象征。同时，城墙和城楼又象征了普通民众，他们斑驳破旧，他们需要保护，但在民族存亡的紧要关头，他们又能团结起来，成为前方英勇抗敌将士的坚强后盾。作品集中了表现主义的象征意味的和漫画式的夸张手法，将抗战将士英姿飒爽、保家卫国的生动形象塑造出来，给人以无穷的力量。封面版画的作者是著名版画家黄肇昌，1940 年 2 月他和沈逸千、彭华士三人以“中国抗战美术出版展览会战时写生队”的名义，从成都出发前往敌后从事战地写生工作。经过西安时正值《黄河》创刊号编辑期间，受谢冰莹所托创作了这幅版画。

从创刊号开始，《黄河》每期封面的图片和风格变换不一，但基本“以人物和自然景观为主，前者突出力的美、战斗的美，多刻画英勇抗敌、保家卫国的战士形象——有的立于古城楼前，背挎刺刀，英姿飒爽；有的手持冲锋枪凝视远方、顶天立地；有的正在草丛中侦察敌情；有的置身于炮火硝烟中冲锋陷阵——还有滚滚风云下沉实顽强地拉着纤绳的纤夫。后者侧重烘托一种凝重浑厚的美——远山、浪花和飞翔的海鸥，气势磅礴的冰川和江水驰行的火车头——每期封面的设置，无一不象征着中华民族的强劲不屈以及中国人民战斗到底的坚决意志，恰到好处地体现了《黄河》从始至终所坚持的现实主义风格，鲜明地烘托了《黄河》办刊的宗旨和战斗方向。”①由此，不难发现，谢冰莹对《黄河》外在形式的美学追求是十分强烈的。

---

① 孙晓娅：《谢冰莹与〈黄河〉文艺月刊》，《中国现代文学研究丛刊》2001 年第 3 期。

如果进一步考察，还可以发现，出现在刊物首页、最能吸引读者关注的封面图像，在谢冰莹的主导下已经超出了单个文本的意义，而成为连接编者、文本、读者的精神纽带，也从更深层次上昭示了编者的某种时代心理与审美趣味。由此笔者大胆猜测，谢冰莹之所以在前期《黄河》上多次使用战士、钢枪等文学元素，除了是对抗战文艺的积极响应外，还有可能是对自己女兵生涯和战斗经历的纪念和回忆。也就是说，刊物封面上出现的文学图像不仅可以揭示抗战文学期刊在战争环境下的延续和变异，还能从一些看似孤立的文学现象、文学形象入手，窥探编者异常丰富而又独具特色的精神世界。

据笔者统计，四十二期的《黄河》上共有不同内容与风格的封面二十三个，其中第一卷第一、二期相同，第三、四期相同，第五、六期内容相同，颜色不同；第二卷第十一、十二期合刊号与第三卷第一期相同；第四卷第一至六期内容相同，颜色不同；第五卷第一至四期内容相同，颜色不同；复刊号第一至六期相同。封面图画的创作者有黄肇昌、范里、韩剑琴、陶今也、齐人、金朗、凡朋①等人。

封面式样，具体如下：

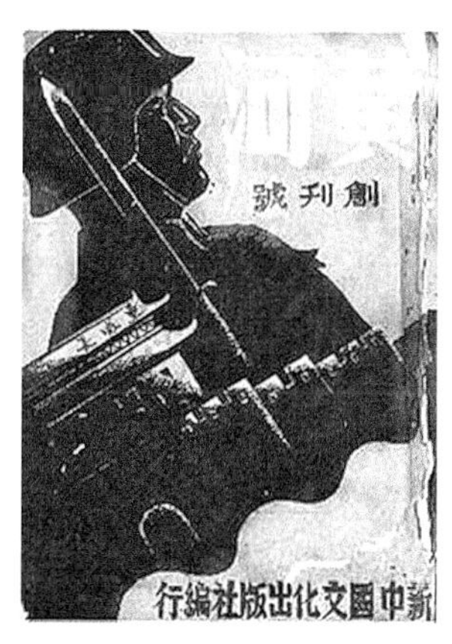

① 第二卷第七期上也写作“樊鹏”。

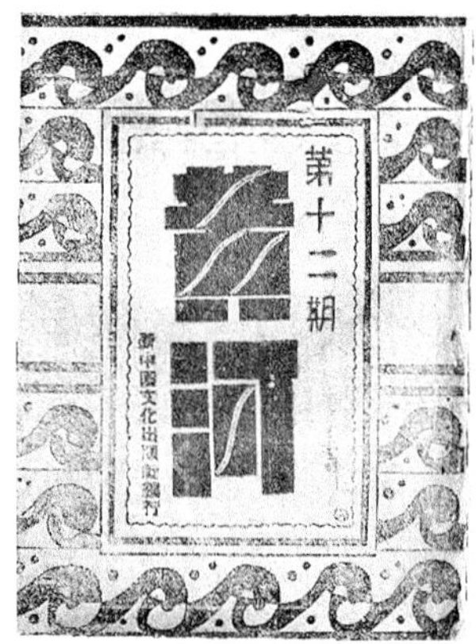

黃河

黃河
8
新中國文化出版社編行

黃河
第九期
新中國文化出版社編行

黃河
第十期
新中國文化出版社編行

黃河
新年號
新中國文化出版社編行

第十二期
黃河
新中國文化出版社編行

黃河

黃河
第二卷
第二期
新中國文化出版社編行

黃河
新中國文化出版社編行
第二卷第三期

图 2-1　第一卷封面式样

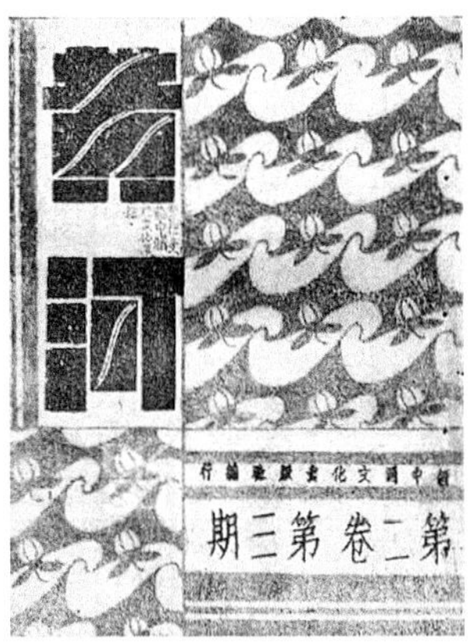

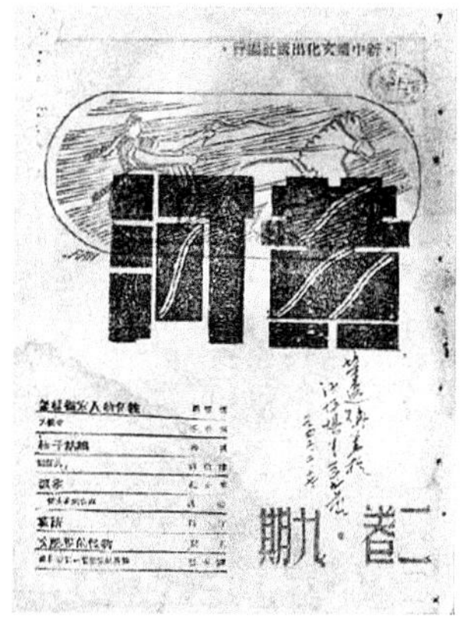
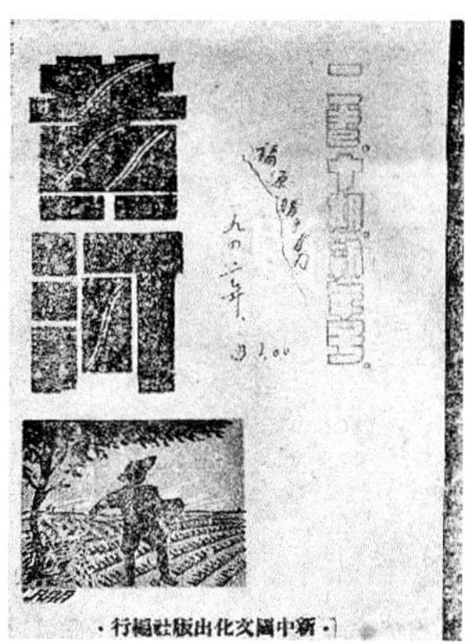

图 2–2 第二卷封面式样

图 2–3 第三卷封面式样

图 2-4　第四卷封面式样

图 2-5　第五卷封面式样

图 2-6　复刊卷封面式样

当然，编者对于《黄河》封面的编排设计不是随意的，而是遵循了一定的原则，即封面设计所选用的版画、图案、颜色以及体现出的思想内容不仅要能增加刊物的美学色彩，还要与刊物的内容有关，起到服务内容、配合内容的作用。如 1940 年第一卷第五、六期上的封面版画。一个身穿军装的战士双手紧握如椽钢笔，嘶吼着向前方奋力刺去。不难明白，这个以笔为枪、怒而抗争的战士，其实就是奋战在抗战文艺战线上的文艺工作者。而刊登在同一期上的论文《“七七”三周年论文艺工作者》则可以看作是对封面版画的文字解读和补充说明，论文提到：

> 抗战三年来，中华民族的文艺工作者，在反对侵略建立现代民族国家的共同目标之下，运用了自己所有的斗争武器——诗歌，小说，剧本之类，配合在文化动员的大纛之下，在前线，在后方，在都市，在乡村，同样的流血流汗，尽到了民族文艺工作者的神圣任务。……回顾三年来的文艺界，由于抗战的烽火，燃烧起每一个文艺工作者的民族情感，许多新旧作家，投身于时代的熔炉里——火线上，工厂里，农村中，一切抗战建国的各部门。①

如此一来，读者自然会对文艺战士投笔而战的英雄形象产生更加直观、感

① 白戡：《“七七”三周年论文艺工作者》，《黄河》1940 年第 1 卷第 6 期。

性、具体的认识,封面版画和刊内文章也实现了前后呼应。

其次,研究《黄河》的编排设计还要看刊物上的木刻、漫画和书法。对大多数读者来说,阅读文学期刊时如果能看到一些与文本内容有关的美术作品,那也会有一番别样的收获。实际上,相较于文学文本的客观抽象,以线条、构图、明暗为素材的美术作品往往更能吸引读者的注意力,激发读者的阅读兴趣。而《黄河》的编者正是抓住了读者的这种欣赏习惯和阅读心理,在刊物上登载了多幅美术作品。

受战时贫乏的物质条件所限,这些美术作品多为不着颜色、创作方式简单的木刻、版画、漫画和书法作品,其中尤以版画最多,并大多用在了刊物的封面上。具体来看,木刻有沙清泉的《胜利要我们去争取》《忍受一时的痛苦,争取永远的光明》,彭永柏的《追击》,齐人的《收获》;漫画有黄肇昌的《流血的安慰》,黄尧的"牛鼻子"漫画连载《火炬到西北!》,以及丰子恺的《入狱大喜,不怕饿死》《慈母与爱儿》《爸爸不要去》《腐败的面包,不费的恩惠》《一枕新凉一扇风》《好本领》;书法有柳亚子的七言绝句《廿九年二月二日海上对雪》,以及日本空军俘虏手书的《签名式》等。

图 2-7 黄肇昌创作的漫画《流血的安慰》

与封面设计注重服务、配合刊物内容相比，出现在《黄河》上的美术作品更加注重反映现实。如有民国三大漫画家之一称谓的黄尧就在《黄河》上连载了特约“牛鼻子”漫画——《火炬到西北!》。据说，“牛鼻子”是黄尧创造出来的知名漫画人物。抗战爆发后，黄尧跟随“上海漫画界救亡协会”辗转各地进行抗战漫画宣传工作，《火炬到西北!》正是西北军民积极“保卫大西北”的直接反映。漫画中的“牛鼻子”手持火炬来到西北，作为英勇的抗敌战士，他先后见到了长安城、终南山、六盘山、风陵渡、华山、渭水、洛水，在目睹各地坚固的防御阵线和高昂的抗战勇气后，“牛鼻子”高喊着“齐心合力保卫大西北”的口号再次返回了西安。再比如，丰子恺1948年创作的《入狱大喜，不怕饿死》。漫画里一个士兵牵着两个被绑的人走在街头，但被绑者脸上没有丝毫的愁苦，反而眉开眼笑，旁边的题字为“入狱大喜，不怕饿死”。漫画真实地表现了动荡时局下普通人的艰难生活，也讽刺了彼时国民党政权的黑暗统治。

图2-8　丰子恺创作的漫画《入狱大喜，不怕饿死》

《黄河》上刊载的各类美术作品虽然简单，却不肤浅，这让读者在加深理解体悟的同时，又获得了一定的审美体验，切实验证了胡风在编辑《七月》《希望》时的论断，“和文字有关系的图画，不但可以大大地帮助读者对于被介绍的作者和作品的理解，还可以提高读者对于美术的素养”①。

《黄河》的不同凡响还体现在目录设计、正文编排、题目书写上。《黄河》在编排设计上独具个性，目录、正文和题目的编排既大方醒目又极具艺术性。在目录设计上，《黄河》遵循的原则是清晰准确、一目了然。42 期刊物中的绝大多数都是按照作品类别或特辑、专号编排的，且每组文章的上方或前面都用方框或曲线特别标记出体裁，避免发生混淆。为了方便读者浏览目录，编者尽量将目录排在一页，但若当期收录文章较多或合刊出版，则根据情况灵活变动。因此，《黄河》的目录有的是一页，有的是两页，并不统一。另外，《黄河》的目录页除文字外，还常常搭配各种图案、花边和线条，再加上大小不一、区别度较大的各种字体，目录页就成为一个布局得体、图文俱佳、主题凸显、统一和谐的整体。

图 2-9 漫画《编辑室》

① 胡风：《胡风全集(2)》，湖北人民出版社 1999 年版，第 217 页。

在正文的编排上,《黄河》的编者力求生动活泼、庄重大方,因而利用各种花边、图形点缀在正文中。同时因为战时纸张缺乏、印刷困难,为了最大限度地利用版面,登载更多的文章,《黄河》常常将一些短诗、短简插入正文的空当中,并通过改变字体字号、排列方式的手段以示区分。颇为有趣的是,从第二卷第二期起,《黄河》上出现了一个新的版块——"编辑室",就内容上看虽是《编后》的变体,但版块的标志却很特别:那个坐在书桌前奋力改稿的短发女人,不正是谢冰莹自己吗?

至于题目书写,《黄河》上的文章题目可以分为印刷体和手写体,其中手写体大都为毛笔所写,用笔着墨亦各有千秋,如高长虹的《论文艺反攻》就是行书体,字体意态活泼,灵动秀洁;谢冰莹的《一个女兵的自传》和集体创作的《我的希望》就有草书的味道,虽结构简单也笔意连绵,让人有耳目一新之感。

三、紧密融洽的编读关系

在文学传播中,报纸期刊等印刷媒介的参与和支持,是保证文学信息进入读者接受视野的前提。不过,文学传播是个双向互动的过程,处在传播链中间环节的报纸期刊,既要保障文学信息能够准确、快速地从生产者到达读者,又能将读者在接受过程中形成的信息反馈到文学生产者手里。而在某些情况下,反馈信息甚至比传达信息更为重要。试想一下,如果文学期刊的编者在文学生产中仅仅传达文艺创作者的声音,而忽视广大读者的需要,无视他们的反映,那么必然无法产生可以贴近时代语境、反映社会现实、顺应历史潮流的伟大文学作品。因此,沟通紧密、相处融洽的编读关系就成为影响文学期刊生存发展、实现价值的重要因素。《黄河》的编者就深谙此理,不仅高度重视和读者的沟通互动,还通过设置"读者园地""黄河信箱"的方式加强栏目与读者的对话,真正做到了"紧密连接并积极调整作家与读者之间的关系,扩大传播主体的思维方式和创造能力,提升受众的接受热情和主观能动性”①。

具体来说,《黄河》编者与读者之间紧密融洽的编读关系,首先体现在编者善于从读者的角度出发编辑组稿,同时十分欢迎和重视读者的批评意见。自《黄河》创刊起,编者就本着读者需要的原则编辑组稿,创刊号《编后》说:

本刊为适应读者需要起见,特设读者园地一栏,欢青年朋友们投稿,如有关于抗战文艺方面的问题,尽可多多提出来大家讨论。

各地文艺通信,本期登载了两幅,这是一个有计划的全国文艺通讯网,每期至少有一篇:一方面使读者明瞭抗战中各地的文坛状况,另方面,黄河这刊物虽在西北出版,但他是有全国性的,希望各省以及沦陷区的文友,多多赐稿,以培植这朵在抗战中成长的鲜花。

……

黄河这块广漠的园地,是要靠大家的力量来开垦他,培植他,浇灌他,每一个读者都是守卫黄河,挽救祖国的战士。朋友,请给与我们以诚恳的指导和严格的批评,为了抗战,也为了我们自己的任务。②

不难看出,《黄河》在创刊之时就注重与读者的沟通互动,这种重视不仅体现在有和读者及时沟通的愿望和强烈的读者意识,还将读者视为刊物的一分子,试图以编读双方的共同努力办好刊物。

至于创刊号《编后》刊出后的读者反应,着实让人惊喜。编辑部甚至因收取读者投稿及来信过多却无法一一回复而专门致歉:

黄河承许多青年朋友的爱护,每天从绿衣使者手里,接过来许多充满了抗战热情的稿件;但为了篇幅所限,不能一一刊登,同时为了编者常为疾病侵害,工作又比较忙,不能一一回信道歉,这是要特别声明请求原谅的。③

---

① 赵凌河:《国统区文学传播形态》,辽宁人民出版社2006年版,第109页。
② 编者:《编后》,《黄河》1940年第1卷第1期。
③ 编者:《编后》,《黄河》1940年第1卷第2期。

对于如何解决读者来信中的问题和建议,《黄河》是这样回复的:

这有一个很重要的消息向读者报告:近来为着接到许多青年朋友的来稿,他们都在信中写着一个共同的要求,那是"如果我这篇文章不能登载,倒没有关系,不过千万请先生改正付下,□告诉我一些创作的方法。"

编者□□想要满足青年朋友的要求,特地聘请一些对于小说,诗歌,话剧,漫画……有专门研究的作家,写些关于创作经验的文章以供读者参考和研究,所以准备从第四期起,增设创作指导一栏,这个消息,想必是读者很愿意知道的。

还有少数读者来信要求少登旧诗,多登新诗。在原则上我是很同意的,因为新诗能大众化,为一般读者了解,很不幸的是,本刊收到的新诗,能够刊登的实在太少了,而诗歌这一栏,是不能缺少的,何况黄河的读者不止千万,有爱好新诗,也有爱好旧诗的,我们主要的是注重内容而不是形式,这一点,是希望青年朋友能加以谅解的。①

字里行间流露的是编者充分为读者着想,处处为读者服务的真情。

此外,《黄河》也是编者与读者间沟通交流的信息平台,各种各样的"启事"上时常会发布各类信息,既为引起读者的关注和重视,也为投稿者提供信息便利。如第一卷第四期上的《黄河编辑部启事》:

一、金浪先生:请示真姓名及通信地址,俾□将稿费单奉上。

二、本部已再三声明:未附足退稿邮票者,不用之稿,概不寄还或答复,还有少数投稿者来函询问,故作此最后声明。

三、近来收到新旧诗稿及木刻漫画甚多,当选择佳者按期发表,如读者欲指定于何期发表,或稿到即发表者,请勿惠寄。

四、本部最欢迎:(1)实际而有时间性之战□或者后方有关生产建设之通信(如此次豫陕大胜利的通信稿,最为欢迎),(2)各地文化动态,

---

① 编者:《编后》,《黄河》1940年第1卷第3期。

(3)轻松活泼而富于抗战性的小品文,(4)沦陷区域敌人暴行之纪实,(5)军民合作之精神,(6)国内外文坛消息与富有革命性之各种文艺译稿(不拘体裁,字数在万字以内者)。

五、本刊自改用新五号字以来,容量较多,除特约者外,来稿每篇可增至三千五百字。

六、本刊每期付印日期为八号至十号,如过期收到之稿,须延至下期始能发表。①

这则篇幅不长,信息量却很大的《黄河编辑部启事》登出后,下期刊物即收到了多篇编者期待的稿件,如报告豫陕战况的战地通讯《新黄河之东》(葛佩琦),反映后方生产建设成就的生产文学《二百五十码》(王喜平)。这说明,编者不仅重视读者的问题和意见,读者也关心编者建议和指导,二者之间的相互配合已呈现出一定程度的默契感。

《黄河》紧密融洽的编读关系还得益于“读者园地”“黄河信箱”的设立。上文已经提及,读者园地是《黄河》编者为方便青年读者投稿,讨论有关抗战文艺方面问题而专门设立的。虽然也是一个读者发表意见的平台,但因篇幅所限,只能刊登读者来稿,因此编者也就无法方便快捷地回复、解答读者提出的疑问与困惑。为了解决这一问题,加强与读者的沟通交流,自 1940 年第一卷第三期开始,《黄河》增设了“黄河信箱”栏目:

为了便利读者与编者通信起见,从四期起增设黄河信箱,凡关于文艺方面的问题,或对于本刊有什么建议的,欢迎读者投稿,但文字以简短,具体为重,总之黄河是属于大众的,希望每个读者用权利来爱护它,建设它。②

从 1940 年第四期开始设置到 1948 年复刊卷结束,《黄河》上共有“黄河信箱”二十多期,刊载读者来信和编者回信八十余封,这对拉近编者与读者之间的距离,增强二者之间的联系效用显著。

---

① 《黄河编辑部启事》,《黄河》1940 年第 1 卷第 4 期。

② 编者:《编后》,《黄河》1940 年第 1 卷第 3 期。

与一般刊物上的读者信箱侧重单向度地从读者中获得信息反馈，以调整刊物选稿类别、办刊方向不同的是，“黄河信箱”注重编者和读者之间的双向互动。自1940年5月25日第一期“黄河信箱”开设，每期刊物的版面上都是读者来信在前，编者回信在后。读者来信的内容可谓五花八门，仅就第一期来看就有请教编者如何写文章的《几个小问题》（醉秋）；有结合自身创作经历咨询诗歌和小说哪个更难写的《关于诗》（国维）；有沦陷区青年于苦闷中寻求安慰的《我的苦闷》（漪清）。让人感动的是，对于读者雪片般的来信，编者力争全部回复，在回信中不仅指导他们如何写作、如何阅读，还经常推荐一些创作类的书籍文章，介绍一时期内刊物的编辑方针、选稿方向，更重要的是对编者来信附带的投稿审核评议，对不符合刊物刊登标准的，告知退稿原因，并指出其中缺点，鼓励读者修改后再试。若因各种原因，实在无法做到一一回信，就在刊物上统一回复，给殷殷期待的读者一个交代。这时的“黄河信箱”，已经成为沟通编者和读者的桥梁。

此外，编者还非常重视读者来信中提出的，与《黄河》内容、版面、栏目相关的意见、建议和要求，并根据实际情况尽可能做出修改，以满足读者的需求。如读者醉秋在来信《几个小问题》中问道：

> 我有一好几个朋友都以献身文艺为他们理想中的事业，他们很希望一般先进的作家们给予他们一块实验的园地，请问（一）《黄河》是否容许这些处女作家们前来“探险”？（二）《黄河》能否设一个“文章诊所”一类的玩意，由先生担任“导师”，多费点心力来领导处女作家们从事写作？
>
> 我把握的相信着，这些问题，差不多每一个爱好文艺的青年都在期待着有人能给予一个圆满的解答的，先生！你允许把这封信在《黄河》第三期的《读者园地》里刊载出来，并能在万忙中抽出点功夫在《读者园地》里公开答覆我吗？在期待着先生圆满的解答的人正不知有多少呢？①

① 醉秋：《黄河信箱·几个小问题》，《黄河》1940年第1卷第4期。

至于结果,谢冰莹不但刊登了醉秋的来信,还在回信中强调:“黄河是绝对公开,而且特别注意培养新进作家”,而对设立“文章诊所”的建议,则特别解释道:

> “文章诊所”,我也很想应读者诸君的建议创办一下,虽然我不能做医生,但至少可以做个忠实的看护,指导一些青年朋友们所需要的文艺创作常识,但为了来稿太多,而个人的力量有限,只好等以后有机会聘到了许多医生时再说,好在本刊从这期起,就设有创作指导一栏,我想总可帮助诸君解决一些困难问题。①

实际上,谢冰莹不仅设立创作指导刊登他人的文章,如陈鲤庭的《到新演艺之路》、沙坪的《关于诗——给写诗的伙伴们》、夏照滨的《建立文艺批评》、叶鼎洛的《戏剧与宣传》、李朴园的《我的写剧经过与经验》、冷波的《戏剧的Tempo和Rhythm》、麦里的《关于歌剧》等,还亲自创作长文《我的创作经验》,分多次连载于《黄河》上。

《黄河》紧密融洽的编读关系造就了读者与编者的双向互动,编者在互动中考察读者反应,调整选稿方向,指导读者创作,提高艺术水平;读者则在互动中发表建议意见,影响刊物编辑,反映问题困惑,获得指导鼓励。这种互动产生了积极良好的效果,正如有论者所说的:“如果说通过文艺争鸣的形式讨论的只是理论上的‘大众化’,那么报纸(期刊——引者注)的编读互动则形成了真正意义上的文艺大众化。而读者信箱所形成双向互动传播,使传播者在信息反馈中也成为受众,并以自己的再次创作体现这种反馈的效果。”②

---

① 编者:《黄河信箱》,《黄河》1940年第1卷第4期。

② 赵凌河:《国统区文学传播形态》,辽宁人民出版社2006年版,第118页。

第三章 《黄河》对抗战文学的独特贡献

《黄河》对抗战文学的贡献,正是其上孕育的抗战文学,它是民族解放战争的产物,也是对民族解放战争的真实记录。作为一种在战火硝烟中诞生的特殊文学形态,《黄河》深受战时文学生态环境的影响和制约,因而在刊物的内容、形式、风格等多方面显现出契合历史环境的时代特征。不过,《黄河》又是区域性抗战文学的代表,作为西北国统区唯一的大型文学期刊,其在抗战文学的整体性特征之外,还因地域环境、政治气候、文化空间等诸多方面的差异而呈现出一定程度的区域性特征。同时,随着战争形势的发展变化,受其影响的战时文学生态环境亦多有变迁,这就导致《黄河》上不同体裁的抗战文学作品因文学生态环境的变化而呈现出鲜明的阶段性特征。本章以《黄河》上刊载的小说、理论、诗歌、戏剧文本为材料,在综合考察地域、政治和文化等影响因素的基础上,试图发现《黄河》的独特性所在。

第一节 现实主义审美品格烛照下的抗战小说

抗战甫一爆发,中国现代小说就迎来了新的改变。面对日本侵略者的疯狂屠戮,绝大多数文艺工作者都将目光聚焦于抗战,文学服务现实、服务抗战得到了他们的一致认同,最能代表现代文学成绩的小说在现实主义审美品格的烛照开始了文学政治化的发展道路。只是,与诗歌、报告等文体不同,小说创作离不开作家深厚的生活体验和冷静的艺术思考,而抗战初期战火弥漫、动荡不安的社会现实则在很大程度上制约了抗战小说的发展。作家们既没有一个长期的、安定的创作环境,又缺乏深入的、直接的战斗生活,抗战小说的创作一时间陷入了低潮。到了抗战相持阶段,作家逐渐走出亢奋状态,在适应了紧张持久的战斗生活后,对抗战的现实与前途、性质与发展有了更为清醒的认识,《黄河》的作者们开始思考如何将战争中发生的重大事件和重要现象艺术地再现于抗战小说中,一来鼓舞士气,激励意志,增强抗日军民的爱国激情和必胜信念;二来讴歌英雄,书写传奇,鼓动更多的读者大众走上保家卫国的战场,为民族的复兴与新生战斗。同时,抗战进入到相持阶段后,大后方积弊丛生的现实又带给作家们不一样的感受与认识,他们清醒地发现,不仅战争的残酷性和长期性远超人们的想象,国统区内暴露出的各种弊端与问题也在冲击已有的认知,于是,作家们开始了犀利的揭露、深刻的剖析,他们试图以更为独特的艺术触角和更为尖锐的矛盾冲突展示其中的阴暗面所在,《黄河》之中的抗战小说因此达到了前所未有的思想高度。

一、以抗战之名呼唤民族英雄

抗战进入 1940 年,虽然广大文艺工作者在严峻的现实环境下,逐渐由兴奋乐观、热情奔放转入冷静审视、深沉思索,但是山河依旧破碎,硝烟尚在弥漫。在西安,这个距战争前线仅有一河之隔的西北大后方,民族解放仍是整个文艺界的中心话语。为此,《黄河》不惜使用大量版面登载篇幅较长的抗战小说,以抗战之名呼唤民族英雄,彰显不同阶层、不同民族民众的抗日热情和民族伟力,直接为战争服务。

日寇的侵略带给中国人民无尽的伤害和痛苦,为了激发人民的战斗怒火,鼓动他们的抗日热情,《黄河》上发表了很多直接描写战时普通民众悲惨生活的抗战小说,将日寇的残忍和民众的苦难赤裸裸地展示给读者。其中颇有代表性的小说就有徐仲年的《疯》、哲厂的《“银座”之夜》、厉厂樵的《杀家》、一卒的《瓦砾上的家》、陈澄之的《丹妮》等。作家、法国文学研究家、翻译家徐仲年的《疯》讲述了一位叫陆珊的女士如何在战争中变疯致死的悲惨故事。主人公“陆珊祖籍松江，生长苏州。在中学时代，已经头角峥嵘；进了大学，声名更盛。二十二岁毕了业，获得文学士学位，跑到上海，参加春阳剧社”。成为剧院最走红的艺人，也是无数男人追求的对象。抗战爆发后，一切的美好接连破碎，陆珊先是被恋人抛弃，后又目睹日寇残忍暴虐的杀人场面而精神有些失常，总是大喊：“日本鬼子来了！你们不要杀我！”尽管“我”和同事们在撤退途中尽力挽救这个可怜的女人，但世事难料，陆珊先是在兵荒马乱中沦为乞丐，“继而她患了风湿，不良于行；她只得向同庙的叫化子行乞度日，降为向叫化子叫化的叫化子。继而风雪交迸，她病倒了。有天早晨同庙的叫化子发现已在夜中冻死，野狗也咬去了她的左腿。她手里还执着一双破碎不堪的粉盒：也许是当年的定情品。”[①]正如鲁迅所说：“悲剧将人生的有价值的东西毁灭给人看”[②]，陆珊的死亡，无疑会引起广大读者的同情与悲伤。但要知道，陆珊悲剧的源头来自日寇的侵略，《疯》的主旨也正在于此。

山河破碎的日子里，遭受苦难的并不仅仅是撤退途中的流亡者。在沦陷区，日寇的暴虐统治日渐加深；在大后方，敌机的疯狂轰炸有增无减，无数的人们在苦苦挣扎。谢冰莹以“哲厂”为笔名发表的《“银座”之夜》就反映了沦陷区人民的痛苦生活和汉奸的可耻下场。在有“银座”之称的沦陷区内，张福“是一位很干练的一等警士，但每月的收入仅仅十几元，而且还是‘准备票’（准备票是抗战时期由日伪扶持的中国联合准备银行发行的钞票，也称联准券。——引者注）。要不为了那三个孩子，他绝不会过这种被人家开口骂‘八加’，闭口骂‘野郎’的奴隶生活。”张福在街头执勤时，汉奸于三爷的汽车不守交通规则撞到了拉车的老人，不仅不道歉还蛮横无理地打了老人和张福，二人无奈只有忍气吞声。于三爷做医生的弟弟于四维正忙着给难民募捐。为了凑

① 徐仲年：《疯》，《黄河》1940年第1卷第1期。

② 鲁迅：《再论雷峰塔的倒塌》，载《鲁迅全集》第1卷，人民文学出版社2005年版，第203页。

够三十多个难民未来几日的口粮,于四维央求三哥给难民捐款二百元,谁知于三爷不但不同意,还反诬难民中有抗日分子,并为自己贪图荣华富贵而当汉奸的行为狡辩道:“为了维持地方,保卫民众,才不辞劳苦地日夜奔忙!这不是爱国吗?不管日本人对不对,我们总要维持地方的安宁。……就像咱们这家人家,本来也就够过得了,叫那些‘抗日’的这么一闹,几乎过不成了。幸而我是一个留日的,城里和商埠的买卖和房产也算保住了,总算我的眼光不坏,中央的存款早就转到朝鲜银行去,也算没受到损失。现在我并不求飞黄腾达,只要有个秘书长的位置为维持地方也就是我对地方上的一片苦心。”让人解恨的是,这个厚颜无耻的叛国者,最终被已投靠给日本人的情人出卖,不得不捐款五十万元给日寇的“新正慰劳”。故事的最后,昔日张扬跋扈的汉奸于三爷破产后沦为乞丐,醉倒在大街上时又和张福相遇,张福淡淡地说了句:“你也有今天”。①《“银座”之夜》里沦陷区人民水深火热的生活,自然会让读者感同身受,燃起抗日的怒火,而汉奸于三爷的可耻下场也足够快慰人心。

厉厂樵的《杀家》则发生在东北沦陷区。在敌人的暴行下,昔日繁华的齐齐哈尔,“千万间栉比似的房屋,已被日本兵烧成一片焦土,就在那片焦土里,埋藏着千千万万的生命。也许母亲紧抱着孩子,被压在倒塌的大屋底下,正在挣扎,四国的火渐渐近来,浓重的黑烟里迸射着闪烁的火星,暂时虽没有死,再也不会活下去了。也许儿子正拖着爸爸的一条腿,爸爸在灰烬里慢慢的蠕动着,终于给炽热的火烧焦了全身,儿子的手依旧没有放松。也详(强)忍痛的舍了丈夫,好容易从火窟里爬到街边,自以为暂时得救了的妻,却又遇着日本兵,给残暴的蹂躏以后,赤裸裸的躺着,迷迷糊糊的死了,缥缈的幽灵,依旧在她丈夫的身边回旋缭绕着。”沦陷区的凄惨之状让人不忍直视,故事的主人公张彪,一个因日军侵略而辞去黑龙江省政府办公厅二等科员职务的汉子,在凄惨的回忆中瑟瑟发抖。穷困潦倒里,张彪为维持全家生计,在汉奸科长的劝解

---

① 哲厂:《“银座”之夜》,《黄河》1940 年第 1 卷第 9 期。

下去伪政府任职，但在迎接日本人的招待会上因为打翻了茶杯被日本人殴打侮辱。不过，沦陷区的人民不会永远受欺辱，被压迫。已是发狂状态的张彪不忍病妻弱子苟存于世，在拿菜刀砍死了他们后，那个昔日里唯唯诺诺的小公务员变成了杀敌无数、战功赫赫的抗日分子“混江龙”。《杀家》的独特之处就在于，不仅揭示了沦陷区人民的苦难生活，更为那些不甘心被奴役、被残杀的普通人指明了未来的出路——愤而反抗，保家卫国。①

《黄河》上刊载的抗战小说，还有一大部分直接描写了为民族独立而战斗不已，甚至献出生命的正面英雄。战争需要英雄，民众需要英雄，肩负着文艺抗战、政治宣传和反映抗战生活多重历史使命的抗战文学，更需要英雄去激发民众的抗战热情，鼓舞民众的战斗士气。在《黄河》的抗战小说里，英雄是学生、是农民、是教师、是厨子、是游击队员、是战士，是所有不甘压迫、不甘屈辱的抗战军民。《老岳的死》中的主人公老岳就是学生，虽然才二十二岁，但是“沉毅，略显呆滞，不大会说话，做事情非常认真”。日寇侵略，学校被迫转移至荒山野外，衣食安全都没有保障。老岳认识到：“在这样的情况下按部就班的读书是不可能的了。我们应该用别的方法来武装我们自己。我的意思是组织游击队，武装保卫学校。”在被推选为民大学生游击队队长后，“他所有的就是负责，诚挚，正直和对同志们的热爱”。不幸的是，在一次伏击战中老岳负伤，最终牺牲在医院中。②

《安家沟》则是一个位于中条山山脚的小村庄。日军使用怀柔政策拉拢安家沟的老百姓，迫使他们组织了红枪会，但村民们并不愿意当顺民。民族危亡的关头，千千万万个像安家沟村民一样的老百姓，都有着异常简单但却坚定的抗日逻辑：“我们都是大中华民国的老百姓，都是男子汉大丈夫，一定要和这些野蛮不讲理的鬼子兵，这些杀了我们父兄，奸淫了我们妻女的坏蛋拼一下，否则就不能算是人养的。”在政府和军队的协调下，本为日军卖命的红枪

---

① 厉厂樵：《杀家》，《黄河》1942 年第 2 卷第 11、12 期合刊。

② 蒋明：《老岳的死》，《黄河》1940 年第 1 卷第 2 期。

会变成了抗日的干部训练班，安家沟也成了军民合作的典范，各种“盘查汉奸，侦探敌情，购运粮秣等事得民众的帮助不少”。安家沟的军民合作一天比一天亲密起来，团结似钢铁一般的中条山上准备迎接更加猛烈的血战。值得注意的是，作者在赞扬村民的同时，也从民族劣根性出发批评了中国老百姓的顺民意识：“安家沟的老百姓都是庄稼人，他们只看到眼前的利益而都有一个苟且偷安的心理，他们有祖先遗传下来美丽的家园，谁愿流亡到异乡去做无家可归的难民，所以敌人的怀柔政策在这样的场合下是最容易奏效的。”这样的认识和批评在当时无疑具有很强的警示意义。①

《朱砂痣》中的主人公是一位教师，也是知识分子的代表。沉寂在虚造的象牙塔里顾影自怜，矫揉造作的他突然意识到，“在这全面抗战期间，脑子里边，是不干不净，浪浪漫漫”，“颓废派是准汉奸”，最终他“受了理智的这当头棒喝，真的什么也不敢想了，一口气跑回学校，很敏捷地收束行装，决定到前线去”。在这里，知识分子也不能成为民族战争的旁观者，理应走上战场，成为民族战士。②

《蔡清从军记》写农民蔡清为逃避兵役而出走他乡，在遇到敌机轰炸后，辛苦经营的小店被毁，妻子也死于非命，但蔡清并没有明白日寇才是最大的敌人，又一次逃跑。在做贼被抓后，旁人训斥道：“你这家伙怎么这样堕落，青年力壮的，甚么事不好做，偏要做贼！即或事不遂心，当兵去也是一条正路呀！我们附近一带，像你这样的人，谁不愿意上前线去打日本，连监狱里的囚犯，养济院里的叫化子，都争着请求当兵上前线去，你为甚么放着正路不走，偏走这条邪路呢？”此后又经历了一番波折，蔡清幡然醒悟，联合抗日队伍一起消灭了汉奸特务，最终和大哥一起走上了抗日前线。大哥在劝解蔡清时所说的一段话可以看作是小说的主旨，他说：“不要如此，人已经死了，财已经散了，悲哀也是无益。你应该爱惜身体，振作精神，趁这时机，做一番正经事业，才不辜

① 董文渊：《安家沟》，《黄河》1940年第1卷第3期。

② 楚云：《朱砂痣》，《黄河》1940年第1卷第5期。

负这个时代，我早就不赞成你做生意，我们是本分人家，不应当妄想发国难财；况且做生意也得看时候，日本强盗一天不赶出国境，我们别想过一天平安日子，更别梦想发财了。如今你落得人死财散，不就是很明显的说明吗？不过事情已经过去了，无须再去挂念，我们要从惨痛的教训中寻求一条生路来，常言说'男儿当自强'，难道这一点挫折就受不住，就垂头丧气了吗？"是的，没有国，哪有家，民族危亡之际只有人人甘愿把生死置之度外，才能换得一个胜利的明天。①

碧野的《于陵》更像是现代版的"木兰从军"。小说讲述了老马夫的女儿于陵，女扮男装英勇抗敌的故事。在日军入侵，家庭遭劫难后，于陵女扮男装当上了高旅长的勤务兵。她学习骑马打枪，苦练杀敌本领，有一次带领小分队翻山越岭穿越敌人封锁线去运送食盐，在一个夜里被敌人俘去受尽酷刑，又逃生出来，最后在一次战斗中，为掩护高旅长，用身体挡住了敌骑兵的来路，英勇牺牲。她用生命换来了战斗的胜利，"坚固了中条山几百里的战线，换得了晋南的平安"。而百姓直到收敛她的尸体时，才发现她原来是个女儿身。②

刘剑的《祖传金家第四代》则讲了主人公金孝天如何舍家弃业成长为战斗英雄的故事。金孝天是金家刀第四代传人，为了遵守父亲的临终遗言——"作一代孝子，金家的卖刀招牌，子子孙孙要挂得起，挂得高，又挂得红。"他迟迟不敢走上抗日的战场。而当目睹了日寇的残杀与暴虐后，他终于明白了一个道理，"中国人爱和平，日本人破坏和平，想灭亡中华民族，可是中华民族，不愿灭亡，于是要抗战，抗战的胜利就是替中华民族争面子，就是金孝天也有面子，因此人人都得拥护抗战，参加抗战，不然，中国一亡，中华民族也亡，金家祖传四代的招牌也亡，连我金孝天自己也会灭亡。"③故事的最后，金孝天已成一名真正的游击队战士。

---

① 席徵庸：《蔡清从军记》，《黄河》1941 年第 1 卷第 11 期。

② 碧野：《于陵》，《黄河》1941 年第 2 卷第 7 期。

③ 刘剑：《祖传金家第四代》，《黄河》1941 年第 2 卷第 3 期。

值得一提的是,《黄河》发行所在地西安紧邻蒙古族聚居区,而反映蒙古族民众团结一致,反抗日寇残酷统治的少数民族抗战小说也出现在《黄河》上。九一八事变后,日本侵略者先后占领了内蒙古东部和中西部大部分地区,他们利用德穆楚克栋鲁普(又称德王——作者注)为首的蒙古族上层王公实行殖民渗透,先后成立了伪蒙疆政府、伪蒙古联盟自治政府、伪蒙古自治邦政府,企图通过这些伪政权来控制内蒙古,使其脱离国民政府的管辖,并意图最终将整个内蒙古完全纳入其殖民统治范围。那些不甘被日寇驱使、奴役的蒙古族官兵和爱国民众,面对家园毁灭和同胞罹难的悲惨局面,纷纷拿起手中的武器投入到反抗日本侵略者和汉奸贵族的战斗中。《黄河》上刊载的陶今也的《阿尔顿索宝特》《查哈贝勒》《马贼》《枣骝马》《双金镯》《雅西柯》《喀西克台吉家之一夜》,林岚的《冰雪封锁了草原——长诗〈长恨歌〉的Story》、诗体小说《长恨歌》就成为当时为数不多的反映蒙古族民众抗日斗争历史和生活的作品。

小说创作丰富的陶今也本是一位漫画家。他于1937年8月参加上海漫画界救亡协会。不久,协会组织了一支"七君子"漫画宣传队,陶今也等六人在队长叶浅予的带领下,高唱着抗日歌曲,从上海出发,直奔南京,组织抗战漫画展览,宣传抗日救亡。年底,上海漫画界救亡协会从漫画宣传队中抽调陶今也等几位队员前往西安,既为举办抗日漫画巡回展览,也为协助全国漫画作家协会西安分会开展工作。1938年1月西安漫协成立,陶今也与陈执中等九人被选为执行委员。在西安漫协的领导下,他参与举办了三期抗日漫画训练班,教授来自工农商学兵各界的学员绘画技巧,还创办了不定期刊物《抗敌画报》。在此期间,他还发表论文《漫画在宣传上的理论》:

漫画作者们生活在世界上,所做的工作。是发掘一切的阴暗面——和以正义来装饰正义,以辣毒来摧毁丑恶。当他不满意——以绝对与相对的探讨为根据的不满意,是合乎逻辑与唯物辩证的不满意——于某一件事时,他不仅要暴露这事的丑恶特征,并且还要指示一个击破这些丑恶的最积极的根本手术。①

1938年5月，西安漫协被国民党陕西省党部下令取缔，《抗敌画报》也被查封。陶今也坚持留在西安参加抗日宣传，并开始在《黄河》上发表反映蒙古族人民抗日斗争和生活的作品。

《阿尔顿索宝特》讲述了蒙古族官兵如何在民众的配合下暗杀驻蒙日军指挥官的故事。女主人公阿尔顿索宝特是蒙古族二等贵族的女儿，她的追求者中有一个名叫伊喜赫尔布的骑兵上尉。上尉和别人不同的地方在于，“他的军服同旁人的军服一样，但他没有像旁人那样把青天白日的帽徽换成五色星的帽徽，因此，他根本就没有帽徽，此外，他也没有那种单日用红底双日用蓝底的白太阳臂章。”②日本入侵内蒙古后，和以德王为代表的上层贵族狼狈为奸，肆意掠夺，并明文规定，“民间的战马枪支子弹都要送交王府，家里有现银的也要缴出三分之二存在王府，另外的三分之一则要换成一种叫做什么蒙疆银行所出的钞票；牛羊不许自由买卖，有耕地的每亩派草五十斤”。为了击毙日军驻蒙指导官山下，伊喜赫尔布利用阿尔顿索宝特给另一个一心抗日的蒙古族贵族——担任王爷府副卫队长的奇恩曼偷运弹药。虽然弹药被阿尔顿索宝特发现，但为了爱情，也为了民族大义，她还是义无反顾地参加了抗日活动。在有山下和德王出现的西图木庙会上，伊喜赫尔布和奇恩曼里应外合，打死了山下和他的卫队多人，但为他们运送子弹，传递信息的阿尔顿索宝特也中弹受伤，濒临死亡。③

诗体小说《长恨歌》的作者林岚，原名张世楟，抗战初期就加入民族解放先锋队，并主编《吼声》周刊。1939年为投奔革命圣地延安，他千里跋涉，从浙江出发，步行来到西安。从西安往延安的道路封锁后，他未能实现去延安的夙

① 陶今也：《漫画在宣传上的理论》，《战斗周报》1938年第12期。

② 日本人侵占内蒙古后，德王对统领的伪蒙军服饰进行改造，把青天白日帽徽改为五色的五角星，在袖子上加了一条臂章，臂章是两面的，一面红色，一面蓝色，单日用红色，双日用蓝色，另外缀上一只白太阳，上面写番号。

③ 陶今也：《阿尔顿索宝特》，《黄河》1940年第1卷第10期。

愿,而是留在西安开始了新闻记者的生涯。在西安,林岚担任《青年日报》的记者,并先后参加编辑了不定期诗刊《匆匆》《三月诗叶》。在《黄河》上的很多作品就是在这一时期内创作发表的。刊登在《黄河》第五卷第一期上的《长恨歌》,又名《冰雪封锁了草原》《草原牧歌》。据林岚自述:“我从没有到过蒙古大草原,充其量不过是从边塞来人口中听来的、或从书报上看来的故事。写的是一个蒙古王公的小姐爱上了自己家的农奴。农奴被主人吊打几死,乘隙逃脱,去参加抗日游击队了,小姐则被王爷囚禁在府邸堡垒的高阁之上,准备将她嫁给潜入内蒙古的日本特务头子,建立伪政权。年深月久,小姐终于发疯。诗的情节是从一个远方旅客经过草原听见疯女在碉堡上日夜号啕惨叫开始的,尾声是旅客离开这天,疯女呼叫声消失了,原来看守的女奴一时疏忽,女囚已从阁顶跃下自尽。”①这些饱含文学使命感和不屈抵抗精神的少数民族抗战小说,不但揭示了日本侵略者给少数民族同胞带来的深重灾难,也展现了少数民族抗战英雄和抗战群体艰苦卓绝的战斗故事,是一曲曲令人荡气回肠的英雄赞歌。

此外,《沉默的胜利者》中的“小六子”,《黄跛子》中“不打胜仗不加菜”的厨师“黄跛子”,《“力”与“路”》中一心想要上战场的姐妹二人,《殷家寨》中以莫须殷、殷以柏为首的抗日村民,《祖传金家第四代》中的铁匠金孝天,《小号兵》中十六岁的小号兵,《大肚子》中的伙夫“大肚子”,《渡家》中年近七十岁的有德伯伯,他们或是一心报国杀敌上战场,或是不惜付出生命与敌人同归于尽。这些源自生活,遵循现实主义审美品格的抗战小说,“与全国的抗战文学一样,应和着时代的脉动,以服务于抗战作为文学的最高标准,讴歌英雄,书写战歌,传递着中华民族不屈的伟力,为民族的复兴与新生而呐喊”②。

---

① 张林岚:《一张文集》卷一,上海三联书店 2013 年版,第 103 页。

② 陈思广、冯鸽:《大西南抗战小说的审美品格》,《四川师范大学学报(社会科学版)》2016 年第 2 期。

二、揭露积弊丛生的黑暗现实

1938年，张天翼发表了讽刺国民党官僚的《华威先生》，很快在整个文艺界掀起了轩然大波，经过两年多“暴露与批评”的论争，到1940年，理论界终于达成相对一致的意见，即认为那些以暴露黑暗、讽刺丑恶为主要目的的抗战小说在现实中有积极作用。就这样，那些“前方吃紧，后方紧吃”的腐败官僚，大发国难财的奸商财阀，自私自利的地方官绅相继暴露在作家们的笔下，大后方的文学创作也出现了新的变化。正如温儒敏先生总结的那样：“1940年以后，越来越多的作家转向比较冷静地观察抗战现实，敢于正视并暴露阻碍民族进步的各种腐败现象，以及不利于抗战的潜在危机，整个创作向生活纵深部分开掘，主题的深入度，人物塑造的典型化以及具体手法，都日趋成熟。”①这种变化亦相当明显地体现在《黄河》的抗战小说上，并成为《黄河》文艺月刊向现实主义道路发展的直接证明。

随着抗战的逐步深入，社会现实生活中的阴暗面逐渐显露，在大后方，像“华威先生”那样自命不凡、以权谋私的投机者不在少数，他们贪赃枉法，唯利是图，成为民族战争中需要清除的社会渣滓。叶鼎洛的小说《掮客》就对那些倒卖物资、唯利是图的“掮客”进行了曝光。林子祥是学经济的法国留学生，回国不久就赶上了抗战，本在警察局当差，却因为和局长吵架而失业，暂时委身在流亡青年招待所里当招待。“他有一副匀称强健的身体，三十多岁，头发长的很高，因此前额很是宽广像有些健壮的老头子的秃额一样放着晶光，那里面好像装满了学识和智慧。近视眼戴着厚玻璃眼镜，寻找东西或是吃饭的时候，他的脸不得不凑近了桌子和饭碗，面色很红，绝不像倒霉的样子”，“偶然遇见朋友不得不做出笑容来的时候，那笑容也是一种出于无奈而非出于本心的微笑”。他虽不善言辞，但经常挂在嘴边的话是“固所以”，而论及抗战的

① 温儒敏：《新文学现实主义的流变》，北京大学出版社1988年版，第175页。

时候也总是说:“固所以没啥(没有什么)道理的呀,那一个(谁)为了国家民族呀,都是想弄渐(钱)呀”。为了借助“我”的力量跟他一起合作发财,林子祥不惜透露自己的发财门路:“我认识××军医院主任,认识××面粉厂董事长,也认识××团军需主任,我可以托×主任到×主任那里去定××袋面,卖给×主任,这样,你算算这个账”。在“我”多次表示不感兴趣后,林子祥开始转向思路,甚至于为了达到目的,他“穿军服,挂证章。当教官,看朋友,拉交情”,但是“这一切都是他的魔术的伎俩,无非藉此做个幌子,苦心孤诣地想发财而已”。故事的最后,这个“不戴帽子,光着前额。戴着近视眼镜,板着没有表情的脸,好像对全社会的人抱着深仇奇怨似的”林子祥,依旧为了他的“发财梦”,“浑身鼓着气,鼓着腮帮,急急走着,有像负着很大的使命,惟恐丧失一寸光阴一刹那的生命似的,人和他打招呼,他别有怀抱似地和人稍一寒暄,行个礼,又带着点依依惜别的神气,忙忙地走过去了”①。

这边的“小人物”林子祥还在做着自己的发财梦,那边公权私用、唯利是图的“保甲长”却引起了普遍的愤怒。列躬射的小说《婚礼》就讽刺了这样一位以婚礼敛财谋私的保甲长。林氏夫妇收到了张保长的婚礼请柬,生活拮据的一家本不想赴宴,但又不得不去随礼巴结。因为保长有权势,“像买米可以省得自己等得要死,像收这个费那个费可以少些,买不到肉可以托他买,像抽丁可以……像有什么托他的他有本事办得到的”。而抱有这样想法的人也不在少数,参加婚礼的客人,“虽然是穷人很多;但是阔人也不少,这甲里住的做官的什么科长处长,做生意的,医生,探长,都到了,就是镇长,中心小学校长也到了”。张保长本是个穷酸的人,发达也是当了甲长后的事,但是对这么多人前来赴宴的场面却未有受宠若惊之感,反而暗暗对着客人取笑道:“你们算什么,官是大了,可是还得有时亲自上街买东西,买不到什么还要巴结我姓张的设法,这个年头无非是生活,你们那里比得上我要什么就有什么,赫,不是吗?

① 叶鼎洛:《掮客》,《黄河》1943年第4卷第1期。

事情越来越糟，甲长的权利越来越大了，像什么分售，买肉买油，都要甲长管了，赫”。在客人们都随礼就座之后，吝啬的张保长却不开席，直等到大多数客人饿得偷偷溜走，才将剩下的勉强挤到准备的四桌宴席上。林太太带着小儿子赴宴，本想让他饱食一顿，可天真的儿子在和小伙伴玩耍时无意间唱出了王跛子教给他们的儿歌——“骂一声，汪精卫，太不是人，保甲长，小东洋……”原来四十多岁的保甲长娶下的正是王跛子的母亲。婚礼不欢而散，但讽刺张保长的儿歌又有了新的版本——“小麻雀，尾巴翘，日本鬼子真胡闹，人家丈夫他杀掉，人家老婆他睡觉。”①

还有一些在国难当头的危急时刻却只为自己着想，贪污腐化、自私自利的地方官绅。《老朋友》中的吴承天是个地方县长，年轻的时候参加革命，“工作的努力与热情是比任何同志都高，打倒军阀，铲除贪官污吏，无论在会场上，在私人谈话上，他都激昂慷慨的论说这是中国革命起码的工作”。抗战爆发后，吴承天当了一县之长，“每天除掉阅批公文，便是参加各种会议，接见宾客”。他贪婪自私、阿谀狡诈，看人下菜碟，“例如文旅长来时便拿出炮台纸烟，普通的客人则抽以土烟，理由很充足：‘抗战期间，提倡节约，理应戒烟才是。’”他还提倡饮白开水，说是实行新生活，但在每天晚上自己抽起大炮台，喝上好的红茶，嘴上说的是：“我们吃吃好烟，喝点好茶有什么关系？”把节约救国，新生活运动都忘了。而在县政上，吴县长有自己做官的一套理论——孔子的“先有司，赦不过。就是对于上司要逢迎，对于下边的人，有了小过装做不闻不问，以至于治理民众也要小不加罪，穷不处罚”，以博得个“有口皆碑”。最终，这个表里不一的地方官因为贪污公款而被撤职查办，变成了从前他自己所要打倒的对象了。②

《兄弟之间》则通过对比的手法讽刺了乡绅严老六卑劣自私、吝啬贪财的丑恶嘴脸。小说一开头将老六和老七兄弟二人的形貌分别刻画。跛子老七是个“相貌丑陋，而生性爽直，颇受人敬重的乡下佬。他的头像个冬瓜，大而方；

① 列躬射：《婚礼》，《黄河》1943 年第 4 卷第 5 期。

② 谢再善：《老朋友》，《黄河》1943 年第 4 卷第 2 期。

眉如括弧一般，和眼一同往上张；鼻子很短，朝上翘，露出两个洞洞；上嘴唇长的很，向下伸。”他的哥哥老六则“是一个末试的秀才，他当过讼师，镇董和区长，曾经在县太爷面前做过红人；现在手头富裕了，是全县知名的老绅。年龄虽在五十岁上下，倒没有一根胡须，依然保有当年的清秀的仪容，细长的身段，薄嘴唇，和他的弟弟相反的有一张黄白色的脸”。从形貌和地位上看，老七远不如老六，但对抗日大事，老七却有无比的担当。日军进犯，“全县沦陷了大半了，只剩下这十几个乡镇，部队里需要三千个民伕，抬伤兵，输送弹药，每个乡镇还要负责一部分粮秣”，“伤兵多，要人抬，粮秣要人送！要补充！还得破坏几条重要的公路”。万般无奈之下，负责部队军需、后勤的叶科长请求乡绅严老六出面协助借粮、征夫的工作，精明自私的他却推诿不就，只协助派出二百个民夫，借粮的事情一句不谈。老七救国心切，当即请求部队从自己家里借十担粮食给前方将士果腹。哥哥老六表面上同意但心里却恨得要死，暗骂：“如果跛子不是和我抱住一个奶子吃大的，今天我非干了他，无论怎么样”。夜半枪炮声响起，鬼子的骑兵来了，那个因抽大烟而整日“哼，哈，吐，咳，咳”的守财奴老六从睡梦中惊醒后，唯一关心的是自己的大洋，而老七，一个跛子却“将三四个手榴弹放进一个口袋，背在身上，提着一杆自卫的‘勃克’，开了后门，向敌人来的路上奔去了”①。

三、关注时代洪流中的悲情个体

战争的残酷性和长期性超出人们的想象后，作家们开始思考，那些为着战争的需要而进行的公式化、概念化创作，能否实现抗战文学的真正目标。正如茅盾早就指出的那样：“现在众所诟病的‘差不多’，批评家所指出的‘不够深入’与未能创造典型人物，我以为大半是为了这本末倒置的缘故。’”②同时，后方社会的复杂、人生的无奈以及生命个体在时代洪流中的悲情体验等，也都

① 陈林：《兄弟之间》，《黄河》1943 年第 4 卷第 4 期。

② 茅盾：《八月的感想——抗战文艺一年的回顾》，《文艺阵地》1938 年第 9 期。

促使作家们不再钟情于单一的宏大叙事和空洞的宣传呼喊。而罗荪所说的:“只有多读‘人’,多研究和分析‘人’,才能表现和反映生活在现实社会里面的‘人’。”①似乎指出了抗战文艺未来发展的方向。于是,写人,写战争中那些颠沛流离的底层民众,为生活苦苦挣扎的知识分子、小公务员就成为《黄河》作家群追求文学本性、实现审美诉求的重要方式。

小说《野蒺藜》就讲了一个卖唱姑娘的悲惨故事。女孩“野蒺藜”本有一个幸福的家庭,日军入侵河南后,父亲被杀,哥哥为报国仇家恨当兵上了战场,只剩下野蒺藜和母亲李七嫂相依为命,流落他乡。投亲无果后,二人流亡到西北平凉以卖唱为生。野蒺藜,这个“十二岁的小姑娘,穿着件暗灰色的棉布袄,黑布裤,脚上穿着一双已露出棉花的破棉鞋。圆圆的小脸,常挂着天真的微笑,头两边偏垂两条发辫子,小皮鼓用一条白色的棉布带拴紧着,斜拦在胳臂上。”她的母亲李七嫂,“很消瘦,穿着蓝布袄,灰布裤,脑后边挽着个蓬松的圆发髻,左手提小铜锣,右手拿着个用布头缠成的打锣锤”。卖唱乞讨的生活很是艰辛,李七嫂“那副黄得像死人一般消瘦的脸……没有一点表情……她已经是一个看不见天,看不见地,看不见世间的一切变化的瞎子了。”大雪纷飞的冬夜里,李七嫂生了病,野蒺藜救母心切想去“政府派来的,听说给穷人看病,不要钱的”卫生队给母亲拿点药。冒着漫天大雪,饿了一整天的野蒺藜到卫生所时,“已是傍晚的时候了。雪花随着风在空中飞舞着,打着旋落到底下。街上没有人影,遍地是白皑皑的雪。她的衣服和头顶上,也变成白色了。野蒺藜走上了门阶上,她全身在打着痉挛,用着冻僵了的手,将蒙在身上的雪打下来”。好不容易敲开了紧闭着的卫生所大门,里面的大夫却以已经下班为由拒绝了野蒺藜的请求。② 无助的野蒺藜用身上仅有的两角钱为母亲买了一些食物,但母亲终因饥病交加死在了第二天清晨。悲剧的发生固然有日寇侵略的原因,但本是救死扶伤、治病救人的医生却也难逃罪责。在这里,野蒺

① 罗荪:《漫谈抗战文学》,《学习生活》1942 年第 1 期。

② 罗冰:《野蒺藜》,《黄河》1942 年第 2 卷第 11、12 期合刊。

藜是一个个体,又是那些身处社会最底层的孤独者、受难者、无助者的代表,他们无力反抗,也无力逃脱,唯有承受命运的摆布,在凄苦中惶然,在不甘中死亡。他们才是时代洪流中最悲情的那一个群体。

战争给底层民众造成巨大痛苦的同时,也改变了原有的社会结构,本属于中间阶层的知识分子、公务员群体也成为事实上的弱者。这些曾经的社会精英,在战争环境下,亦无法摆脱文化地位、经济地位双重下降的悲惨结局。靠着微薄的稿费、薪水,他们无力承受来自实际生活的压力,而"手不能提,肩不能扛"的身体状况也让他们难以调整改变。当经济上的压力转化成精神上的自卑时,一切的难题都变得难以启齿。这群挣扎着、痛苦着、无奈着的人,亦面临着严峻的生存考验。

小说《年关》讲述的就是这个群体的挣扎、痛苦和无奈。年关将近,小公务员们,"每个人都严肃的紧绷着脸,都各自发动着自己心里的算盘珠子,三下五去二的旋转着……蓦的发现收支对照的悬殊,就不自禁地睁大了眼睛怔住了。支出项里的数目字像一个雷,在人们的心里爆炸了。虽然那是不可避免的一击,却没有一个不感到受威胁的"。尽管想尽办法,艰苦挣扎,可一路飞涨的物价,还是让他们觉得年关就像是横在眼前一道艰险的难关,让人望而生畏。"三十岁开外,阔脸大鼻子"的黄耀祖正是他们中的一个。"黄耀祖自信从没有为生活这样做过难,从离开学校门从没有失过业,他在事业上虽没有多大发展,但也没有什么过不去的。"但抗战的到来却影响了他的生活,日子一天比一天艰苦,生活的担子也一天比一天重了起来。更为严重的是,经济压力的增大间接地成为家庭不幸的根源。本就贪图物质生活的妻子,那个"觉得一个人活着就是为了钢骨水泥的建筑,电气化的装备,最时新的陈设,最摩登的服饰而存在,没有他们的存在人活得就没有意思了"的女人,开始对黄耀祖感到不满,甚至是失望。备受打击与嘲讽的黄耀祖也想有所改变,可他又觉得自己"平时待人接物没有什么不对的地方,办事认真不苟且,尊重上层的意旨,恪守纪律,服从命令。他黄耀祖总可称得起模范的公务员。他想到这就开始沮丧起来了！他开始诅咒这社会的不公平。他觉得自己真好像满腹经纶，只可惜没有机会施展。这自然是莫大的苦恼，而这种苦恼竟然得不到自己妻子的同情，使他的苦恼更加深了”。相反，“新贵们”的舒服生活却让黄耀祖内心复杂，出于对有权势者的憎恨，对权力和腐败关系的揭露，“对那些新贵，有着说不出的厌恶”，他自问，“他们凭什么会一帆风顺地爬上去，凭本领，凭资格，他黄耀祖是不服气的。他自信他是实事求是地一直在苦干着，然而一直就坐着冷板凳，没有什么大的发展，他越想越觉得不公平。凭本领，凭资格，他自信绝不后于那些‘新贵们’，然而那些‘新贵们’却走在他的前面，比他是高高在上了。”

黄耀祖是有责任心的，但对生活，对未来的无力感，让他在社会生活和家庭生活中都陷入一种极度尴尬的状态，而这也成为他痛苦的根源所在。黄耀祖又是有自尊的，他不止一次地暗示自己，“无论怎样都得维持信用，维持原来的生活水平，他不能失去了信用，更不能失去了体面，尤其是不能失去了夫人对他的期待”。他尽力保持镇定，“不愿在夫人面前露出半点窘态”，他要表示一切有办法。然而残酷的现实未有任何改变，“年关逼近，旧债无法拖延，新的开支暴涨”，万般无奈的他不得不自降身份，折了面子向商人朋友借钱以渡难关。毕竟是曾经的中产阶级，往日的社会地位和知识分子的自尊，让他在借与不借之间左右为难。但“他觉得跟商人打交道是没有便宜可占的，万一一张开嘴遭到拒绝，对于他的体面是大大有损失，忽然他又疑惑到以他现在的地位，没有什么值得地方可以借重的，他的自信力忽然缩减到极微极微的地步，他仿佛是完全失望了。”经过了复杂而又漫长的心理斗争，他终于向商人朋友开了口。朋友倒是一口答应，但又表示最近多有不便，需要等待几日才能借出。黄耀祖松了一口气，他自认为没有丢了体面就暂时达到了自己的目的。但对妻子的不满却在不断加剧，特别是听闻妻子又去跟新贵的眷属们一起打麻将后，“他开始感觉到他的夫人是一个不守本分的女人了，家务不理，子女不教，这还不就是不能守本分么？而且最让他不满意的，就是给她新近结识了一些新贵们的眷属，他想到这里，更燃起他的憎恶之感，他甚至怀疑到他会有什么不名誉的事发生,他简直片刻不能隐忍,满腔的愤怒将要发作”。可是,当妻子回来后,黄耀祖所有的愤怒、屈辱、不甘、挣扎已被忍让、屈从、自责、无奈替代,曾经自信、理想、乐观的他甚至对保姆“健康的肉体,明眼的眼波,白嫩的皮色,诱惑的微笑”产生了野兽般的欲望。因为那个不甘贫穷的,那个“对于丈夫的怯懦,烦闷,固执早就不满的”,那个“觉得以她这样的品貌才华配了这样的一个丈夫,真是大大的委屈了”的妻子,正计划着如何用丈夫借来的钱去巴结“新贵们”,好让他们设法谋一个肥缺给他。①

有论者曾说:“战争环境在使生存竞争更趋激烈的同时,也改变了原有的社会关系,以及人们对于这些关系的看法。社会的权力阶层与知识分子之间,脑力劳动与体力劳动之间,家庭内部代际之间和性际之间的关系,都发生了微妙的变化。”②同《寒夜》一样,《年关》也是一个与家庭纠纷有关的故事。在广阔的国家战时生活背景下,它们无一例外地都引发了人们对家庭伦理与普遍人生困境的关注。虽然《年关》没有像《寒夜》一样将失望和愤慨上升到社会批判的高度,以引向对统治当局的不满和反抗,但身处时代洪流中的悲情个体,最终也无法获得真正的“解放”,即便他们的职位得到了高升,生活恢复了秩序,战争赢得了胜利,而这或许正是历史的选择。

第二节 契合民族解放战争脉搏的抗战诗歌

在民族生死存亡的紧要关头,无数怀着“心忧天下”“敢为人先”爱国精神的诗歌创作者,开始以手中的笔作为战斗的武器。正所谓,“国家不幸诗家幸”,这一时期,大量激昂、奔放、饱含爱国主义精神的抗战诗歌,凭借强烈的政治参与意识和时代关怀感,不仅在中国现代文学史上留下了珍贵的印记,也

① 李春舫:《年关》,《黄河》1942 年第 2 卷第 10 期。

② 邵宁宁:《抗战生活与知识分子精神气质——论〈寒夜〉并兼及〈围城〉》,《甘肃社会科学》2005 年第 5 期。

在中华民族反抗外来侵略,获得民族解放、民族自由的斗争史上书写了辉煌的篇章。只是,相对于空前繁荣的西南大后方诗歌创作,以《黄河》为代表的西北国统区抗战诗歌则因知识分子缺乏、出版印刷困难而略显沉寂,特别是路途遥远、信息闭塞,植根于特殊文学生态环境下的《黄河》抗战诗歌既契合着民族解放战争的脉搏,呈现出较为明显的一体化特征,又在现实环境的制约下显现出某些地域性特征。本节在兼顾抗战时期中国诗歌总体风貌及文体流变的基础上,发现《黄河》所代表的西北国统区抗战诗歌的独特之处。

一、重视民间文艺和古典诗歌

《黄河》甫一创刊,就特别重视发表那些采用民间文艺和古典诗歌形式的抗战诗歌。实际上,这也是抗战爆发,中国新诗在中断了原有的艺术探索进程和精神建构道路后,为承担宣传抗战、服务抗战的崇高历史使命,为满足发动民众参战的特殊需要而做出的自觉选择。面对日寇的疯狂侵略,诗歌创作者们既要确保作品的艺术表现力又要想办法加速其传播速度和接受程度,以最大限度地动员人民群众参与到抗日救亡中来,因此,"采用大众喜闻乐见的民间文艺形式,是推动抗战诗歌被广泛传播接受的有效途径,进而达到启迪'民智'以救国之目的。"①1938 年众多文艺工作者在文协组织的诗歌座谈会上的发言,则更为直接地阐明了利用民间形式创作抗战诗歌的重要性,"我们要争取农民到抗战中来,必须用农民所一向熟悉的形式来写诗,使农民看了懂得,看了感动"②。当时所谓的民间文艺形式,更多的是指鼓词、小调、民歌、童谣等形式自由、结构短小的诗歌作品。胡风也曾就如何利用民间形式更好地创作抗战诗歌有过专门的论述。他说:"对于民间的诗形式的文艺,应尽量的来研究它的大众化和言语和活泼的形式,来补救诗人语言的不够,来挽救诗的贫

① 熊辉:《论抗战诗歌的文体流变》,《文艺争鸣》2015 年第 7 期。

② 老舍:《我们对于抗战诗歌的意见——在"文协"第二次诗歌座谈会上的发言》,《抗战文艺》1938 年第 3 卷第 3 期。

乏。"特别是"对于民歌和歌谣"这些本身存在缺点和局限的民间形式,"诗作者应能批判的加以改造,吸收到我们的形式里来,因为要真正的充分的表现我们所要表现的现代复杂生活",则"非改造提高不可"①。《黄河》上的多首利用民间文艺形式创作发表的抗战诗歌,正属此类。

《黄河》上最有影响力的,采用民间文艺形式的诗出自那个自称是"天生的乡下人","仿佛连灵魂都包着一层黄土泥"②的老向。为了激发民众对日寇的恨和对国家民族的爱,满足"文章下乡""文章入伍"的现实传播需要,老向的作品一直以语言通俗、形式传统、便于说唱为最高艺术追求。在作品的形式上,他多借鉴传统的、为民众熟悉的民间文艺样式,再加上切合抗战现实,具有时代精神的新内容,以达到通俗易懂,为较低文化水准的基层民众所接受的目的。如通俗韵文《石匠》《卖菜李》,童谣《募寒衣》等。

《石匠》是老向1940年1月在重庆北碚创作的,发表于《黄河》创刊号上。它采用民间通俗韵文的形式,讲述了石匠们不畏艰辛、历尽磨难,开石凿山的英雄事迹。句子长短不一,简练灵活,且重视押韵和节奏的把握,读起来让人倍感畅快。如开头几句:

喂!请你查查词源,
请你翻翻字典,
再不然请你去
问问那最会说话的宣传员,
用那一种字句好把石匠赞。
来!请来看看!
他们坦胸露肚,
一身破烂衣衫;
盛着粗饭,

① 胡风:《略观抗战以来的诗》,《抗战文艺》1939年第3卷第7期。
② 老向:《黄土泥》,《宇宙风》1936年第20期。

辣子咸菜，

不过一点点，

睡在席棚的土地上，

枕头只是个半截砖。

这几句形式都颇为简练，但因为押 an 韵，如“源”“典”“员”“赞”“看”“衫”“饭”“点”“砖”等字，所以读起来很有节奏感和音乐感，且便于说唱。而就用词遣句来看，老向使用的基本上都是民众所熟悉的、能理解的字词，这种源自生活而又高于生活的通俗文本，既能保证听众听得懂，又能达到预期的宣传和感动效果，可谓是采用民间形式创作抗战诗歌的典范。

正如上面所说，此诗赞美的是抗战时期那些不畏艰辛开山凿路、挖矿打洞的石匠。在老向的笔下：

他们混身的筋肉，

块块凸起像鸭蛋，

两个手的虎口上，

磨成僵皮厚分半。

如此细致生动的描写，自然会让读者对这群整天与铁和石打交道的汉子们产生深刻的印象。同时，石匠虽没有扛枪上战场，但也是保障战争胜利的重要因素。因为：

他们把高山围成平路，

交通没有阻碍，

把深山鏊成穴道，

矿庙可以掘採；

傍山打成防空洞，

不怕敌机来危害。①

① 老向：《石匠》，《黄河》1940 年第 1 卷第 1 期。

在这里，作者对石匠的歌颂也是对千千万万奋战在抗日救亡第一线的劳动者的致敬，而“歌者的立场既不是五四以来知识分子的个性启蒙立场，也不是同官府对立的民间立场，而是抗战使之强化的民族立场”①。

此外，冯玉祥的《春礼劳军歌》，其中如“日本鬼子发了疯，/要想独占这亚东，/帝国主义造罪孽，/妄想把我中国灭。……/力量用在抗战上，/屡次作文我主张，/若送春礼为劳军，/报了恩来安了心。”②也是利用民间形式创作的代表。采用男女对唱形式的山歌《送征夫》，如：

（女）：
我郎今朝要出征，
梳洗不等到天明。
衣服什物收拾好，
送郎几里表□情。
（男）：
离别家乡去当兵，
多谢贤妹来送行！
眼望车轮的溜转，
愁肠如轮转不停。
（女）：
相劝郎君免悲伤，
此行只应怨倭皇；
他不兴兵犯我国，
郎君也不上战场。
（男）：
男儿理应保家乡，

① 张中良：《抗战文学与正面战场》，社会科学文献出版社2014年版，第159页。
② 冯玉祥：《春礼劳军歌》，《黄河》1940年第1卷第2期。

只为一心挂两肠；

在家心想上前线，

上得前线想家乡。①

男女对唱是一种颇为古老的民间艺术形式，它充分利用了民歌小调的唱腔歌调，将抗战从军上战场这一重大现实事件生动活泼的表现出来。全篇格式工整，似有七绝的韵味，且首首押韵，如“明”“情”“兵”“行”“停”几字押 ing 韵，“伤”“皇”“场”“乡”“肠”几字就押 ang 韵，让人在听读之间获得美感。再看唱词，全篇少有雅词，多用口语，如“车轮的溜转”“一心挂两肠”等句就是日常生活中既通俗易懂顺口，又极具地方色彩的词语。这类地域性强，生活气息浓厚的非正式的语言，既像夫妇之间家长里短般的倾诉低语，又承担了家国天下的重大使命，是《黄河》抗战诗歌借用民间形式以贴近现实的典范之作。

还有韩一青的《黄河颂》，“英雄气概同黄流，/岂给倭奴去低头？/任凭他张牙舞爪，/也要一心一意，/和恶魔奋斗；/任凭他机炸炮轰，/也要共赴国难，/还我河山锦绣！”②狱夫的《农民抗战歌谣》九首，其中之一的“狐狸精”：“狐狸精，遍身黄，/日本军阀是豺狼，/昨天拉去张大嫂，/今天又拉李姑娘，/人人都有姐和妹，/难道鬼子没有娘？/没有娘，是鬼生，/奸淫烧杀绝天良，/这种苦实难当，/不如和他干一场。”③这些利用旧形式创作的抗战诗歌，在很短的时间内就适应了抗战文艺发展的新形势，真正实现了老舍所说的，“借用旧体诗或通俗文艺中的词汇，句法长短不定，但句句要有韵，句句要好听，希望通体都能朗诵”④的艺术追求。

除刊登多首具有民间文艺形式的抗战诗歌外，《黄河》还发表了不少具有古典诗歌形式的作品。如卢冀野的七绝组诗《蜀秦道上》二十六首，散曲《北

---

① 席徵庸：《送征大》，《黄河》1942 年第 2 卷第 9 期。

② 韩一青：《黄河颂》，《黄河》1940 年第 1 卷第 1 期。

③ 狱夫：《农民抗战歌谣》，《黄河》1940 年第 1 卷第 4 期。

④ 老舍：《三年写作自述》，载《老舍全集》第 17 卷文论，人民文学出版社 2013 年版，第 279 页。

征之曲》七十三首,郑元瑞的散曲《哀江南曲》十二首,紫翼的七言长诗《过太行山》,张剑魂的七言长诗《黄河颂》等。

关于传统诗歌形式能否表现抗战以后的社会现实,当时的文艺界似乎还有争论,但袁勃在文协诗歌座谈会上的发言,给了广大诗歌创作者足够的信心,让他们可以放心地继承和发展传统诗歌艺术形式,表现民族抗战的伟大现实。他说:

> 中国诗的发展,从唐诗,宋诗,宋词发展到元曲,我认为有作为新诗发展参考的地方,元曲可以看做中国诗向伟大处发展的一个解放,但被"五四"以来的新诗人所忽视了,仅仅学习了西洋诗的风格,而没有运用本国文字语言吟咏时代伟大声音的能力,所以一到抗战开始,就不能充分表现它的力量,因此有些诗人就感到很大的苦闷。抗战诗歌作为唤起大众的工具是无问题的,而且应当加强,可惜没有接收好的遗产,所以,在今天,抗战诗歌本身应当对廿年来新诗的一种革命。①

这就意味着,人们开始对五四以来就被冠以"陈腐的""铺张的"帽子,而需要"推倒的"古典文学有了更加客观、理性的认识。虽然这种重新认识多限于古典诗歌艺术形式方面,但也不啻为对新诗创作资源的一次清理和整合。值得注意的是,《黄河》上的部分作者也对古典诗歌形式颇有兴趣,段念兹就在《一九四〇年文艺工作者的任务》中直言:

> 我们对于古典的文艺作品,只要他是有民族革命性的,在今年也一样加以表扬,把好的部门和好的成份,都要分别显示出来,摆在读者面前,让他们去鉴赏学习,不但要承继他的优秀的描写技术,和精巧的剪裁手腕。而且最主要的是把他这些古典作品中的民族性,作为这作品生命的核心,要特别剖析出来,演绎出来,要用他来启发和教导广大的民族大众,甚至于是刺激和唤醒民族意识落后的唯一汉奸之类,这都是在今年我们的文

---

① 袁勃:《我们对于抗战诗歌的意见(诗歌座谈会纪要)》,《抗战文艺》1938 年第 3 卷第 3 期。

艺工作者应该分头努力的事。①

这篇出现在创刊号上文章，与其说是段念兹的个人之论，倒不如看作是《黄河》征稿函。

与古代的旧体诗相比，《黄河》旧体诗的作者们喜欢使用颇有时代气息的新词汇，且在整体风格上更强调激情高昂，通俗晓畅，以承担抗日救亡的社会主题。如诗人张剑魂在见到《黄河》创刊号后作的七绝组诗《黄河颂》，其中就有：

泾清渭浊并包容，愈见《黄河》度量宏；
流韵余度入东海，文身海贼霸东瀛。

东瀛原是虾夷岛，千字文□传国宝，
自昔称臣入贡来，岂知再变无人道。

趁我国事尚蜩螗，虏骑□声占沈阳；
举国昏昏军阀下，恩将仇报逞癫狂。

不思悔改不自重，犹逞蛮威挑国恨。
卢沟桥畔炮声高，惊破长蛇封豕梦。②

在这首诗中，诗人不仅以“《黄河》”文艺月刊入诗，展示其“以当摇旗呐喊之意”，还将“东瀛”“沈阳”“卢沟桥”等地名纳入句中，很好地做到了适应时代、适应大众的要求。但是，这种通俗化和大众化的尝试，也有轻视形象思维，缺乏含蓄诗意，且流于浅露的口号和简单的说教等作诗大忌，因而其艺术价值整体上来看，并非很高。

① 念兹：《一九四〇年文艺工作者的任务》，《黄河》1940年第1卷第1期。
② 张剑魂：《黄河颂》，《黄河》1940年第1卷第3期。

此外,《黄河》上的古典诗歌作品虽是个人之诗,但却较少个性的独特表达,即便是出自内心的悲愤呐喊,也多注重情绪表达公共性和集体性。如卢冀野《北征之曲》中的几首:

劫后成都(仙吕游四门)

停车夜宿锦官城,重向御街行。暗中空想楼台景。荒阔独心惊,腥,血债记分明。(二十八年四月二十日被炸)

东延元夜(中吕红绣鞋)

最是中条月夜,填然锣鼓人家,军门一队无鱼虾。战场成闹市,村树灿银花,喜东延初驻马。

曾此三年苦战,阵中一夜无眠,将军坐话小窗前。平明遥炮动,号角助诗,便望沟坡人去远。(在郭原途中共四沟八坡)①

统览《黄河》上的抗战诗歌,不难发现,这些采用民间文艺和古典诗歌形式创作的作品,担当起了反映社会、服务抗战的责任,让诗歌走出虚造的象牙塔和个人呓语的天地,并对诗歌大众化做出了有益的尝试。但是,从创作实践来看,其局限性也是不容忽视的,虽然茅盾也说:"我们承认旧形式是宝贵的遗产,但并不以为可以不加批判不加淘洗不经过消化而原封接受。"②在实际创作中,很多诗人为了抗战宣传的需要,不是在没有创作经验和知识储备的情况下选择并不适合大众的旧形式,就是在牺牲旧体诗独特风格和艺术水平的前提下生搬硬套,这在客观上导致了抗战诗歌与新诗既有传统的错位,从长期来看,也阻碍了抗战诗歌的正常发展。1940 年年底,针对抗战诗歌创作利用旧形式出现的诸问题,王平陵在文协组织的诗歌座谈会上发言:

---

① 卢冀野:《北征之曲》,《黄河》1940 年第 1 卷第 5 期。

② 茅盾:《抗战以来文艺理论的发展——为"文协"五周年纪念作》,《抗战文艺》1943 年"文协"五周年纪念特刊。

> 抗战现实所提出的诸问题，究竟多半不是旧形式所能胜任表现的，胜任解决的；作家既要拖着民众在抗战中前进，则必须将当前的现实告诉民众，让民众彻底地了解，感动，这种新形式要比旧形式有力得多，有用得多。①

这种含蓄的表述，实际上间接否定了文艺工作者采用民间文艺和古典诗歌形式发展抗战诗歌的尝试。此后不久，《黄河》上的抗战诗歌也重新回到新形式的探索发现之路上。

二、以抒情诗贯穿始终

自五四开始，相对于处在边缘和弱势地位的叙事诗、旧体诗，自古就被奉为诗界大宗的抒情诗在偏重抒情主义民族性格的主导下，逐渐成为诗歌创作与诗史书写的主流诗体。不过，在如何看待抒情诗的问题上，新诗界一直颇有争议，茅盾就认为，“主观的生活的体验和客观的社会的要求，都迫使新诗人们觉得抒情诗的短章不够适应时代的节奏，不能把新诗从‘书房’和‘客厅’扩展到十字街头和田野”②。这就意味着，新诗界开始注意到抒情诗因倾向形式至上和个人抒情的艺术追求，而导致与公共世界的断裂甚至隔绝的问题。不久，抗战的全面爆发改变了新诗的发展轨迹，特别是在战争进入相持阶段后，那些极富主观性和个人性的抒情诗，开始被当作“失败的文体”而广遭批评与否定。徐中玉就直言：“不要老守诗是抒情的窠臼，要根据生活的需要，改变和创造诗的形式……直到目前为止，我们诗歌的领域几乎全部给抒情诗占了去，这种发展并不认为是正确的。”③

在这样的背景下，抒情诗创作逐渐淡出了诗人的视野，各种文学期刊、杂志上也减少了抒情诗的篇幅。只是，与西南大后方对抒情诗的质疑乃至忽视

① 艾青：《一九四一年文学趋向的展望（会报座谈会）》，《抗战文艺》1941 年第 7 卷第 1 期。

② 茅盾：《叙事诗的前途》，《文学》1937 年第 8 卷第 2 期。

③ 徐中玉：《论我们时代的诗歌》，《抗战文艺》1938 年第 2 卷第 11、12 期合刊。

所不同的是,以《黄河》为代表的西北大后方对抒情诗的认识则有明显不同。沙坪在《黄河》上发表的《关于诗——给写诗的伙伴们》就明确指出抒情诗在抒发自由豪情精神,调动军民抗战激情上发挥着重要作用,他指出:

诗是最不容易写的东西,因为它是人类情感的综合,必须配合着奔流与雄奇的形式。……诗使具体的事象,在诗人情感里的发生,和波动。过去,每一个文艺的主潮,先刺激了抒情诗,因为激昂的情绪可以完成思想上的任务,我们逢到这伟大的时代,壮烈的抗战;我们要抓住这个时代,否则,时代过去了,诗歌便一无所有。

当然,对抒情诗的提倡并不是不假思索地全盘接纳,文章对抗战初期抒情诗过分偏重形式与程式化、简单化的创作趋向也有更为理性的思考:

我们不妨接受一切遗产,但绝不削足为履的去放进一个狭小的形式里,为了旧形式的羁绊,或者被过分欧化而象征化的新奇所眩惑,那是一架空机,可以暂时地蒙蔽了读者们和自己的。我们的时代,不让我们生活在破灭的幻想里,我们需要真实的淳朴的诗歌,那是配合生活在我们的时代里,代表了民族的吼声的。①

就具体诗歌文本来看,《黄河》上的抒情诗较少出现诗人亢奋情绪下战斗精神的强烈流露,更多的是冷静清醒时深邃广阔的理性思考。

前者如远唱的《朋友,请尽一杯美酒》、李渠的《遥寄武昌》、易水寒的《弥陀寺颂》等。此类诗歌与抗战初期那些篇幅短小、情绪热烈的宣传鼓动诗一样,表现时代的亢奋情绪,标语口号式的字词组合主要是为了鼓动军民的抗战斗志和战斗激情。如《朋友,请尽一杯美酒》:

朋友!

请尽一杯美酒。

在这明净的月夜,

---

① 沙坪:《关于诗——给写诗的伙伴们》,《黄河》1940 年第 1 卷第 4 期。

在这凉爽的金秋，
在这祖国的门槛，
在这周口的古楼；
此时虽是欢聚，
明天便要分手。
敬祝你：
乘风破浪，
踏进徐州。

在战争的刺激下，诗人以高度的爱国热情和强烈的战斗意识发出了属于那个时代的最强音。它们感情激越、气势沉浑，将革命诗歌的鼓动性、宣传性和战斗性充分发挥。只是，为了刻意营造一种时代需要的气氛，凸显现实性的鼓动宣传效果，《黄河》上的这类抒情诗也显露出一些突出的毛病，如该诗的后半部分：

不赠你铁枪肥马，
不赠你快车轻舟，
敬奉你国宝一件——
三民主义，
要牢牢的记在心头！
你用她锄奸杀敌，
你用她去邪正殊，
你用她拯救同胞，
你用她完补金瓯，
你用她把世界领进大同之途。①

这样赤裸裸的表现方式和政治宣言式的呐喊陈词，难免会让人有不适之

① 远唱：《朋友，请尽一杯美酒》，《黄河》1940 年第 1 卷第 5 期。

感:感情表达浮泛,虽气势磅礴震撼,深读则让人乏味;内容重于宣传,虽紧扣时代脉搏,细看则技巧贫弱。曾在《黄河》发表论文《新诗的检讨与展望——从一九四一至一九四二》,诗歌《西北的黎明》,报告《二百五十码》的王亚平也承认:

> 在前方两年内写成的一些诗,虽然不敢存心偷懒,骗人骗自己,但苦功夫下的不够,不能执着在艺术的创作上,不能从生活到创作一点一滴的尽自己的血汗与精力,那些在浮浅的感情下产生的东西,却带着粗劣的宣传味,与火性的喊叫,多少壮丽动人的题材,却被自己糟蹋了。那些诗宛似生柴生烟蒸的生饭一样,没有一点深厚的味道,只给那些战争中的可以歌颂的任务,动人很深的故事,画了一个不清楚的面貌,一个简单的轮廓。①

事实上,正如前文所说,后人更应该注意的是《黄河》上大量刊载的,可以更广阔地反映现实生活,更深入地表现时代精神,更理性地面对人生苦难的抒情诗歌。与西南大后方的诗歌创作一样,进入到抗战中期,《黄河》诗人群“选择体裁不再限于正面的英雄和战斗,而是在比较广阔的画面上从多种角度反映抗战的现实生活,更深入地表现时代和社会的变动,揭露这些现实状态在人民心灵深处引起的剧烈变化,于是,诗歌的内容也渐渐地比较丰富和厚实了,形式方面也比初期更复杂了”②。如陈雨门的《我们在太行山上》、王亚平的《西北的黎明》、敏求的《遥远,日本人的明年》、白常春的《死也要夺回咱们的家乡》、叶鼎洛的《我想起了松花江》、蒂克的《暮秋》、冯振乾的《想念那平原》、竹田的《黄河进行曲》、史茵的《我们同扛着胜利的军旗》、赵清阁的《生日》等,就全方面、多领域地反映了属于那个时代的故事。

需要特别提及的是,从第四卷开始,《黄河》上开始出现一些植根于现实的抒情诗歌,它们有的表现失望的痛苦,但失望又不绝望,而是在黑夜的怀抱里,痛苦的等待着黎明的到来,如乘兴的《长夜》:

---

① 王亚平:《抒情时代、叙事时代》,《时与潮文艺》1945 年第 5 卷第 1 期。

② 龙泉明:《论四十年代诗歌的历史发展》,《文学评论》1997 年第 3 期。

沉重的失眠病，
难堪的伴着我，
守候这漫漫的冬的长夜。
夜流是无尽头的冰溪吗？
默默的倾泻，
漫过严冬的荒原，
浇透我凄寂的心田。

将“夜流”比喻成“无尽头的冰溪”无疑是全诗的出彩之处。试想，被黑暗笼罩的漫漫长夜里，诗人辗转反侧，难以入眠，周遭死一般的寂静，满心的思绪与忧愁无处排遣。黎明未及，寒寒的冬夜，冷冷的愁肠，这看似难以终结的夜流，不正像那缓缓流淌的冰溪一样，无尽无终，在冰霜凝结的荒原上“默默的倾泻”，一寸一寸将诗人本就孤寒的心田渐渐“浇透”。只是，纵然极具肃杀之气的世界里尽是“长夜”、“冰溪”和“荒原”，但诗人并没有彻底地陷入绝望，而是发出深处的呐喊：

无边际的长夜啊，
你却静静地开着霜花，
你静静地在桎梏着溪水，
你还诉说着多样的呓语，
我痛苦的等待着了。
你黑漆般的怀抱在痛苦里，
轻轻的想去叩黎明的门扉，
伫望那遥远的曙色来临。①

在凄冷枯寂的冬夜里，诗人痛苦的灵魂并没有被黑暗淹没。那肆意绽放的霜花，静静流淌的溪水，多样诉说的呓语不正是对无边黑夜的反抗吗？诗人

---

① 乘兴：《长夜》，《黄河》1943 年第 4 卷第 2 期。

在挣扎着，痛苦着，更在等待着，他依然愿意相信黑暗的尽头必是黎明。

此外，有的诗歌则把目光伸向古老土地上的奔波者，用那支饱含热泪的笔写下无尽的悲情和怜悯，在一种冷静的观照中呈现卑微而又崇高的、渺小而又伟大的诗意。如肖野的《原野奔波者》："再让我回顾望几下，/那小碎石子路上，/推车汉子的背影，/不知他们推得是别人的钱，/还是自己的命运，/我以手紧扣着自己的胸间，/说不出一句话，/一片白云，两片白云，/送走了太阳的光影，/虽在汽车路边旁，/那一堆下苦力的人，/老是擦着汗，/朝嘴里填黑馒，/一口白水，两口白水，/我，笑了，/我笑他们一双双胀肿的脚，/虽然永远追着日子走，/可是没有走过一条幸福的路，/一个人在问着我说，/苦力的希望，/就是明天艰辛的路程吗？"①

有的则转换了视角，在对生命、爱情、存在与未来的观望与省察中，开始了热烈而又柔婉的心灵自剖和自我审视，如扬灵的《我曾》："我曾认识一颗星，/虽然我不知道她的名字，/但是她的光辉，/已经照亮我的心，/在荒草没膝的湖隄，/月明星稀的凉夜，/我曾低着头看着她美好的影子，/不管夜露沾湿了衣裙。/而且，在彩色的梦乡里，/我和她在一起游戏，/她闪着发亮的蓝眼睛，/向我那样迷人的笑了，/然而，现在——现在啊，/她躲在白云背后，/还是沉没了呢？"②

实际上，抗战时期的抒情诗因为较多抒发个人情绪，就被认为既无法和抗战现实相结合，又不符合时代发展步调，因而备受批评指责。老舍就从新诗传统出发，对抒情诗发展做了否定性批判，他认为，"廿年来的新诗没有什么成绩，在情绪方面，多数诗人还多注意个人情绪。历史上世界的文艺潮流，每一个文艺运动，总是抒情诗先出来，因为它是最易打入人心的。但等问题一深入，抒情诗就不能表现而被别的东西所代替了。中国的'五四'运动先刺激了抒情诗，而后问题深入了，脆弱的抒情诗，就打不过小说和戏剧。今天也一样，

① 肖野：《原野奔波者》，《黄河》1943年第4卷第6期。

② 扬灵：《我曾》，《黄河》1943年第4卷第6期。

好像抗战诗又落到了后面。"[①]就当时的抗战现实来讲，老舍为挽救民族危机而要求诗歌与现实相结合，确有相当的合理性与紧迫性。但从历史的眼光来看，长于抒情而短于叙事的抗战抒情诗在那个战火纷飞的时代里，并不缺少直接的社会担当和普遍的人文关怀。就《黄河》上刊载的此类抒情诗歌来说，无论是在情感的普适性，文本的艺术性，还是形式的大众化上，都有独特的表现和不俗的成绩，而这也是我们研究《黄河》抗战诗歌的原因所在。

三、叙事诗的长足发展

1940年11月，文协组织了"一九四一年文学趋向的展望"会报座谈会，郭沫若、王平陵、老舍、艾青等文艺界知名人士参加了讨论并发言，经整理后就以《一九四一年文学趋向的展望(会报座谈会)》为名发表在1941年1月1日第七卷第一期的《抗战文艺》上。对于战争新形势下抗战诗歌的发展与变化，与会者认为，"首先是创作态度上，诗人们经过冷静的思考和消化后，方可让收集到的抗战素材进入作品，使抗战诗歌与之前相比多了几分知性，少了几分狂热，多了几分深度，少了几分激情。其次是文体形式上，相持阶段以后的作品更注重表现内容的复杂性和丰富性，形式也比初期更复杂。"[②]针对文体形式的发展变化问题，艾青专门解释道："一九四〇表现在诗上的新的特质……有从抒情诗发展到叙事诗的倾向。这不是说，在一九四〇年以前没有叙事诗，而是说，现在诗人们更自觉地走向叙事诗的路上。"[③]也就是说，从1941年开始，广大的诗歌创作者们已不再纠结于"旧瓶"能否或者怎样"装新酒"等新旧形式问题，他们开始思考如何在内容与形式统一的基础上，更大力度、更广视角、更深层次地反映前线战士与后方民众的抗战激情和动人事迹。而叙事诗，凭

---

① 老舍：《我们对于抗战诗歌的意见——在"文协"第二次诗歌座谈会上的发言》，《抗战文艺》1938年第3卷第3期。

② 熊辉：《试论抗战诗歌的文体流变》，《文艺争鸣》2015年第7期。

③ 艾青：《一九四一年文学趋向的展望(会报座谈会)》，《抗战文艺》1941年第7卷第1期。

借其长于叙事、体量自由、内容丰富的文体优势，自然受到广大诗歌创作者的青睐。

《黄河》上的叙事诗，正是在此背景下迎来了长足的发展空间。诗人生活体验的日渐丰富让他们对抗战的认识较之前更加深入、透彻，对抗战军民持久而艰苦战斗生活的表现亦更加真实、生动。就具体内容来看，主要表现在以下三个方面：

一是反映并歌颂抗战群众艰辛的生产生活。战争的艰苦性和持久性让人们认识到，后方生产是保障“抗战建国”的关键，而公路建设、工业生产既为战争胜利提供了必要的条件、物质保障，又作为衡量现代化与否的重要指标，自然得到了诗人们的关注。高于的《修路工人》、怒江的《殉路者》和东明的《蚕的故事》就以冷静客观的语言记叙了抗战群众艰辛的生存生活。《殉路者》中的阿有是滇缅公路成千上万建设大军中的一员。他“不怕日炙，/不畏饥寒，/为了要完成这抗战的生命线”，以保证运送军需品的车辆顺利通过。然而筑路条件之艰苦，工程难度之艰巨都超出了人们的想象。为了尽快把公路修成，阿有点燃一根又一根的炸药线，“轰隆隆！轰隆隆”，把“庞大的崖石，/炸成碎片，/飞上天空。”不幸的是，爆炸后飞来的石层砸中了阿有，“他着慌了扑跌在路上/手足无措”，而“满载着消灭敌人的军火”的军车正好开上路心：

大众的惊呼中夹杂着，
一声凄厉的惨叫，
车轮由他的头上滚过了，
风雨凄凄，
山洪也洗不掉路上的血迹，
阿有的尸体上，
覆盖着一块草席，
大家垂着头，

表示十分敬意的哀悼。

阿有！

你安息吧！

耸立在路旁的崖壁，

是你光荣的纪念碑。①

“不是公路是血路，千万雄工中外赞”②，民谣体诗歌《筑路赞》中的这句话就真实地道出了滇缅公路浸透了工人血汗的事实。但是，筑路者的汗不会白流，血也不会白淌，大批的武器、弹药、油料、通信交通器材等军用物资经滇缅公路运往中国，中国远征军亦从此路赴缅作战，这条由血汗筑造的国际通道为保障中国抗日战争和世界反法西斯战争的胜利发挥了极其重要的作用。而像“阿有”那样为此付出艰辛努力，乃至生命的筑路者们则以英雄的形象永远刻印在一代又一代读者的心中。写实、感慨、鼓动、劝慰，叙事诗《殉路者》没有过度的艺术雕琢，朴实无华的语言中显现着异常丰富的内涵。

二是讲述军民抗战故事，鼓舞战斗士气。随着抗战生活体验的逐渐丰富，诗人们虽已不再专注于创作那种“高唱战歌”的“急救的宣传品”。③ 但战争仍在继续，惨烈悲壮的抗战故事还在发生，同时为了配合现实宣传的需要，《黄河》上以鼓舞大众抗战士气为目的的叙事诗依然占有很大比例。如王佛崖的《希腊往史之梦》，就以斯巴达三百勇士抗击十万波斯大军的故事来鼓舞中国的抗战。堵述初的《二船夫》则写了父子二人为了协助受伤的游击队员返回部队，在船上与日寇展开了激烈的战斗，最后，三人一起加入了游击队，走上了抗日的道路。“江面的雾渐渐散尽，/秀丽的山河复现原形，/血性人都集在一个营阵，/象征着祖国的黎明！”④苏灵的《给萍娘》更像是个人的传记。

① 怒江：《殉路者》，《黄河》1940 年第 1 卷第 8 期。

② 云南省政协文史委员会编：《血肉筑成抗战路》，云南人民出版社 2005 年版，第 98 页。

③ 臧克家：《我们要抗战》，《新华日报》1938 年 1 月 15 日。

④ 堵述初：《二船夫》，《黄河》1941 年第 2 卷第 3 期。

萍娘是作者儿时的玩伴，卢沟桥事变爆发后，她“决然地，/脱下了旗袍，/穿上征衣，/为了祖国，为了同胞，/同时/也为了崇高的理想”，“以全副武装的姿态，/坚决地去效命疆场”。最终，萍娘“壮烈地牺牲了，/碧血洒在祖国芬芳的大地上”，这“是一颗种子，/它将播种在每个人的心房，/萌出复仇之芽，/生长出一股巨大的力量，/去收复国土，/踏平扶桑！”①

值得一提的是林岚的千行长诗《灰色马》。据林岚自述：“《灰色马》，写东北一抗日游击队长遭敌军包围，突围时受重伤。临死，教他十岁的幼子骑他的灰色马逃生。灰色马是匹伤痕累累的老马，跑到关内时力竭而死。游击队长的孩子颠沛流离多年，来到山西，在黄河渡口参加前线部队。”②诗歌指明了未来奋斗的方向和抗战必胜的愿望，并以跌宕起伏的故事情节，饱满丰富的人物形象和生动简洁的诗化语言从众多作品中脱颖而出，也因此获得了重庆举办的全国文学创作竞赛第二名的好成绩。

三是体现知识分子战时环境下的苦闷和悲观。卢沟桥事变的炮火将一切美好的想象化为泡影，处在战争环境下的知识分子为了寻求一块安身落脚之地，纷纷逃离曾经生活、工作的城市，奔向尚有一丝安宁的抗战大后方。只是，战火纷飞的日子里，本就敏感的人心变得更加脆弱。他们慢慢发现，在远离故园的陌生土地上，在文化经济落后的偏远大后方，乱世之下的动荡漂泊将生存变成了苟活，而日益紧张的军事政治环境也让他们认识到，要想以手中的笔为武器，自由地为民族解放战争鼓与呼是多么困难。压抑、烦躁、焦虑、痛苦的情绪开始在知识分子群体中蔓延。阳翰笙就在日记中写道：

> 这次去城，目击文化界的现象使我感慨特多。许许多多的文化人都失去了抗战初期的生动泼辣的精神，大都陷入了极度的苦闷状态中。有的常常爱醉酒，有的常常乱发脾气，有的无缘无故地爱对人痛哭，有的不管在什么地方一碰着人就大发牢骚，有的甚至打老婆，耍戏子，滥赌狂喝，

① 苏灵：《给萍娘》，《黄河》1941 年第 2 卷第 5、6 期合刊。

② 张林岚：《一张文集》卷一，上海三联书店 2013 年版，第 103—104 页。

好象从一个常态的人竟变成了一条变了态的兽去了的样子。这究竟是怎么一回事啊！谁使这些国族的精英竟变成了这种可怕的光景啊?！这实在太令人担心了！①

实际上,这种异常苦闷的心态也投射到具体的文学创作上。高长虹的长篇叙事诗《青年王进的下落》正是代表之一。青年王进得了一种不知道名字的怪病,两个多月了一直不好,也没有人知道怎么治疗。

在家里时他只想出外,
出去忽然又跑了回来,
……
他看重庆像一个大村庄,
连石头都活灵活现,
天空像一张帐幕,
什么都被他遮住,
天气阴沉沉的时候,
街市像一口死猪,
被吹的鼓起气来,
蹄腿都像是圆柱。
偶尔云消雾散,
蹄踝都变得发软。
年头是雨水不调,
草木郁闷的发燥,
人的心里更沉重,
有口都不肯出声。

王进想躲,想逃,想远离那个让他沉闷、压抑、生病的地方。

---

① 阳翰笙:《阳翰笙日记选》,四川文艺出版社 1985 年版,第 159 页。

他觉得像同重庆分开，
心里仿佛有一点愉快，
但这不是真的感情，
只是一种懊恼的反映，
他知道要找得平衡，
只有他离开重庆……①

诗歌的最后，“王进”告别了重庆，虽没有交代他最终去了哪里，但现实似乎给了我们答案。青年“王进”其实就是高长虹的自我写照，呼吸不到自由的空气的他，在重庆住得越长，也就越发沉闷，最终高长虹也同“王进”一样告别了重庆，经西安北上去了延安。

纵观《黄河》上的抗战诗歌，不难发现，与文体变化分期明显的西南大后方相比，以《黄河》为中心的西北抗战诗歌则没有呈现出鲜明的阶段性发展特征。但这并不是否认《黄河》抗战诗歌的价值，因为抗战诗歌不同文体、形式的兴衰更替与演化发展，不仅受战争局势、政治气候和出版环境的影响，而且与西安战时文学生态环境有着更为密切的关联。只是，需要强调的一点是，不管是采用民间文艺和古典诗歌形式创作的民歌、童谣和小调，还是浸润着诗人昂扬激情与不屈斗志的抒情诗，抑或是篇幅较长内容深广的叙事诗，它们都契合着民族解放战争的脉搏，在不同时期、不同地域、不同环境下发挥了自己的文体优势，为战争的胜利、人民的解放作出了应有的贡献。

第三节 多样风格多元发展的抗战话剧

抗日战争在改变中国历史发展进程的同时，也在相当程度上改变了中国现代文学的发展轨迹和风格面貌。与有着深厚文学传统的诗歌、小说相比，以

① 长虹：《青年王进的下落》，《黄河》1941 年第 2 卷第 8 期。

话剧为代表的中国现代戏剧，经过20世纪初的萌芽期，五四运动和20年代的发展期，30年代的成熟期后，在民族救亡的抗战时期迎来了空前普及和异常繁荣的黄金时代，成为独特年代里发展最成熟、最有影响力的文学样式。曾有论者总结："如果说，新文学第一个十年是新诗的时代，第二个十年是小说的时代，那么第三个十年——主要是抗战时期，便是戏剧的时代。"①抗战时期，中国话剧的繁荣不仅体现在新旧剧作家的异军突起，还体现在话剧作品数量和质量的双重增长，更体现在话剧演出活动的巨大规模以及持续而长久的广泛影响上。据统计，"在抗战的头四十个月里，中国的这支职业的和非职业的戏剧大军已拥有十万余人，抗战戏剧团体发展到二千多个，创作和演出各类发表和未发表的剧本达一千种以上"②。可以说，战火纷飞的特殊社会环境下，话剧，这个深深扎根于战争时代并被绝大多数普通民众接受和喜爱的艺术形式，"传达了时代的声音和人民的思想感情，成为真正的民众艺术，前所未有地发挥着戏剧巨大的宣传教育功能。在特殊的演出环境中，在与广大观众息息相通的交流中，表演艺术的创作境界和演出形式的多样创作，都取得了难得的成果。这一切，在世界戏剧发展史上也是极为罕见的"③。

需要注意的是，受战争时局的影响，身处不同社会文化空间的抗战话剧，除或隐或现地表达着追求抗战胜利的相同诉求外，又因政治气候、时局处境、地域特色和文化结构的不同而表现出各异的历史特征。就以西北国统区来说，《黄河》作为培育抗战话剧艺术的公共园地，自创刊之日起，就刊发了大量的能够适应战争环境和流动演出需要的话剧文本。其中，多幕剧4部、街头独幕剧1部、独幕歌剧2部，其他独幕剧11部。这些形式变化多样、体量长短不一、内容贴近民众的话剧作品，是在战时文学生态环境下诞生的，因而首先反映了国家至上的时代主题。同时，抗战进入相持阶段后，民族活力不断萎靡，

① 孙庆升：《抗战时期的戏剧理论与批评概观》，《烟台大学学报》1988年第1期。

② 廖全京：《大后方戏剧论稿》，四川教育出版社1988年版，第105页。

③ 夏衍：《夏衍论创作》，上海文艺出版社1982年版，第484页。

社会腐败层出不穷，以《黄河》为代表的西北话剧界虽受巨大政治压力而无法像其他区域一样对其作出相对自由的批判讽刺，但也怀着强烈的社会责任感和历史使命感，自觉承担起批判黑暗现实、改造混乱世界、重建社会秩序的重要任务。

一、反映国家至上、民族至上的时代主题

1939年3月，《国民精神总动员纲领》正式颁布，其中明确规定："国民精神总动员，有国民人人所易知易行之简单而明显之三个共同目标，为国民精神所当集结者，当首先标揭之，即（一）国家至上、民族至上，（二）军事第一、胜利第一，与（三）意志集中力量集中是也。"针对第一条，《纲领》又专门解释道："是以吾人今日必须认定国家至上民族至上，国家民族之利益应高于一切，在国家民族之前，应牺牲一切私见私心私利私益，乃至牺牲个人之自由与生命亦非所恤。"①由此，从全面抗战开始后就被国人逐渐接受并确立的"国家民族"观念，正式以政府法令的形式出现在公众面前。就实际效果来看，尽管人们因政治立场、思想资源、文化态度的不同而对"国家至上民族至上"的理解略有偏差，但在民族危机异常严重的情况下，这种超阶级的"全民性"国家观念，对于激发广大知识分子特别是青年知识分子的民族意识和爱国热情，还是起到了极大的作用。他们开始明白，在民族危亡的紧要关头，民族生存和国家利益才是压倒一切的根本要素，而反映到《黄河》刊载的话剧文本上，则主要体现在以下几个方面。

首先是歌颂抗日英雄，宣扬爱国抗战。从古至今，英雄崇拜都是一种相当普遍的社会心理，在抗战时期，这种需求会变得更加强烈，因为饱受战乱之苦的人们急切渴望得到英雄的拯救，以摆脱现实中的苦难。同时，战争也需要英雄，对于处在生死存亡关头的中华民族来讲，要想赢得战争势必需要更多的普

① 《国民精神总动员纲领》，载唐润明主编：《中国战时首都档案文献·战时动员》（上），重庆出版社2014年版，第298—299页。

通人以英雄的身份贡献力量乃至生命。有人曾说："再没有比这个大时代——更正确地说，我们这个民族的这个大时代——更需要英雄了。"①这就决定《黄河》上的抗战话剧都将宣传英雄、歌颂英雄、塑造英雄作为时代赋予的神圣使命。冷波的独幕话剧《张店之夜》、独幕歌剧《青山之恋》，王右家的独幕话剧《张木匠》，黎嘉的独幕话剧《月夜》等讲的就是普通人如何成为英雄的故事。

《张店之夜》中的故事发生在沦陷区。开小饭馆的李掌柜因时局混乱，且仗势欺人、白吃白喝者太多而不得不暂时歇业。即便如此，依然逃不脱汉奸、日寇的胁迫和压榨。一日，汉奸费得功又来饭馆讹诈，还将在此卖唱的桂姐与爷爷祖孙二人打了，而生活窘迫的费大嫂不满丈夫所为，找到饭馆大闹一番。目睹此事的掌柜儿子喜子无奈地哀叹道："我们在这地方住着，整天的耳朵里所听到的，眼睛里所看到的都是些什么？除了挨人欺辱，就是被人要挟，难道我们就老是这样忍下去么？"②受尽屈辱之后的李掌柜一家本想逃离，但又不甘心一走了之，在受到游击队员店小二的劝说后，决定在饭馆中报复汉奸日寇。卖唱的桂姐与爷爷也踊跃加入反抗的队伍。他们看准时机、齐心合力将汉奸费得功、日寇冈田和中村击毙，可同为社会底层的费大嫂却不幸中弹受伤。就在大伙准备带费大嫂一同投奔抗日游击队的时候，日寇后援赶到。为了掩护大伙安全撤退，伤势严重的费大嫂决意留在店中，放火烧店，最终与日寇同归于尽。

独幕歌剧《青山之恋》则讲述了兰娘一家英勇悲壮的抗日故事。兰娘的丈夫艾融在日寇入侵家乡青山后就参加了抗日游击队。兰娘思念丈夫却不得相见，整日郁郁寡欢。一日，丈夫艾融终于回来了，二人虽然相见，但听到山间被日寇强拉的征夫们唱的《征夫谣》后，不禁百感交集。日寇突袭青山，兰娘被擒，侥幸逃脱的艾融偷偷潜回，密告兰娘不久就要发动起义。当晚，日军官

---

① 孙晋武：《论英雄主义》，《新意识》1938 年第 5 期。

② 冷波：《张店之夜》，《黄河》1940 年第 1 卷第 5 期。

兵通宵纵酒享乐，酒酣之际，艾融化装潜入击毙敌兵数人。兰娘举刀行刺日本军官，却不幸被害。同时，山下响起了剧烈的爆炸声，征夫们造反了。兰娘的血洒在了险峻的山岗上，但她不会白白牺牲，因为“这血是关系着民族的盛衰，这血是关系着受难者的存亡”。①

独幕话剧《张木匠》中的英雄则是一个土生土长的天津汉子张大爷。木匠张大爷自小生活在天津，有着天津人的生活哲学，但面对日寇的肆意侵扰，他屡屡气上心头，“我一听见谁躲着鬼子走路，我就有气，凭什么咱们就得躲着他，我老张是个老粗，说不出什么大道理来，反正这块地，是咱们家祖宗好几代住过的，辛辛苦苦搭上这么个屋顶，穿的，吃的，用的，都是自己规规矩矩用力量挣来的，从来也没有偷过谁的，抢过谁的，并且打咱们祖宗起，要是瞧见谁偷了谁的，或是抢了谁的，照例是咱们出来说公道话”②。一日，四位抗日的保安队员在黑夜中袭击了日寇，撤退途中队友不幸受伤，遂来到张大爷家求助避难。张大爷毫不犹豫地把抗日的队伍当成亲人一样照顾。为了躲避敌人的搜捕，张大爷把仅有的三张通行证拿给三位没有受伤的战士，助他们出逃，回归抗日队伍。而自己和受伤的战士则在家里跟前来搜捕的汉奸、鬼子同归于尽。

此外，《月夜》中被俘的女游击队员张琴芝、孙二嫂，良心发现不再做日军走狗的张昌和与伪大兵；《爆炸》中点燃煤油桶与日寇同归于尽的李耀辉和劳紫玉；《汉奸的跳舞》中为了民族解放甘愿牺牲一切的青年学生王正宽。他们人数众多、类型各异，都是大众喜闻乐见的传奇英雄，起到了激发民众抗日决心的目的。不过，因为创作环境与民众需要等多种原因所限，《黄河》抗战话剧中的英雄书写虽表达了爱国抗战的时代主题，但又普遍存在重视壮烈事件描写而轻视人物形象刻画的问题。这种过于强调外部行动的叙述和传奇故事的编撰，以追求现实的目的性，而较少探索英雄形象的内在主体精神的创作倾向，使得英雄的精神不够独立，个性并不鲜明，因而造成了英雄主体性不足的

① 冷波：《青山之恋》，《黄河》1943 年第 4 卷第 4 期。
② 王右家：《张木匠》，《黄河》1940 年第 1 卷第 6 期。

缺憾。

其次是批判民族败类，抗日反汉奸。抗战时期，无论在沦陷区还是在国统区，层出不穷的“汉奸现象”成为中华民族的最大“痛点”。据统计，“整个抗战期间，中共抗日武装歼灭伪军将近120万，日本投降时尚有伪军146万、伪警察40多万，再加上伪满洲国军、伪满警察等，总数至少在300万以上，数量比侵华日军还多。”①这还不包括那些认贼作父、为虎作伥的文化汉奸。汉奸败类们的种种罪行，激起了民众普遍的愤怒，而以维护民族国家利益、复兴中华为己任的《黄河》创作者们则在话剧文本中集中表达了对汉奸的极度痛恨和严正批评。

与叶灵凤并称为“文坛二叶”的叶鼎洛就创作了抗日反汉奸的三幕剧《汉奸的跳舞》。故事发生在战时快要沦陷的某城市内。汪旭初本是个留洋回来的医生，抗战爆发后却借着医生的身份干起了贩卖海洛因的勾当。他的好友花正绅是个日本间谍，在主子铃木的指使下，两人勾结公安局长李子衡、公安局便衣队队长王金田一起投靠日寇，妄图在日寇攻城时点燃军队弹药库，以制造混乱。王金田的儿子王正宽是个抗日的青年，一心想要找到汪旭初当汉奸，隐藏日本间谍的证据。对于汉奸败类，王正宽是这样说的：“中国闹到这步田地，完全是吃了他们这帮汉奸亏，凡是一个中国人，都有铲除他们的责任，何况我现在已经加入了游击队。”在得到汪旭初之妻林小霞的帮助后，王正宽智擒了间谍花正绅，可从他嘴里得知，自己的父亲王金田不仅组织了便衣队扰乱城防，还同意做维持会的委员。王正宽一时陷入了两难境地。处在社会最底层的买俊臣一家租借了王金田的房子，却因贫困无力缴租。汪旭初和李子衡都想霸占买俊臣的女儿买桂莲，于是唆使王金田，让他以缴租为由逼迫买俊臣拿女儿做交易。万般无奈的买俊臣为了保全家人，只得答应去城东头放火制造混乱，以达到炸毁军队弹药库的目的。岂料，王金田老家来人，说鬼子

---

① 刘新如：《历史的拷问——抗战期间“汉奸现象”的文化透视与现实反思》，《解放军报》2015年7月13日。

占领金田老家后,见人就杀,金田的妻子和老母不知所踪,整个村子也成一片火海。王正宽终于发现了他们的阴谋,想要去报告警备司令部,却被李子衡抓住关押在了密室内。买桂莲和林小霞救人心切,一前一后地拿酒去看李子衡,试图把他灌醉救出王正宽。三人饮酒中,小霞和桂莲装醉拿到了密室钥匙,将正宽放了出来。就在此时,汪旭初和花正绅带着王金田一起返回密室,二人劝说金田放弃对日本人的仇恨,好组建便衣队,和他们一起投靠日本人。金田难忘家仇国恨,始终不同意,被他们关押了起来。这时王正宽已经逃走,将几人的阴谋诡计报告给了警备司令部。铃木、花正绅、李子衡和汪旭初几人惊慌失措,却又个个心怀鬼胎,为夺得钱财起了内讧。王正宽带人返回后开枪打死了铃木,其他几人纷纷表示悔过,请求原谅。这时外面响起了鞭炮声,原来是军队打了胜仗,城市保住了。众人高呼:"中华民族万岁!抗战胜利万岁!"①

残酷的战争让人们对国家、民族的概念有了更加深切的理解,因而对丧失了国格人格的汉奸恨之入骨。只是,在如何处理汉奸的方式上,创作者与民众的态度似乎略有差异。对普通民众来说,汉奸们残暴无道,毁我长城,奴颜媚骨,认贼作父,人人必得而诛之。但对文艺创作者来说,如何争取汉奸反正,为抗战作贡献无疑是有极强现实指导意义的。"中国人不打中国人"就是抗日军队为团结一切可以团结的力量来对抗日本侵略者的重要策略。因此,在创作者笔下,绝大多数汉奸都是可以被争取、被团结的对象。如《汉奸的跳舞》中的汪旭初、李子衡、王金田,《月夜》中的张昌和。而对于那些无法改造的"铁杆汉奸",则无需多言,势必要给予严厉的批判和坚决的打击。楚云的独幕剧《不肖子》讲的就是这样一个故事。

军官李柏寒投靠日本人,做了汉奸傀儡。五个子女中,少不更事的次子李大华和小女李兰英因嬉闹起了争执,二人互骂对方"鬼丫头"和"臭汉奸"。谁

① 叶鼎洛:《汉奸的跳舞》,《黄河》1940年第1卷第2、3、4期连载。

知，大华不甘吃亏，向父亲李柏寒告状，说兰英骂父亲是汉奸。李柏寒怒不可遏，追问之下，才知“汉奸”之语是长子李镇华所教。李柏寒怒气冲冲地找镇华问罪，却因他略施计谋，不仅被打了耳光，还扭伤了脚。李柏寒怒斥镇华是“不肖子”，并质问兄妹四人是要做“肖子”还是“不肖子”。桂英透露他们的母亲就是因为反对父亲当汉奸而被折磨致死。镇华遂告诉四弟妹：“肖子就是跟着爸爸做汉奸，不肖子就是不跟爸爸做汉奸。”兄妹几人大受触动，坚定地回复李柏寒：他们不要做肖子。李柏寒怒火攻心，倒地而亡。五个“不肖子”一道离家出走，投奔了抗日游击队。① 在创作者眼里，即便是在父权构造的家族社会中，如果父权主义与民族主义发生了冲突乃至悖反，那么父权对子女的绝对支配权必然会被阻断，这种超越原有社会结构的组织方式，正是民族国家实现“抗战建国”目标的重要前提。

最后是斥责战时逃兵，实行战时动员。走上战场，保家卫国是战时民众的分内之事。但战争意味着死亡，对大多数人而言，能否服从国家意志，为国家、民族付出自己独一无二的生命，则要视社会的发展状况而论，正所谓，“社会秩序的状况决定了军队的状况”②。虽然国民政府早在1935年就颁布了《兵役法》，规定年满18—45岁的成年男子都有服兵役的义务。但就实际情况来看，无论是战前，还是在抗战进入相持阶段后，《兵役法》的实施效果并不显著。尽管政府加强了基层统治机构的权力，以保障征兵工作的顺利实施，但教育水平落后，人才缺乏，尤其是生产力低下等决定性因素，还是导致征兵工作面临重重障碍。因而强迫性地拉丁、抓兵的现象层出不穷。那些被强征、强拉的士兵大都是经济贫苦的社会底层，即便到了战场也会不择手段地采用各种形式逃跑，再加上一些贪生怕死，不愿为国家献身的“胆小鬼”，就形成了具有一定普遍性的“逃兵现象”。为了减少此种状况的发生，以鼓励更多的普通民

---

① 楚云：《不肖子》，《黄河》1940年第1卷第7期。

② ［日］笹川裕史、奥村哲：《抗战时期中国的后方社会——战时总动员与农村》，林敏、刘世龙、徐跃译，社会科学文献出版社2013年版，第37页。

众能够端起武器走上抗日的战场,《黄河》作家群创作了数部斥责战时逃兵、实施战时动员的抗战话剧。

冷波的独幕剧《保家乡》发生在晋南某山村。姜老大当兵上了战场。家里只留姜大嫂一人照顾年幼的儿子小四,日子过得很是穷困。姜大嫂整天忙里忙外,却没有人帮忙,开始抱怨丈夫不该扔下一家人去当兵。不料,一日姜老大突然慌慌张张地跑回了家,妻子问其原因,他回答道:本以为当兵吃军粮,可以给家里节省一点粮食,哪知道还要扛枪上战场,一不小心就可能送了小命。因此偷偷跑了回来,当了“逃兵”。姜老大所在的游击队上门来找人,试图劝说姜老大返回队伍,可姜大嫂一时糊涂,为了蒙混过关,竟谎称没有见到丈夫。邻居肖大爷看不过去了,以自己一家人惨遭鬼子屠戮的悲惨经历,劝说姜老大赶紧跟随游击队返回前线,因为鬼子兵已经打来,离村子很近了。幡然醒悟的姜老大后悔不迭,正要返回部队的时候,一群鬼子闯进家来。他们把姜老大捆住,又想侮辱姜大嫂,儿子小四救母心切,上前阻拦,却被敌兵残杀。千钧一发之际,游击队赶到了,他们打死了鬼子兵,解救了姜老大夫妇二人。看着儿子小四的尸体,夫妇二人痛不欲生,发誓要报仇雪恨。最终姜大嫂剪掉了自己的长发,和丈夫一起参加了抗日的游击队。

金朗的独幕歌剧《穆兰花》讲的也是同样的故事。该剧采用倒叙的手法,开场即是农妇穆兰花在幽暗破败的庭院内,身穿孝服为公公和儿子守灵。半年前丈夫王志才当兵打鬼子去了。秋天到了,兰花为丈夫缝制了一件寒衣,公公和儿子小才结伴去前线给丈夫送去。岂料中途遭遇敌机轰炸,两人全部遇难,只留下两口棺材陪伴兰花。伤心欲绝的她许下了十个心愿:

一愿我公公显英灵,保佑夫君媳安心。

二愿我小才心莫冷,母为孩儿招灵魂。

三愿我夫郎志气高,报仇杀敌在今朝。

四愿我们妇女要努力,下田织布不偷闲。

五愿男儿上战场,赶出鬼子鸭绿江。

六愿有钱都出钱，抗战建国把金献。

七愿有力都出力，输送子弹运粮食。

八愿将士都尽忠，杀退鬼子算成功。

九愿抗战早胜利，夫妻团圆谢天地。

十愿建国早成功，家家户户乐融融。

悲痛的兰花迷迷糊糊地昏睡在了棺材前。半夜，丈夫王志才从前线逃了回来，却对兰花谎称回家探亲。痛失至亲的兰花将公公与儿子遇难的噩耗告诉了王志才，意在激起丈夫保家卫国的决心。可王志才恋家心切，丝毫听不进妻子的劝告。兰花见此情形，唱道："哪有父仇子不报，哪有国难不去挡。偷生怕死不是男子汉，就是我女人志气也比你壮。"志才听后面露愧疚之色，坦白道：是因为自己贪生怕死才当了逃兵，今后只想陪伴妻子左右，再不想上战场。兰花闻此，愁肠欲断，她向丈夫泣诉：自己何尝不想一家团圆，怎奈家仇国恨煎熬于心，不平国恨哪来家庭幸福。无奈至极，兰花毅然决然地穿上了丈夫的军服，意在效仿花木兰，替"夫"从军。羞愧难当的王志才深受感动，最终决定不做逃兵，尽快归队。故事的最后，夫妻二人同唱：

同胞们，

快快下决心呀，

趁早拿起刀枪去当兵。

莫等鬼子打来枉送命，

鬼子一日不打走啊，

别想安居乐业享太平。①

事实上，斥责战时逃兵只是几部抗战话剧矛盾冲突的开始，实行战时动员才是创作者的真正目的。在当时，抗战的现实需要从根本上决定了戏剧演出的任务不仅在于宣传抗战、教育民众，更重要的，是要承担组织民众、动员民众

① 金朗：《穆兰花》，《黄河》1940年第1卷第7期。

的使命。正如夏衍1940年特别指出的那样,抗战时期不是“抗战戏剧”,而是“戏剧抗战”,“因为,自从卢沟桥的炮声一响,祖国的民族解放战争一开始,全国的戏剧工作者,就将他们自己的身份规定做整个抗日军队里面的一个特殊的兵种,而实行参加抗战了”①。从这一点来看,《黄河》上的抗战戏剧确实践行了战时动员的艰巨任务。

二、承担社会批判的历史使命

抗战文艺是否需要“暴露和讽刺”的论争由来已久,早在1938年7月,茅盾就发表文章表达意见:“抗战的现实是光明与黑暗的交错,——一方面有血淋淋的英勇的斗争,同时另一方面又有荒淫无耻,自私卑劣。人民大众是目击这种种的,而且又是身受那些荒淫无耻自私卑劣的蹂躏的。消灭这些荒淫无耻自私卑劣,便是‘争取’最后胜利之首先第一的要件。目前的文艺工作者必须完成这一政治的任务。”②在抗战进入相持阶段后,西南大后方的文艺界对此问题的态度更加明确,如田汉就认为:“我们今天的现实主义的文艺,必然需要对我们民族在政治、社会、文化各方面所存在的缺点加以无情的抉发。因为某些严重的民族缺点任其存在必然会使建国运动成为不可能,或是迟滞它的进程。”③而夏衍则针对剧本中存在的“粉饰和欺骗”现象严厉批评:“艺术家不该骗人,这是常识。人民从日常生活中明明知道是臭的,不论用怎样的技巧,你不能在舞台上说是香,人民从日常生活中明明知道他是坏的,你不能在舞台上说他是好。即使是有从坏到好的可能,你也只能告诉大家,如此如此之后,他才会改变过来,不要对他绝望。否则,坏蛋一抹面孔变成好人,观众必然

---

① 夏衍:《戏剧抗战三年间——祝三届戏剧节并答苏联友人》,载陈坚、刘厚生编:《夏衍全集》第3卷戏剧评论,浙江文艺出版社2005年版,第65页。

② 茅盾:《论加强批评工作》,载人民文学出版社编:《茅盾全集》第二十一卷,人民文学出版社1991年版,第433页。

③ 田汉:《关于现实主义》,载田汉全集编委会编:《田汉全集》第十五卷文论,花山文艺出版社2000年版,第368页。

的会报之以倒彩而无疑。”①只是，不同的地理位置，决定了抗战大后方政治形态、舆论氛围和思想状况的不同。与中国共产党力量较为活跃，民主气氛较为浓厚的西南大后方相比，以西安为中心的西北大后方则处在国民政府的高压统制下，显得颇为沉闷。少数顽固派一方面对抗战持消极抵抗的态度，另一方面又积极压制中国共产党和爱国民众的抗日活动。当生活中的黑暗面屡屡暴露在作家艺术家和广大人民群众面前时，要不要暴露？怎么暴露？依然是《黄河》作家群及编者需要直面的问题。从《黄河》上刊载的话剧文本来看，广大文艺工作者确实承担起了社会批判的历史使命。虽然这种批判的力度和范围比不上西南大后方，但依然具有积极的价值和进步的意义。

《黄河》上最引人注目的就是冷波根据果戈理《钦差大臣》改编的五幕讽刺闹剧《狂欢之夜》。故事发生在沦陷区的一个县城内。第一幕：伪县长牛恩堂接到汪伪“维新政府”的友人来信，信中透露：“汪精卫上台后，为刷新吏治，特派专员沈健平往各地微服私访，希牛县长事先有所准备……”得此消息，牛县长甚是焦急，却又无计可施，只好由年方少艾的牛太太设法应付。在召集县内各部门局长、院长、校长商讨后，几个人一致决定派县绅姜永泰、侯长富先行前往各大旅馆打探消息，以查访特派员行踪。姜、侯二人受命前往，探听到确有特派专员来县微服私访，暂住新民客栈。众人自然不敢怠慢，在牛太太的安排下，县长亲往客栈迎接。第二幕：新民客栈内住有李树仁、何自强二位抗战义士。他们携手盗取了汪逆的卖国密约，分别化名为沈剑飞、何喜，并乔装成过路商人，以便撤回重庆。不料，路上旅资用尽，无钱支付旅馆房费，被困新民客栈无法脱身。正当二人担心被店主叫来的警察盘查的时候，牛县长携一干人等来店查看。何喜本以为是警察前来抓人，唯恐身份泄露，遂拿手枪对牛县长示威。大受惊吓的牛县长却阴差阳错地误会何喜就是特派专员的听差，不

① 夏衍：《谈真》，载陈坚、刘厚生编：《夏衍全集》第3卷戏剧评论，浙江文艺出版社2005年版，第85页。

仅向沈求饶，并声称沈为专员大人。李树仁起初否认，但越否认越被牛县长认定就是从南京来微服私访的特派专员。眼见辩护无效，李树仁只好默认自己沈专员的身份。牛县长欣喜不已，为讨好起见，不仅代二人付清欠款，还坚持邀请他们搬到自己家中休息。沈剑飞推辞不掉，只好允诺。牛县长让姜永泰把专员将去自家住宿的消息带给其妻，好让他们做好安排，自己则陪二人前往县立中学及医院参观考察。第三幕：在家中焦急等待的牛太太接到了牛县长的便条，惊喜异常，赶忙命令仆人打扫清洁，以待贵客下榻。牛县长陪沈参观后返回牛府，县学校汪校长和法院高院长尾随而来，牛太太与女儿牛丽娟急忙换衣洗漱、搽脂抹粉以迎接专员。谁知，李树仁竟恶作剧般地在众“嘉宾”面前以专员身份评点时政、大发宏论。不料却将这群贪赃枉法、寡廉鲜耻、无恶不作，“摸着黑过日子的家伙”们吓得目瞪口呆。众人散去后，牛县长又犯了头痛的老毛病。第四幕：特派专员到来，还给这群人带来了莫大的希望。他们都试图讨好、贿赂专员，以谋得个“大好前程”。邮政局局长周若愚、中学校长汪伯赞、医院院长高步云走马灯般地前来给专员送钱。牛太太与牛丽娟也不甘示弱，百般示好，引诱专员。这一边，该县的百姓听说专员前来视察，特派代表进谒求助，希望专员能为民作主把贪腐无度、昏庸无能、无恶不作的牛县长绳之以法。沈答应会为民除害，但在何的催促下一面将在此地的所见所闻写信告知友人，请他将这一切编成剧本；一方面收拾行装，决定尽快乘车返回重庆。另一边，牛小姐为实现做电影明星的梦，向沈投怀送抱，牛太太正好撞见，一时醋劲大发。沈为了息事宁人，趁早脱身，立即叩头道歉，并答应牛太太名义上同其女儿牛丽娟结婚，实际与她私好。岂料，“专员”跪于地上的场景恰巧被回家的牛县长看见，待牛太太将专员向牛丽娟求婚之事告知后，本来惊讶不已的牛县长不禁喜极欲狂。二人为了尽早脱身，以复命为由，决定即刻离开此地。牛县长不便强留，尽望沈早日返回，沈亦随口答应一星期后必定归来完婚。第五幕：“专员”走后，牛氏夫妇加紧筹备喜事。一周后，牛府宾客满座，鼓乐喧天，前来道喜宾朋络绎不绝。怎料到了晚上，亦不见“沈专员”的半点踪影。忽然邮政局局长匆忙赶来,以信件为证,直言他们翘首以待的新郎,只是假冒的特派专员。随后公安局局长又携报而来,证明二人确系"维新政府悬赏缉拿盗窃国事秘密的逃犯",现已因牛县长的护送,安然撤回了重庆。众人惊愕之际,听差又有禀报:从南京来的特派专员已到该县,住在新民客栈,特要县长前去迎接……①

《狂欢之夜》一经刊载就引起了群众的极大关注,虽然冷波在《黄河》上刊文解释,该剧是"为了暴露汪逆伪组织下的丑态"而创作的②。但观众观看演出后的反应却并非如此。曾在山西组织演出过《狂欢之夜》的"中华全国戏剧界抗敌协会话剧移动第七队"成员就回忆:

> 1942 年 5 月,我们到克难坡演出《狂欢之夜》(冷波根据《钦差大臣》改编)。这个戏的内容是揭露敌伪政府官员的腐败无能、政治黑暗,表面上是讽刺汉奸,实际上是批判那些投降卖国的官僚阶层。观众心照不宣,针对性是可以想见的。因之,演出以后,大多数观众反映很好。③

而《狂欢之夜》在宁夏演出后,观众即在《宁夏民国日报》上发表了《三言两语话〈狂欢之夜〉》的评论文章:

> 戏剧与人生的关系极为密切,即以《狂欢之夜》的剧情来说,它正是反映出大时代中叛逆者的人生丑陋面,而且戏剧的技术无情的暴露出来。……我相信,中华民国建国 30 年的艰苦奋斗中,一定能够如《狂欢之夜》的扫荡封建渣滓,而走入光明的伟大前程的。宠儿是应该负起这神圣和光荣的使命。④

由此,《狂欢之夜》就成为西北国统区为数不多的,反映并暴露抗战时期大后方现实社会阴暗面和丑恶面的抗战话剧。

---

① 冷波:《狂欢之夜》,《黄河》1941 年第 1 卷第 12 期,1942 第 2 卷第 1、2、3 期连载。

② 冷波:《〈狂欢之夜〉前言》,《黄河》1941 年第 1 卷第 12 期。

③ 中国人民政治协商会议山西省委员会文史资料研究委员会编:《战斗的十年——剧宣二队(原抗演三队)简史》,《山西文史资料》第 50 辑《剧宣二队在山西专辑》1987 年版,第 82 页。

④ 原载《宁夏民国日报》1941 年 10 月 11 日,转引自胡迅雷:《宁夏戏剧史研究》,宁夏人民出版社 2012 年版,第 382 页。

除了暴露批判国民政府官僚阶层的腐化堕落,《黄河》上的抗战话剧还对抗战时期置民族危亡于不顾自私自利、发国难财的“小人物”进行了辛辣的嘲讽和否定。这种近似于“国民性批判”的反思性写作,也让《黄河》具有了一定程度的启蒙意识。发表在《黄河》第二卷五至六期的独幕街头剧《赏赐》和第四卷第三期上的独幕剧《生财有道》就是其中的代表。

《赏赐》中的故事发生在被称为“疯子”的王不愚和奸商李有良之间。大街上,王不愚急匆匆地催促几位肩挑草鞋的挑夫前往新军衙门。一同前来的还有卖草鞋的小商人李有良。因为不懂衙门的通报规则,不愚和卫兵发生了冲突,引起了长官的注意。不愚即当面解释此次前来的原因:只因见到抗日将士们因为无钱买鞋而赤脚训练,于心不忍至极,遂将家中所存口粮卖出,换得草鞋几担好送给即将走上抗日前线的子弟兵们。接待不愚的长官听后感动不已,得知其名叫“王不愚”后感叹道:“他卖了自己吃的粮食,买了草鞋送给军队,穿了去打仗,不比那些有钱不出钱的人聪明多了吗?”可是,随不愚一同前来的李有良却不是这么想的。当不愚准备回去的时候,有良却提醒他去要赏赐。不愚本不想理会,可军官也意在给他一些奖励。出乎意料的是,不愚既没有要名,也没有要利,而是要了四百个板子,直言自己屁股上长了疮,痒得要命,挨了板子好止痒。长官与卫兵们深感好奇,但因不愚坚持如此,只好同意。正当板子打下之时,不愚又说赏赐的四百板子他只要两百即可,剩下的必须赏给随同而来的李有良。细问原因才知道,原来不愚卖粮后去有良店里买鞋,可名为有良却“无良”的他听闻不愚买鞋是为了给军队用后,就不顾廉耻乱要价,害得不愚磕头作揖才将价格定下来,但前提是送鞋后得到的赏赐二人要均分。明白前因后果的长官立马抓住想要逃跑的李有良,将四百板子全部赏给了他,并叫来军医为不愚治疮。得了“赏赐”的有良步履蹒跚地向街上走去,身后跟着一群嘲讽他的小孩子。[①] 在这里,“不愚”真“不愚”,“有良”却“无

---

① 楚云:《赏赐》,《黄河》1941 年第 2 卷第 5、6 期连载。

良”,创作者在赞扬王不愚的同时,也以戏谑的口吻讽刺了奸商的无德和自私,整个话剧集故事性和喜剧性于一体,矛盾展开一波三折,增强了人物的立体感和文本的可读性。

《生财有道》则讲述了忠于职守者如何打击土豪劣绅与政客奸商。季明宣是大后方一个县城中的青年科员。他精明强干、忠于职守,为了稳定物价,保障“物资统制条例”的顺利实施,不辞劳苦地缉拿贩卖走私、囤积居奇的违法之徒。一天,他来到妓女老四的家中找县长许有道,在帮不识字的老四代念一封信时得知她趁战乱干着贩卖人口、开设妓院的不法勾当。季明宣佯装不懂,正要离开,却碰到吝啬无度、专做囤积生意的劣绅靳生财。无意间得知,靳生财此行是为了联合老四,让她以巨额回报引诱许县长,以达到倒卖所囤积的麦子和陈棉牟取暴利的目的。在老四和靳生财的旁敲侧击下,许县长表面上严词拒绝,并以揭发靳生财贪赃枉法、囤积居奇为由逼走了他,背后则道貌岸然地向老四打听靳生财所囤麦子、陈棉的数量及地点,好举报领赏,并自己扣留一部分谋私。正当两人谋划之时,靳生财得意扬扬地返回了,原来他找许县长的夫人谈成了这笔交易。老四也趁此要挟敲诈许有道。正当许有道懊丧之时,季明宣带人回来了,当场宣布特派专员已经查清他们囤积居奇,贩卖人口,发国难财的罪行……①

实际上,《黄河》对此类“小人物”的批评与讽刺,并不仅限于其上刊载的戏剧文本,之前介绍过的抗战小说、诗歌中亦有部分属于这类。只是,“话剧作为当时最具传播效能的文学样式,凭着战时奋勇精神的自由创造,将敞开的街头剧运与开放的国际视野相结合,实现了救亡情境中无边界壁垒的文化整合”②。同时,在将“抗战救亡”的特殊主题注入话剧文本后,一切有关日常生活的趣味与热闹统统转化为心系国之危难的焦虑情绪和使命意识,而普通受众就在这取自生活、贴近现实、灵活多变的宣传教育中,认识到了危难的紧迫

① 冷波:《生财有道》,《黄河》1943年第4卷第3期。

② 陈传芝:《抗战戏剧:多元文化相融共生的响应》,《当代文坛》2015年第5期。

性。抗战话剧也在弥合了官方与民间、精英与大众间的裂隙后，最终把现实与艺术、舞台与观众融为了一体。

三、表达深刻自省的反战意识

为了实现灭亡中国的目的，七七事变后，整个日本成为一架全面开动的战争机器。在天皇及军部“全国总动员”的号令下，大批深受军国主义教育、舆论宣传诱导的日本平民应召入伍，走上侵华战场。不过，随着战争地域的扩大、战争时间的持续，越来越多的日军在战场上被我抗日军民俘虏。这些原受日本军国主义欺骗和武士道精神魅惑的战俘们，被收容到设立于各地的战俘营内接受教育后，思想上逐渐起了变化，其中多数人经过反思自省后开始认识到自己的罪孽和侵华战争的不义，最终走上反战的道路。一些具备较高文化水平和艺术修养的战俘，开始通过文艺创作的方式，表达对日本侵华战争罪行的声讨和对中国抗日爱国战争的声援与支持。这种由觉醒战俘创作的，表达深刻自省反战意识的文学作品开始出现在抗战时期的各种报刊杂志上，而《黄河》上刊载的，由在华反战日军代表森下九郎创作、押切五郎改编的反战三幕剧《正义血战》，台湾战俘林一鹏创作的《浪人浪事》正是其中的代表。

据宝鸡第一俘虏收容所所长汪大捷①回忆：森下九郎是广岛人，七七事变后被征召入伍，在日军中担任负责统治宣传工作的宣抚班长。森下深受“武士道”精神影响，即便在被俘后，“仍本其‘宣抚’之伎俩，每谈必辩至十余次之

① 汪大捷（1906—2000），原名汪成楷，辽宁沈阳人。1929年毕业于南满中学堂，因成绩优异被推荐至日本东京高等师范学院学习。九一八事变后回国。1935年北平师大毕业后，被聘为东北大学日语教授，后赴日攻读历史专业，旨在破解日本侵华之因。七七事变爆发后，与妻子苏敬和回国，辗转各地后来到西安就职于内迁至陕的东北大学。因精通日语，被国民政府军事委员会委员长西安行营招入管理日俘。“军政部第一俘虏收容所”建立后，担任所长。后将战俘营改名为“大同学园”，意在以中国传统文化中“有教无类”“仁者爱人”“讲信修睦”的思想，感化日俘。在他的努力下，大同学园的大部分俘虏思想上都有了转变，森下九郎、押切五郎、田中照子、山本浩一等人不仅在《黄河》上发表反战文学作品，还组织参演了多部反战话剧，深得民众欢迎。参见田荣编著：《王大捷和大同学园》（“王”应为“汪”——引者注），载《老西安旧闻》，陕西旅游出版社2012年版，第170—181页。

多，彼发谬论，我则以中日间之事实与真理，分析辩证，促其反省自觉，每至辞穷，彼必俯首沉思，似有所悟，然后正容称‘是’”。① 经过中方人员的不断教育与细心照料，森下九郎终于认识到自己的错误和侵华战争的非正义性，先后参与创作了反战三幕剧《正义血战》、独幕剧《醒醒吧，同志》和话剧《侵略战争之罪》。押切五郎曾就读于日本横滨商业学校，毕业后就职于日本银行，1939年2月在太岳山区霍县的战斗中被俘，收容于宝鸡战俘营后逐渐觉醒，曾担任“大同学园反侵略同盟会会长”，除在森下九郎去世后，改编其遗著《正义血战》外，还在《黄河》上发表有赞扬黄河及抗战军民的诗歌——《光辉灿烂的中华》《伟大的黄河》《大同学园》三首。

刊载在《黄河》“日本反战同志文艺专号”上的《正义血战》由三幕构成。第一幕：在日本一个异常凋敝的农村里，贫穷农民松田真一与妹妹芳子、母亲三人相依为命。母亲病倒在床上，却无钱医治。兄妹二人痛苦不堪之时，放印子钱的人又来家中逼账，松田无钱还债，只能眼睁睁地看着妹妹芳子被人抢去抵债。松田真一悲痛欲绝，此刻村公所的公役又上门来，通知他已被天皇征召，要到中国去打仗。第二幕：在日本侵华军某部里，因害怕中国军队的袭击，惊恐不堪的日军彻夜难眠。松田真一想念家乡又担忧母亲和妹妹，拿出了家信边看边流泪。班长见状批评了他，可在看了他的家信后，也感到无比的难过和担忧。他感慨地说：“战争对于我们究竟有什么利益，这种仗打下去我们能得到什么呢？”第三幕：发生在广阔的战场上。中国军队发起了攻击，枪弹如雨般倾泻而下，松田真一不幸胸部中弹跌倒在地。弥留之际，松田一边托付班长帮忙照顾他远在故乡的妈妈和妹妹，一边控诉这战争的罪恶。本就有反战意识的班长被彻底激怒了，他命令全班：“我们停止作战回故乡去！这样侵略的战争，有什么意义”。连长看到后警告班长，要他执行立即作战命令，否则军法处置。班长不得已，让士兵向连长开枪，发动兵变后，最终手举白旗向中

① ［日］山田敬三、吕元明主编：《中日战争与文学——中日现代文学的比较研究》，东北师范大学出版社1992年版，第85页。

国军队投降。受降的中国军官欢迎说："已经觉悟的日本弟兄们，我们的敌人不是你们一般民众，是人类之敌的日本军阀和财阀，所以非把他打倒不可，换句话说，我们反对的是侵略者，实行的是自卫战，我们是拿着全民族的血来争取人类的正义。"①这部为反战而做的戏剧，真实生动地刻画了松田真一的形象。作为受压迫、被剥削阶级中的一分子，松田真一本就是被迫走上侵华战场的，这也是他朴素反战立场的关键所在。

《浪人浪事》的创作者林一鹏来自台湾。十七岁的他被日军强征上了战场，作战时被八路军俘虏，转送到了宝鸡战俘收容所。林一鹏喜爱音乐，随身带着一把口琴，在八路军那里学会了《大刀进行曲》《黄河大合唱》，便教其他战俘传唱，因此很受收容所工作人员的喜爱。所长汪大捷还特意把他从其他战俘中区别开来，向上级报告，证明他是被日军胁迫才走上战场的中国人，不是"日本俘虏"。他创作的《浪人浪事》是一部具有日本狂言特征的喜剧。《黄河》的编者曾提及："此剧虽是一个闹剧，但它是充分地表现着，日本军阀自从发动了侵华战争以后，其国内一般失业的浪人为生活不能解决，干出许多无聊的事情。"②剧中的浪人精和浪人怪是两个失业很久、无所事事的街头流浪汉。两人出于无聊，决意合伙欺骗资本家的大少爷金山金太郎。他们一个假扮成大少爷追求爱慕的小姐，一个扮成小姐的哥哥，嬉笑戏谑间，将几人的丑态暴露无遗。

这些反战话剧经日俘组织的"大同学园反侵略战争同盟会"和话剧团排演后还被搬上舞台，先后在西安、宝鸡、蒲城等地连续演出，战俘们的精彩表现获得了各界群众的热烈欢迎，对处在抗战困难时期的中国军民起到了很大的鼓舞作用。《陕西防空月刊》就刊文记录了演出的盛况：

> 大同学园反侵略剧团，前次在本市，为响应新运会扩大伤兵之友运动的号召在易俗社第二次公演，为我英勇抗战的受伤将士募捐，这不是普通

① [日]森下九郎遗著，押切五郎改编：《正义血战》，《黄河》1941 年第 2 卷第 4 期。

② 林一鹏：《浪人浪事》，《黄河》1941 年第 2 卷第 4 期。

的演剧,而实含有中日两国人民联合一致反抗敌阀侵略的重大政治意义,我们除了日本革命志士协助我国抗战伟业外,并愿这个政治意义能够普遍到敌国整个人民大众起来与我民族共同扑灭人类公敌——日阀。

这两天表演的节目为《浪人浪事》、《侵略战争之罪恶》、《醒醒吧,同志》、《被压迫民族的觉醒》以及《正义血战》等剧,其中或暴露敌国的狞狰与欺骗,或揭穿敌国的压榨与毒辣,或表现浪人之横恶,或说明我抗战真实内容与目的,唤醒敌国人民反抗军阀暴行,演来均表情深刻,淋漓尽致,非仅将敌寇人民反抗军阀的暴戾活映给观众,并且将我们为正义人道而战的实质,也充分表现无遗,诚为大同学园反侵略同盟会会长:押切五郎所说:"藉此反侵略剧团的表演,促日本民众觉醒,打倒日本军阀,进而唤醒国际人士,扶助弱小,拥护人道正义。"①

《黄河》上刊载的由战俘创作的反战话剧,是中国反法西斯战场的独特产物。自抗战进入相持阶段后,中国军民的顽强抵抗,让恣意妄为的日本侵略者逐渐意识到战争的持久性和艰苦性,而侵略战争失道寡助的本质,也让越来越多备受蒙蔽的日军觉醒起来。就以《黄河》上的反战日俘来说,他们虽不是专业的作家,也没有良好的创作条件,但为了抵抗中日两国人民共同的敌人,依然不分时间、不分地域地拿起战斗的笔,进行文艺创作,甚至为之付出了生命的代价。如《正义血战》的创作者,曾担任"反侵略剧团"宣传部长的森下九郎,"因为应伤兵之友社的邀请,连日在西安易俗社演话剧,日夜没有休息,终于被病魔缠住,进入西北医院诊治",不幸的是,西北医院遭到日军轰炸,"森下九郎病卧在医院里,为了病体的脆弱,迷乱的愤怒,不能容忍巨大刺激的他,被爆弹的震荡,在痛苦中与世长辞了"②。可在临终前,他还深感惋惜地说:"余努力与反侵略工作,已近二年,未想到军阀未倒身先死,望本会同志更加

① 《论大同学园反侵略话剧团公演》,《陕西防空月刊》1940年第1卷第9期。

② [日]田中照子:《森下九郎同志遇难一周年纪念》,《黄河》1941年第2卷第4期。

努力,唤醒日本全民。"①虽然这些剧本、小说、诗歌与专业作家的创作相比,在思想上、艺术上都或多或少的存在一定缺陷,但也为揭露日本军阀残暴本质,助力中国人民抗战大业作出了一定贡献。正如《黄河》主编谢冰莹所说,日本反战友人的稿件,"虽然在文字方面有些欠修润的地方,但我们绝不能以高深的眼光去评论他,只凭着这些真情的流露,我们可以知道日本军阀的崩溃,确实很快就会到来,用日本反战同志的文章来纪念我们的五月,是特别具有深长的意义的。"②

除日本战俘创作的反战话剧外,《黄河》上表达深切自省反战意识的还有署名冷波创作的五幕剧《梅子姑娘》。该剧由谢冰莹1941年创作的同名小说《梅子姑娘》改编而来。据谢冰莹回忆,起初冷波希望两人合写,但谢冰莹缺乏舞台经验,所以由冷波起草,对话的大部分采自小说,冷波愿意尽量保留小说的本来面目。演出的时候,因为服装全是和服,引起了观众莫大的兴趣。

作为反战话剧的一种,《梅子姑娘》讲述的依然是日人如何反对战争,求得自我解放的故事。日本女子梅子姑娘有着一段悲惨的过往,他的父亲穷苦一生,战争爆发,应召来到中国,却当了炮灰,死在了战场上。梅子的祖母因为伤心过度而双目失明,最终以自杀结束了生命。梅子本想借着慰劳队的方便来中国找人,却被军阀所骗,在长沙福安旅社日本营妓大本营内做了慰安妇。不过,来这里的日军也并非全是丧失人性、发泄兽欲的酒色之徒。富有正义感、同情梅子的松本就是个例外。两人互相同情,又彼此理解,很快成为挚友。一日,松本的朋友,飞行员中条告诉梅子:松本因为反战而遭羁押,经过了严刑拷打后,自杀身亡。梅子伤心不已,可不知自己也快陷入麻烦。原来,被她频频拒绝的日军横濑因为得不到梅子的欢心甚为恼怒,为了报复梅子,他委派同为慰安妇的娟枝子监视梅子,企图发现梅子的反战证据。中条与梅子在公园

① 吕元明:《日本侵华时期的日本文学》,《社会科学战线》1989年第2期。

② 编者:《编辑室》,《黄河》1941年第2卷第4期。

相见，细聊之后才明白，原来中条虽是个飞行员，但每次去执行轰炸任务，都把炸弹投在没有人的田野里，避免伤害到无辜的中国人。两人的谈话被娟枝子偷听。川岛在得知消息后，密令横濑和娟枝子监视中条和梅子。可是，横濑偏袒梅子，娟枝子则暗恋中条，因此对二人的监视并不上心。发现自己被监视的中条下定决心要和梅子一块逃离日军阵营，投奔中方阵地，以参加正义的抗战。当夜，中国军队夜袭长沙，二人趁乱跑了出来，受到了中国士兵的热烈欢迎。二人一致申请加入中国籍，以百倍的精力参加反战宣传工作。在他们的宣传下，被囚禁的娟枝子以及看守他的士兵冈本和村井看透了军阀的阴谋，决定一起投奔中国军队。不料被发现，只有村井听着梅子的歌声，逃了出来，而梅子劝慰日军投降的歌声，已被早已军心不稳的日军当作杀伤力巨大的"皇军魂"了。

抗战时期，相对于体量巨大的以抗战救国、奋勇杀敌为主旨的抗战文学，文艺工作者们甚少创作以反战或反军为主旨的反战文学。冷波改编的《梅子姑娘》与日俘创作的《正义血战》《浪人浪事》让人们认识到，日军侵华的战争暴行，首先伤害到的就是那些深受欺骗的日本下层人民，因而从他们的视角深思战争发动的根源和侵略战争的罪恶本质，在当时就具有绝佳的现实指导意义。从更深层次来看，生命的宝贵性决定了战争对任何参与者来说，都是一场噩梦。这也给现代战争文学创作者以重要启示，正如有论者所说的那样："对战争的书写，永远不应该专注于对血腥暴力的猎奇、对宏大战斗场面的渲染、对赫赫战功的炫耀或者对战争合法性的论证，它不是给成功者树碑立传，而应关怀投身战斗的普通人的命运，它不是对狂热激情的宣泄和煽动，而应是一个让后人远离战争的警示，是一次珍视生命价值的善意提醒。"①

---

① 刘虹利：《没有英雄的底层：〈来生再见〉的反战叙事》，《湖南工业大学学报》2016 年第 4 期。

第四章　特殊编辑主体谢冰莹的坚守与无奈

“长安倦旅雪中行，香米园西遇女兵。号角诗筒同一吼，黄河从此怒涛生。”①这是民国诗人卢冀野1940年年初在古城西安拜会谢冰莹时现场题赠的一首诗，后发表在《黄河》创刊号上。是时，有着北伐女兵、知名作家之谓的传奇人物谢冰莹正式与《黄河》结缘。虽然她的主编身份因各种原因而暂有中断，但《黄河》能够在民族危亡的抗日战火里创办与发展，又能在动荡不安的解放战争时期复刊，并结合现实需要推出青年作家，刊载大量作品，探讨文艺问题的关键，除了第二章所论述的独特编辑策略外，更重要的一个因素就是特殊编辑主体谢冰莹的存在。只是，主编之路遍布坎坷，尽管谢冰莹为之倾尽心血，不仅试图从自己独特的人生经历、文学思想、个性气质出发塑造《黄河》，还作为重要的撰稿人在《黄河》上发表了大量作品，但面对现实中种种难以克服的障碍与困难，是坚守，还是退却，谢冰莹有着太多的无奈。

第一节　谢冰莹的思想转变与《黄河》的价值导向

主编谢冰莹在《黄河》的创刊、编辑、创作、评论以及复刊等方面，曾发挥了积极作用。更重要的是，谢冰莹作为期刊的灵魂人物，早年曾积极支持参加左翼文学运动，从事左翼文学创作。而在主编《黄河》时虽已同左翼文坛保持

① 卢冀野：《蜀秦道上》，《黄河》1940年第1卷第1期。

距离,自觉向国民政府三民主义、民族主义文艺政策靠拢,但在编辑实践中依然留有左翼文学的印记,因而仅就其思想转变而言,也对该刊的价值导向及刊物面貌产生了关键性影响。

一、谢冰莹左翼思想的体现及转变

早年凭借《从军日记》一举成名的谢冰莹,常以北伐女兵的形象活跃在新文坛上,1948 年迁台后又以五四作家、知名教授的身份享誉岛内。殊不知曾说过“三十岁以前不左是傻瓜,三十岁以后再左是呆瓜”①的她在三十岁之前确实在文学创作与实际行动中极具左翼倾向。《从军日记》在文坛屡次再版,深受青年读者欢迎、喜爱的原因,除了文字的朴实自然、情感的真挚激动、题材的新颖突出外,更重要的是,她在文中处处流露的革命激情、爱国意识,以及透过革命对未来美好光明世界的向往。正如该书初版本的插页广告中所宣传的那样:“这(《从军日记》——引者注)是革命怒潮澎湃的时候激荡出来的几朵灿烂的浪花,是一个革命疆场上的女兵在戎马仓皇中关不住的几声欢畅。这是真纯的革命热情的结晶。如果‘革命文学’这个名词可以成立,我们认为这就是最可贵的革命文学作品”。② 虽然彼时革命文学的概念尚未定论,各个文学阵营的看法也并非统一,但如该书编印者所说:“文学如果是以情感为神髓的,而革命文学又是革命者情感的宣露,那这一部《从军日记》的内涵庶几当的住革命文学的称号。”③

仅以其中《给 KL》一文为例,坚定信仰的革命者向以母亲为代表的旧势力发出歇斯底里般的怒吼:“母亲,时代已经不是你青年的时代了! 新的怒潮,已淹没了旧的一切。你只能干涉你的儿女,却不能管理别人,更不能阻止

---

① 杜重石:《记谢冰莹》,载艾以、曹度主编:《谢冰莹文集》(上),安徽文艺出版社 1999 年版,第 6 页。

② 谢冰莹:《从军日记》,春潮书局 1929 年版,插页。

③ 谢冰莹:《从军日记》,春潮书局 1929 年版,第 II 页。

时代的进化，革命的怒涛！……革命并不是儿子革父母的命，弟弟革哥哥的命，而是根本上推翻整个旧社会，扫尽一切恶势力！”①由此，革命的合法性被赋予，目的性被阐释，就连牺牲也具有了神圣意味而为革命者骄傲，因为“为了母亲，为了我，为了与我同命运的人，为了比我更苦的被压迫的民众，我不能不献身革命！……这是免不了的牺牲，而且是每个革命者所乐意的牺牲。”②同时革命者又殷切地期待，“万恶的封建社会，眼前就会消灭了。呵，旧的，黑暗的，消灭！新的，光明的，产生！黑夜过了，明天就是烈火似的太阳，出现东方，普照宇宙！”③革命想象与狂热情绪结合后野火燎原般的疯狂扩散，此时的谢冰莹坚信革命才是实现个人理想、国家抱负的唯一途径。同样，诸如革命、阶级、压迫、农民、奴隶、反抗等极具左翼色彩的词汇也频繁出现在《一个可喜又好笑的故事》《寄自嘉鱼》《说不尽的话留待下次再写》《从峰口到新堤》等篇章内，这正与早期左翼作家热衷以暴力手段摧毁旧世界的革命式书写相契合。而《从军日记》中表露出的个人解放与社会解放相结合的革命思想、对无产阶级的关注和同情、现实主义创作方法等也都与革命文学一脉相承，“全部地反映着一九二七年的革命的情景，反映着当时的农民意识，智识份子的态度，不消说，是那个时代最好的代表纪念品之一”④。

现实生活中，谢冰莹更是以一种激进而近乎决绝的态度践行革命理想：1926年考入武汉黄浦分校女生队，成为“中国历史上第一代真正意义上的女兵”⑤；1927年北伐在即，随军北上河南参加西征；失败归乡后却四次逃跑对抗包办婚姻；流落上海、北京，穷困潦倒之下依然积极投身妇女解放运动……按照大多数左翼作家的成长模式，封建家庭的贰臣逆子经过磨练后会由左翼到左倾，最终投入无产阶级的怀抱，但历史的吊诡却让谢冰莹的命运有了重新

① 谢冰莹：《从军日记》，春潮书局1929年版，第101—103页。

② 谢冰莹：《从军日记》，春潮书局1929年版，第103页。

③ 谢冰莹：《从军日记》，春潮书局1929年版，第108页。

④ 见深：《读冰莹女士的〈从军日记〉》，《春潮（上海）》1929年第1卷第8期。

⑤ 石楠：《中国第一女兵——谢冰莹全传》，江苏文艺出版社2008年版，“题序”第1页。

书写的可能。

1931 年谢冰莹写成小说《青年王国材》，1933 年由上海开华书局正式出版，被认为是“三十年代左翼文学中一部反映青年生活的较好的作品”①；在东京求学期间结交胡风，后与胡风、任钧等人共同加入中国左翼作家联盟东京分盟，并同日本左翼文学倡导者接触密切，对日本无产阶级文学表现出深切的同情和认可；1933 年 2 月在《文学月报》上发表了以自身生活为原型的，赞颂革命者为建设新中国而无悔献身的小说《抛弃》，同时以饱蘸同情与悲愤的大笔，写下了一批反映妇女解放与社会革命、被侮辱与被损害者悲惨命运的作品，如《女苦力》《梅姑娘》《林娜》《新婚之夜》等；1933 年李济深、蒋光鼐领导的福建事变爆发后，谢冰莹积极拥护“反蒋抗日”的“中华共和国人民革命政府”，并挂名妇女部长一职；1936 年还在“左联”刊物《榴火文艺》创刊号上发表书信《献给榴火》，以一种坚定的革命信念支持北平一二·九运动，并鼓励主编描绘“那些有意义的值得永久纪念的青年学生的斗争生活，他们在大刀，水龙，机关枪扫射之下，在病院里呻吟，牢狱里受苦刑的生活……”，以争取“把这些悲壮的，伟大的，血淋淋的消息传到南方，传到东北，传到西南，传到每一个城市与农村，而且要传到全世界的劳苦群众中去！”同时又向反动统治者喊出了“杀不尽的是我们的头，流不尽的是我们的血！只要我们不怕牺牲，胜利终属于我们的！”的正义吼声……②

其后随着民族危机的加剧，原本关注国内革命的谢冰莹将目光转向了民族战争的广阔领域，以百倍的激情和付出参加关乎民族存亡的抗日战争。也就是说，抗战的爆发，不仅激发她本就强烈的民族意识，也让她认识到在民族危亡关头，只要是中华民国的国民，再不应该为了所谓的政治立场、阶级意识而彼此争斗，都应该在政府的领导下，不分男女、阶级、党派、地域的紧密团结，一致抗日。特别是二度从军奔赴抗日前线后，其原有的党派意识已被国家意

① 姚辛：《左联词典》，光明日报出版社 1994 年版，第 360 页。

② 谢冰莹：《献给榴火》，《榴火文艺》1936 年第 1 期。

识替代，这从她抗战初期陆续发表的《抗战日记》《苗可秀》《毛知事从军》等体现团结一致抗日、支持国家政府的作品中也可窥见一斑。但这并不意味着谢冰莹左翼思想的彻底断绝，随着战争形势的变化，其被雪藏的左翼思想再次萌动，并在其主编《黄河》时期有着更为复杂的显现。

二、谢冰莹与《黄河》关系考

1940 年 2 月 23 日，《黄河》创刊号在西安出版，编辑部和出版、发行者新中国文化出版社设在西安香米园德化里 38 号，创刊号的正式出版离谢冰莹 1 月 17 日自重庆到达西安仅月余。考察《黄河》的性质及评价，以目前的资料来看就有诸多含混甚至截然相反的论调。如《陕西省志・出版志》认为，"'新中国文化出版社'等反动出版机构出版了《黄河》等反动报刊和大批反动书籍"①，而同属陕西省地方志编纂委员会编撰的《陕西省志・报刊志》则记载，"《黄河》月刊，系纯文艺性杂志，原系谢冰莹于 1940 年应中国文化出版社之聘来西安创办的纯文艺刊物。"②定性为"反动报刊"与"纯文艺刊物"的巨大差别造成了诸多含混与误导，而要想更为真实地还原和认识《黄河》以及与之密切相关的新中国文化出版社，自然得从《黄河》创办的原因说起。

对于创办《黄河》的原因，学界仅有的几篇研究文章多以西北文艺事业荒芜、文艺刊物缺乏、诸多文艺青年渴望精神食粮为因，推断谢冰莹与文艺界同人想要改变这一现状，以满足西北青年文艺食粮的需要，遂"来到西安，开始筹划主编当时西北国统区内仅有的大型文艺刊物《黄河》月刊"。③ 此类观点的原始出处来自《黄河》1942 年第二卷第十期新年号署名姚珞的《我的希望》一文，文中多次提及"西北的文艺荒"，造成"无数的青年文艺爱好者只好仰望于重庆桂林等外来的文艺食粮"，同时也提及已出版了 22 期，销量一万余份

---

① 陕西省地方志编纂委员会编：《陕西省志・出版志》，三秦出版社 1998 年版，第 161 页。

② 陕西省地方志编纂委员会编：《陕西省志・报刊志》，三秦出版社 1998 年版，第 223 页。

③ 孙晓娅：《谢冰莹与〈黄河〉月刊》，《中国现代文学研究丛刊》2001 年第 3 期。

的《黄河》还存在“不能按期出版，纸张的杂乱，印刷的欠清晰等”[①]问题。

不可否认，此观点有一定的合理性。因为正如之前所说，自抗战以来，相对于重庆、桂林、昆明等大西南抗战文艺发展繁盛城市，以西安为中心的西北国统区抗战文艺确实颇为“荒芜”，而“《黄河》自出版以来”，就“以余力经常举办文艺活动，把西北广大的青年文艺爱好者，已成名的及未成名的文艺作者组织而团结起来，以《黄河》为活动的中心，经常保持密切的联系，予青年文艺爱好者及有志于文艺工作者以有力地领导和指示”[②]。也就是说，《黄河》的出版发行确实在相当程度上改善了西北文化荒芜的状况。但这并不是《黄河》创办的直接原因，也不能很好地解释谢冰莹远赴西安主编刊物背后隐藏的内情。

自抗战进入相持阶段后，国民党对中国共产党的方针已发生了巨大变化，而中共中央所在的西北地区自然成为国民党重点关注区域。国民党先后在西安创立了各类军事训练学校、政工人员训练班，如中央军官学校第七分校（简称为七分校，校址在长安王曲），中央战时工作干部训练团第四团（简称战干训练第四团、战干四团），以培养服务于自己的军政人才。后又“派专人组成了两个规模较大的出版机构，一个是‘新中国文化出版社’，一个是‘新中国印书馆’，并打算按照商务印书馆的经营方法，使这两者相辅相成，进而囊括西北文化出版事业。”[③]据时任战干团教育长的乐典回忆：新中国文化出版社“归战干四团葛武棨、蒋坚忍实际领导”，其主要“任务是宣扬‘三民主义和蒋介石的思想’”。经费（包括水、电、房租，连工友勤杂人员的薪饷及服装）都由战干四团报销。出版社“设社长一人，由胡宗南特邀正在休假一年的中央大学历

---

① 姚珞：《我的希望》，《黄河》1942 年第 2 卷第 10 期。

② 姚珞：《我的希望》，《黄河》1942 年第 2 卷第 10 期。

③ 徐国馨：《旧西安文化界的魔影——记胡宗南系统的几种刊物和两个出版单位》，载中国人民政治协商会议陕西省西安市委员会文史资料研究委员会编：《西安文史资料》第 5 辑，内部发行 1984 年版，第 129 页。

史系主任缪凤林[①]到西安担任，副主任一人由洪轨兼任。下设两部：一、编辑部：聘谢国馨、谢冰莹、王佛崖、黄震遐、鲍毓章为专职编辑，乐典、张佛千等为兼职编辑；二、出版部：由战干四团派朱某、王某负责，此外，还有几个工作人员。”[②]著名报人徐国馨也著文佐证，“‘新中国文化出版社’工作人员，多是由七分校、战干团或‘长官部’抽调的。一般职员多带‘中尉’、‘上尉’之分；主任、科长有‘少校’、‘中校’之别；而社长、主编，则多是带着‘上校’、‘少将’头衔去的。”[③]由此来看，负责《黄河》出版发行的新中国文化出版社有着深厚的政治背景。

有军政人才为基础，有出版机构为支撑，国民党创办了一些内部发行及公开出版的军事、文艺刊物，前者如七分校内部刊物《王曲》、战干四团内部刊物《战干》、游击干部训练班内刊《游击》等，后者则有《思潮》月刊（谢国馨主编）、《士兵知识》（王佛崖主编）、《军学月刊》（黄震遐、乐典主编）、《国土》半月刊，而谢冰莹主编的《黄河》亦属此类。谢冰莹曾在《我战时的文艺生活及其他》一文中谈及其远赴西安主编《黄河》的原委：

> 有很多事，是预先料不到的，突然有一天，接到三哥打来电报，要我即日去西安，主编《黄河》文艺月刊，我那时虽然编过河北《民国日报》和《新民报》的副刊，如今要我独挑大梁，主编月刊，心里不免有点害怕。古都长安，是我梦想去旅游的，如今有这么好的机会，当然高兴；只是责任太大了，我去主编月刊，稿子从何而来？巧妇不能为无米之炊；何况西北的作家，我一个不认识，第一期用什么文字来编？

---

① 缪凤林（1898—1959），字赞虞，浙江富阳人。1919年考入南京高等师范国文史地部。毕业后先后任教于沈阳东北大学、南京东南大学。抗战全面爆发后，先到重庆，后应西北军事当局邀请，多次赴西北考察。著有《日本论丛》《中国通史纲要》《中国通史要略》等史学著作。

② 乐典：《培养政工干部成立“战干训练第四团”》，载文思主编：《我所知道的胡宗南》，中国文史出版社2003年版，第144页。

③ 徐国馨：《旧西安文化界的魔影——记胡宗南系统的几种刊物和两个出版单位》，载中国人民政治协商会议陕西省西安市委员会文史资料研究委员会编：《西安文史资料》第5辑，内部发行1984年版，第130页。

到了西安，见到三哥，我把内心的恐惧和担忧告诉他，他安慰我：

“怕什么？有黄震遐和我在，我们都会支援你，第一期，我们三人多用几个不同的笔名，总可以对付，第二期，就有读者来投稿了。”

他领我去见新中国文化出版社社长郭增恺先生，他一见我就说：

“我和令兄谈过几次，请你来主编《黄河》，是最恰当的人选，因为你认识文化界的朋友不少，多写几封信发出去，不愁没有稿子源源而来，将来说不定随时要扩充篇幅呢，我们要多准备一些资金才行。”

按照谢冰莹的说法，能受邀主编《黄河》是因为自己在文艺界略有“文名”，出版社的相邀之举，也纯属文艺界事情，似与其他无关。但在后来的一篇文章中，谢冰莹对受邀的来龙去脉有着更加详细的描述：

二十八年秋天，我因慢性盲肠炎发作，扶病从老河口到重庆去开刀，伤口还没有复元，就接到家兄国馨自西安来电报，促我几日赴京主编一个文艺月刊。我当时莫名其妙，不知道该刊的宗旨是什么？发行人又是谁？稿费可靠不可靠？一连串问题，在我的脑海里翻滚，几天之后，哥哥的长信来了：他告诉我胡先生新成立一个新中国文化出版社，计划出版大批有关军事、政治及文艺、哲学方面的丛书，还要发行文艺、科学、军事、政治性质的四大刊物；他是出版社的总编辑，因为有次他在王曲和胡先生谈到我，所以胡先生立刻叫他拟电报稿催我去西安。

……

“我们距离延安太近，需要多做一点文化工作来感化那些迷途而不知返的青年；同时几十万国军在西北作战，没有精神食粮是不行的，所有特地请你来帮忙，主编一个文艺月刊。你想用什么名字好？”

“我们已商量过了，就用《黄河》两字。”我回答他。

“好极了！好极了！我们正在黄河流域作战，这两个字太好了！太好了！”

值得一提的是，此时的谢国馨已是战干四团上校秘书，还兼任国民党西北青年劳动营高级政治教官；与谢冰莹面谈的新中国文化出版社继任社长郭增恺，曾担任国民党十七路军杨虎城部高级参议兼经济委员会西北办事处主任。可见，谢冰莹远赴西安的主使者当为胡宗南，而邀请目的也很明确，即编辑四大刊物之一的《黄河》文艺月刊。同时，也明确了一个事实，即谢冰莹 1940 年 1 月 17 日北上西安之前，新中国文化出版社负责人与谢国馨等人已明确要创办一个文艺月刊，虽然当时还未确定名字就叫《黄河》，但实际已在筹备或创刊之中。这也和前文提及的，廖伯周为复刊一事给西安市政府的呈文中，“窃《黄河》月刊于二十八年始创”的表述相一致。因此，严格来说，1940 年 2 月 23 日是《黄河》创刊号正式出版发行的时间，而 1939 年年底至 1941 年年初才是《黄河》的创刊时间。这就很好的解释了，为什么谢冰莹能够在交通、通讯如此缓慢的战时，用不到四十天的时间就能出版《黄河》创刊号。

三、“抗战建国”与暴露黑暗的价值导向

前文已经提及，谢冰莹在抗战全面爆发后即二度从军，先在长沙组织湖南妇女战地服务团开赴前线为伤兵服务，后又作为战地记者奔赴徐州战场。1938 年担任五战区李宗仁司令部秘书时又获授少将军衔。这也说明选择谢冰莹为主编的原因，似乎并不仅仅因为她的文坛大名与其兄的竭力推荐，其在民族危亡之际服从领导，支持对日作战的立场以及抗战前线上的所作所为也为她加分不少。这位北伐女兵，曾经的左翼文学倡导者、实践者能够实现发行《黄河》的目的。编辑经验丰富的谢冰莹自然也明白在民族兴衰、国家危亡之际办刊的重要价值，因而在编辑过程中大量刊发宣扬民族主义文艺政策的文章，以推动“抗战建国”，争夺舆论阵地。因而，在遵循国民党既定文艺纲领和战时宣传规则的前提下，《黄河》即开始以“抗战建国”为价值导向描写抗战、宣传抗战、动员抗战、服务抗战。但是，随着战争形势的不断变化，整个国统区的抗战文化呈现出形态各异、彼此争鸣、相互斗争的纷呈复杂状态，其间矛盾与混乱并存，多义与复杂相间。特别是解放战争到来后，处于复刊时期的《黄

河》也随之体现出暴露黑暗、追求和平、向往民主的倾向。这些前后各异、交叉混杂又极具现实针对性与政治功利性的价值指引就在谢冰莹的主编下得到体现。

首先是对抗战主题的自觉承担。1938年3月,标志文艺界抗日民族统一战线形成的"中华全国文艺界抗敌协会"在武汉成立,文协简章明确规定:"本会以联合全国文艺作家共同反对日本帝国主义的侵略,完成中国民族自由解放,建设中国民族革命的文艺,并保障作家权益为宗旨。"①由此,反对日寇侵略、完成民族解放、建设民族文艺就成为贯穿抗战文艺始终的关键词,以"抗日"和"民族自由解放"为追求的《黄河》自然也不例外。在谢国馨受主编之托而写的发刊词中,昔日源远流长、孕育华夏的母亲河已"受到了魔鬼的欺凌,为历史上所没有的奇耻大辱",但"我相信你会怒吼起来,会战斗起来!"因为"看吧!奔腾豪放的水势!听吧!汹涌澎湃的涛声!这是黄河在抗敌反攻的时候了!千千万万的战士在黄河两岸冒雪冲锋,千千万万的同胞在黄河流域引吭高唱",也正因此,作者坚信"在最近的将来,黄河将有惊人的胜利",并最终发出"怒吼吧!黄河!战斗吧!黄河!"的抗日吼声。② 紧随其后的《一九四〇年文艺工作者的任务》既可以看作《黄河》对文艺工作者的要求,也可以看作谢冰莹的"施政方针",文章开篇即明确:

> 一九四〇年,是我国在远东反侵略的战争,已经到了第三年,民族的存亡与个人的存亡,有莫大的密切的关系。作为文艺工作者的个人,在今天所负责的任务,要比任何人还重要。简单地说来,文艺工作者,在抗日反汉奸侵略的战争中,应当利用武器,对准敌人,做殊死的决斗。自然文艺工作者的武器,不是飞机,大炮,坦克车,而是一切作品:诗,散文,剧本,报告,墙头小说,章回小说,鼓词和弹词之类。③

① 《中华全国文艺界抗敌协会简章》,《文艺月刊》1938年第1卷第9期。
② 国馨:《黄河(代发刊词)》,《黄河》1940年第1卷第1期。
③ 念兹:《一九四〇年文艺工作者的任务》,《黄河》1940年第1卷第1期。

这无疑是发刊词的具体延续，从前期36期的内容中也可以看出，一群思想倾向与艺术趣味各异的创作者们，怀着炽热的爱国热情和鲜明的民族意识真诚地团结在“抗战文艺”的旗号下，创作了大量歌颂抗日英雄，批判汉奸卖国，引领民众积极抗日的小说、诗歌、报告和戏剧作品，为《黄河》涂上了鲜明的战斗色彩。其具体表现则如第二章中所写，此处不再赘述。

值得注意的是，《一九四〇年文艺工作者的任务》文末还向青年文艺工作者提出了颇为具体的创作要求，即“要特别注意创作反汉奸揭露日寇阴谋及有关国家统一和生产建设的文艺作品。”①具体来说，创作反汉奸揭露日寇阴谋的作品自然与抗日救亡的主题相一致，而《黄河》中俯拾即是的以歌颂英雄，批判汉奸，引领民众积极抗日的篇章已是最好的说明。对于国家统一，《黄河》多次出现类似于“一个国家”“一个领袖”“一个主义”的表述，再加上几乎是三民主义文艺政策、民族主义文艺运动翻版的《三民主义文艺论略》《论民族文艺运动与文艺政策》，阐释并响应国民党“文化劳军”方针的《文化劳军是什么?》，以及宣扬“国家至上，民族至上”的《献给炮火中的战士们》《一九四一年文艺工作者应有之努力》《建立“中国人的中国”》等文章，其态度不言而喻。而创作生产建设作品，则作为“抗战建国”价值导向中最主要的实施路径，在经主编谢冰莹的大力提倡后，以“生产文学”的面貌大篇幅、高比例出现在前期《黄河》上。

《黄河》对“抗战建国”的宣传虽已在《抗战建国纲领》颁布两年之后，但主编谢冰莹在创刊第二期就亲书专文《建立生产文学》回应，也不失为高效之举。文中“凡是用艺术的手腕来描写后方一切生产建设的文学，就叫做生产文学”是作者的定义，而建立、创作生产文学不仅是后方民众摆脱“愚昧无知，穷苦无告”“鸡犬相闻，老死不相往来”生活的极好方法，更是对“开垦荒地，修筑马路、铁路，制造一切军需品、日用品的工人，农民，以及深入农村里面埋头

---

① 念兹:《一九四〇年文艺工作者的任务》,《黄河》1940年第1卷第1期。

苦干宣传各种文化的知识青年”的伟大贡献。①

在随后的很长一段时期内，谢冰莹在《黄河》中集中力量，不惜笔墨、篇幅地发表、宣传、倡导、表扬主题为“奖励海内外人民投资料，扩大战时生产”“全力发展农村经济”“开发矿产，梳理重工业的基础，鼓励轻工业经营，并发展各地之手工业”，教育训练各类专门技术人员、青年及妇女以适应生产需要，增加抗战力量的作品。② 胜寒的论文《生产文学及其实践》可谓是谢冰莹提倡“生产文学”以实现“抗战建国”的理论支撑。论文开篇即明确了“当前中国文学的历史任务，是用文学战斗的手段来实现‘抗战建国’的理想”，生产文学的出现则“标示着走向抗战建国的广大天地，担负起文学的新的任务”，而“生产文学内容的积极性”又决定了“要用文学战斗的手段来实现抗战建国”的终极目标。③

表现在具体创作上，则有描写军民合作促生产的小说《安家沟》，特写《送温暖到前线》《战士底手》；也有表扬生产合作社和生产劳军的《二百五十码力》，报告《前方的流汗》《绥西前线上的生产运动》；还有描写普通军人、劳动者、生产者的诗歌《修路工人》《殉路者》，小说《在第九号厂里》，译文《战时的法国妇女》等。其中颇有意思的是集生产、谍战与意识形态斗争于一体的小说《救赎着贞操的人》，主人公杨剑是一位国民党军官，因为一次战役的失败而自感“丧失了贞操”以至于“自甘堕落”，“流落”到陕北在延河岸边随众人开荒种地搞生产。

从提倡“生产文学”以实践国民政府“抗战建国”纲领开始，到竭力配合国民党“国家至上，民族至上”和“三民主义文艺”等理论宣传，前期《黄河》上的诸多文章均可看作是国民党文艺政策指导下“宣传品”。

需要说明的是，早在1938年，国民政府就颁布《战时图书杂志原稿审查办

① 冰莹：《建立生产文学》，《黄河》1940年第1卷第2期。

② 《中国国民党抗战建国纲领》，《解放》1938年第2卷第37期。

③ 胜寒：《生产文学及其实践》，《黄河》1940年第1卷第3期。

法》,以统一新闻舆论,钳制进步力量,达到文化统制目的。1940 年的修订版又明确规定,“为便利各地图书杂志之迅速出版起见,各大都市(或省会)之党、政、军、警机关,得在中央审查机关指导之下,成立地方图书杂志审查委员会(以下简称地方审查机关——引者注),办理各该地方之图书杂志审查事宜。”①在此规定的约束下,《黄河》自然也不例外,从 1940 年 10 月第七期开始就在杂志中封出现了“本刊已呈请中宣部及内政部登记,西安图书杂志审查委员会审查”等字样,也正是在这一期的一篇战地通讯中,一向以拥护国民政府,践行“抗战建国”为己任《黄河》首次公开批评国民政府,痛斥“当地行政机构的腐败”导致战后战场清理工作缓慢,“救济委员会工作不力”以致“十万难民,餐风宿露,嗷嗷待赈”,②如此“巧合”,不禁让人浮想联翩。而 1941 年 2 月涉及皖南事变及国共抗日民族统一战线等重大问题的“只言片语”则更能说明问题。

1941 年 1 月震惊中外的皖南事变爆发,蒋介石反污新四军“叛变”,国民党各大党报党刊趁机制造反共舆论,第二次国共合作面临巨大危机。2 月 1 日,《黄河》第十二期上出现了《一九四一年文艺工作者应有的努力》一文,从题目来看是对第十一期新年号中的《一九四一年文艺工作者应有之努力》的补充,但对照内容,前后文章的关注点却有明显区别。不同于前一期文章中众多作家老调重弹式的“抗战建国”“提倡生产文学”“培养战士作家”“创造三民主义文艺”等论述,第十二期的文艺工作者将关注点聚焦于现实,认为“团结,团结,我们还要警觉国人作更大更强化的团结! 只有团结,才能产生不可侵犯的战斗力战胜敌人,新生中国!”同时明确指出,“同胞爱,是超越一切爱的,因为这种爱,是民族国家赖以生存的。如果在同胞中为了自私,自利,争权,夺位而发生了自相残害的现象,这是非常危险……战斗不是对‘内’,而是对‘外’的”。这也决定作家在创作时,“一方面应把伟大的同胞爱灌入,一方

① 刘哲民:《近现代出版新闻法规汇编》,上海学林出版社 1992 年版,第 252 页。

② 白克:《襄樊,双沟,枣阳》,《黄河》1940 年第 1 卷第 7 期。

面亦应反映出专对自己同胞放暗箭，打黑砖的败类之无耻”。[①] 作者虽未明确此文与皖南事变的关系，但却以异常坚定的态度申明国家危亡之际，各党派政治军事力量合作团结的重要性。也就是说，《黄河》虽受国民党官方资助而创办，但在联合一切力量抗日这一重大现实问题上是有自己的坚守和立场的。这也说明，接任主编时虽不“自由”的谢冰莹也并非国民党的“铁杆粉丝”“忠实信徒”，其对国民党文艺政策及政权表现出既拥护又游离，既遵从又反思的暧昧态度。而因时局的发展，这种暧昧态度与其青年时期无限崇仰的左翼文学观念交相互动，频繁出现，最终造就了后期《黄河》以揭露国统区黑暗、渴望和平与民主为主题的价值导向。

之后，此类批评政府，揭露黑暗的文章时有刊载，夹杂于宣传“抗战建国”的文章内，显得颇为独特。其中有代表性的如仿拟果戈理讽刺经典《钦差大臣》的三幕剧《狂欢之夜》；对中条山战役失利不满的《七七诗》；描写国统区底层公务员悲惨生活的小说《年关》；批评战时倒卖各种军用物资的军政《掮客》；讽刺国民党县长贪污腐败的小说《老朋友》，以及《最后的讽刺》《青年王进的下落》《野蒺藜》《生财有道》《支票簿》《婚礼》《雨外二章》等多类不同题材的作品。

与此同时，立意“抗俄”的《黄河》在具体编辑时，却又对苏俄文艺理论、作家作品抱有强烈的兴趣。其上不仅刊登了托尔斯泰的语录“艺术若要使真的，必须不再为少数人所操纵，必须归还于民众”[②]，还花大量篇幅登载有关译作集中介绍，如《苏联文坛的新动向》《托尔斯泰的故居》《莱蒙托夫的小诗》《红裤子》《诗人——普希金之死》《母亲的心》《作家的成就与家庭影响（帝俄文学史话）》《人民是不朽的》《加里波的的故事》等。

如果说此类作品在前期《黄河》中还是零星出现，那么到了解放战争时的

① 沙雁：《一九四一年文艺工作者应有的努力》，《黄河》1940 年第 1 卷第 12 期。

② 《作家语录》，《黄河》1940 年第 1 卷第 8 期。

复刊阶段则一发不可收拾，逐渐占据主流。在 1948 年 3 月出版的《黄河》复刊第一期中，编者明确指出复刊的意义和使命除了“给爱好文艺的青年朋友精神上一些安慰，一些鼓励”，更重要的，也更急迫的就是“能够在这是非莫辨，黑白颠倒，斗争流血，舞弊贪污的混乱污浊社会里，探求正义和真理，提倡人道和廉耻”。事实证明，从复刊的六期文章来看，后期《黄河》确实不负众望，以实际行动践行了复刊的意义和使命，其刊载作品中表露出的对国民党统治及黑暗现实的严重不满态度与前期《黄河》崇尚“抗战建国”“三民主义文艺”的取向形成了鲜明的对比和反差。

其中颇具代表性的小说有左翼作家碧野创作的《归来》《乡野的风波》，江朗的《被损害者》，纪平的《皮处长》《方小旦》，张十方的《贼》《杨小姐碎传》《失业》《凶手》，毕木的《走私》，田沃的《收租》等。小说《归来》中主人公是一位名叫阿龙的贫苦农民，因国民党抽丁在外一年半，战场负伤却被长官无情抛弃，九死一生返回故乡，发现妻子被恶霸乡长抢占，孩子也因病致死，落得个家破人亡。即便如此，阿龙的悲惨命运也还没有结束，乡长为报复而认定他为逃兵将其捕获，过堂受审之时，已近乎歇斯底里的阿龙最终挥刀砍杀恶霸乡长复仇。贫苦家庭的毁灭折射出现实的黑暗与政治的腐朽，面对如此丑恶的社会环境和动荡的国家局势，一批极具战斗精神却又异常苦闷压抑的知识分子怀着强烈的人文关怀精神和昂扬的斗争勇气，大声喊出了心中的愤激与痛苦、焦躁与不安、嘲谑与希望。

此外，后期《黄河》上也出现了一大批充满战斗力与宣传鼓动性的进步诗歌，如《无题》《黑夜里》《脚步》《明天》。这些坚信社会解放、人民自由终将到来的诗人们写道：“雨，/踏着沉重的步子/从远方/奔来了，奔来了……/夜，/更黑暗了，/这是暴风雨的前奏曲，/我，/狂笑了，/笑声，/抖动在夜的原野上。”①如果说这些声音还属于低沉的吟唱，那么《归去》《火把之歌》《吼》

① 李叶垠：《黑夜里》，《黄河》1948 年复刊第 3 期。

《我们是正义的一群》《日子怎么过》则变成了诅咒旧社会，渴盼新社会的咆哮与呼喊。诗中的火把“是暗夜的号角，是反抗的旗帜，是正义的明灯，更是奴隶们的拳头，炸弹……”有了它，“一群群愤怒的奴隶，也曾高举着火把，去找寻奴役他们的主人拼命……火把给了被压迫，被奴役的人群以勇气和胆量”①，而像狮子、虎豹一样会“吼”的人，“吼出一个声音，活!!活!! 活!!”②

值得注意的是中国诗歌会创立者——诗人任钧在复刊第二期上发表的诗作《悲剧的国度》。这是一首语言平实、感情真挚的政治讽刺诗。诗人开篇即低语沉吟：“这是个悲剧的国度啊！/在悲剧的国度里：/如今正上演着最大的悲剧!”可这悲剧到底是什么呢？诗人给出了自己的答案：

在这儿——
不断地进行着悲惨的战争：
那用自己这只手砍断
另一只手的战争；
那用自己的牙齿咬破
自己的血管的战争；
那用自己的生命侵蚀
自己的生命的战争；
就是当喉咙给敌人扼住的时候，
也没有停止过这种悲惨的战争啊！

无疑，诗人所说的“战争”正是人民为谋得自由、生存而进行的解放战争。对千万饱受剥削压迫的穷苦人民来说，这场战争的正义性和必要性自不待言。但诗人的关注点却不仅在于此，他清醒地意识到，在战火纷飞、充满悲剧的国度里，不幸的个体正是时代大潮下众多牺牲品的一个。作为时代悲剧的产物，

① 富竣：《火把之歌》，《黄河》1948 年复刊第 5 期。
② 乃人：《吼》，《黄河》1948 年复刊第 6 期。

他们犹如一粒黄沙，本就卑贱力薄，微不足道。可国民党政权的倒行逆施更加重了他们的苦难：

在这儿——
有着数不清的善良而勤劳的汉子
被强制地脱下褴褛的衣裳，
换上不合身材的军装；
被强制地丢开种地的锄头，
肩起杀人的长枪；
被强制地赶出自己的家乡，
踏进血腥的战场！
（像一群群被赶进屠场的羔羊！）
于是，在这片宽广的土地上——
被用来耕作的，
不是锄头和犁耙，
而是炮弹和战车；
被用来灌溉的，
不是雨水和河水，
而是鲜血和眼泪；
被用来做肥料的，
不是粪便和肥田粉，
而是人类的骨肉……

国民党政权无节制的强征硬拉，让成千上万的贫苦农民远离了土地、亲人和家乡。他们被迫走上战场，流尽眼泪和鲜血，直至付出生命而死亡。现实世界中的绝望和窒息，无疑加剧和放大了诗人的精神痛苦。在目睹了这种强盗式的掠夺后，悲愤的情绪开始在诗人心中慢慢激荡，直至冲出喉咙，恣意喷发。这种源自内心深处的悲情与怜悯，最终驱散了阴霾，洞穿了迷雾，成为无尽沉思与探索后的低吟。

由此看来，解放战争时期的《黄河》在主编谢冰莹的引导下，已然跳出了旧有藩篱，在揭露国统区黑暗、追求和平与民主的路途上连连发声，奋斗良多。虽然这种争鸣与探索随着1948年8月复刊第六期的出版而告终，谢冰莹不久也出走台湾，最终客死异乡，让人可悲可叹，不胜唏嘘。但是客观来讲，作为一个期刊的灵魂，谢冰莹能够在国家危难、民族存亡之际挺身而出，承担起主编重任，使《黄河》成为西北抗日文化堡垒，又能在解放战争时期顺应时代潮流，为社会解放、人民自由踔厉奋发，其功绩自然不容忽视。同时，在中国现代文学史上，《黄河》作为西北地区由国民党资助创办的文艺月刊，还未得到学界足够的重视，对它的研究也十分有限。但毋庸置疑的是，作为当时西北地区的一个权威文艺刊物，《黄河》的出现不仅培养了许多文艺青年，为这片荒凉的土地增加了一缕亮色，更为研究20世纪40年代西北乃至全国的文艺状况提供了极为宝贵的资料。

第二节　谢冰莹《黄河》自撰稿

谢冰莹既是《黄河》主编，在创刊、编辑等方面发挥积极作用，又作为最重要的撰稿人之一发表了数量众多的各类作品，对刊物的发行、销售影响极大。本节统计谢冰莹在《黄河》上的自撰稿，在结合具体文本深入分析其编辑策略、理念及“自证式”编辑行为的同时，揭示其主编《黄河》时的复杂心态和心路历程，并试图窥探战争背景下文化人对国统区抗战文艺的态度。

一、谢冰莹《黄河》自撰稿的统计与分析

正如之前所说，在长达八年的时间里，经历了创刊、停刊、复刊、终刊的《黄河》可以分为前后两期。前期即是从1940年2月到1944年4月，这一阶段共出版36期，其中除1941年第二卷第五、六期，1942年第二卷第十一、

十二期，1944 年第五卷第三、四期为合刊外，其他各期均为单本出版。后期则是从 1948 年 3 月到同年 8 月，共出复刊卷 6 期。笔者曾在第二章关于《黄河》的分期中提及，虽然从 1943 年 4 月第四卷第三期到第五卷第一期共计 5 期依然署名谢冰莹主编，但实际上她已于 1943 年 3 月离开西安。同时，在无充分证据证明以上 5 期亦出自谢冰莹之手的情况下，为稳妥起见，笔者暂时认定在前后共计 42 期的《黄河》中，谢冰莹实际主编 34 期，占全部比例的 80%之多。

具体到作品数量上，据统计：在 42 期的《黄河》上共刊载包括小说、散文、报告、诗歌、通讯、理论与批评、发复刊词、编后、短简、黄河信箱等在内的多类体裁作品共计 704 篇。其中谢冰莹以本名、笔名或编者身份完成的有 105 篇，占总比重的 14.9%。如果按照卷数细分的话，第一卷第一至十二期共 246 篇，谢冰莹 45 篇；第二卷第一至十二期共 189 篇，谢冰莹 34 篇；第三卷第一至二期共 27 篇，谢冰莹 5 篇；第四卷第一至六期共 72 篇，谢冰莹 3 篇；第五卷第一至四期共 41 篇，谢冰莹 0 篇；复刊第一至六期共 129 篇，谢冰莹 18 篇。也就是说，除去非主编的第四卷第三、四、五、六期，第五卷第一、二、三、四期共 8 期外，担任主编时的谢冰莹在《黄河》上撰写的各类稿件一直维持在总数的 20%左右。

若从形式上统计，对她的自撰稿进行分类并对所占百分比作量化考察后可以看出：除去 27 篇因主编职责撰写的“编后”，14 篇解答青年读者生活、学习问题的“黄河信箱”，8 篇与友人、作家通信的“短简”，5 篇反映战时文艺状况的“文坛简讯/广播”以及 3 篇翻译被俘日军自述的译文外，所有自撰稿中最具文学、理论及研究价值的当为 9 篇“小说”、15 篇“散文（报告）”、9 篇“理论与批评”、8 篇“创作经验与指导”以及包含复刊词、新年献辞等集体创作内容在内的七篇其他作品。

为求明晰，特将这 5 类共 47 篇自撰稿的详细信息列表如下：

表 4-1　谢冰莹自撰稿情况

类别	篇名	期数	署名
小说	银座之夜	1940 年第 1 卷第 9 期	哲厂
	一个女兵的自传(中卷)	1941 年第 2 卷第 7 期	冰莹
	一个女兵的自传(中卷)	1941 年第 2 卷第 9 期	冰莹
	姊姊	1942 年第 2 卷第 10 期	南芷
	一个女兵的自传(中卷)	1942 年第 3 卷第 1 期	冰莹
	一个女兵的自传(中卷)	1942 年第 3 卷第 2 期	冰莹
	感情的野马	1948 年复刊第 1 期	谢冰莹
	道是无情却有情	1948 年复刊第 5 期	谢冰莹
	误会	1948 年复刊第 6 期	谢冰莹
散文(报告)	裸体杀敌的战士	1940 年创刊号	冰莹
	敌人是这样虐待“俘虏”的	1940 年第 1 卷第 2 期	冰莹
	关于“保障作家生活”	1940 年第 1 卷第 3 期	冰莹
	记反侵略剧团	1940 年第 1 卷第 3 期	南芷
	壮烈的五月	1940 年第 1 卷第 4 期	冰莹
	献给炮火中的战士们	1940 年第 1 卷第 6 期	编者
	“八一三”的回忆	1940 年第 1 卷第 7 期	冰莹
	一个痛心的回忆	1940 年第 1 卷第 8 期	冰莹
	作家县长	1940 年第 1 卷第 9 期	鸣冈
	关于战干剧团的演出	1940 年第 1 卷第 10 期	冰莹
	编辑室日记	1941 年第 2 卷第 2 期	冰莹
	俘虏收容所参观记	1941 年第 2 卷第 4 期	冰莹
	华山游记	1941 年第 2 卷第 5/6 期合刊	冰莹
	遥寄《黄河》读者	1943 年第 4 卷第 5 期	冰莹
	第一根白发	1948 年复刊第 2 期	谢冰莹

续表

类别	篇名	期数	署名
理论与批评	建立生产文学	1940 年第 1 卷第 2 期	冰莹
	作家与生活	1940 年第 1 卷第 7 期	南芷
	再论作家与生活	1940 年第 1 卷第 8 期	南芷
	本刊的过去与将来	1940 年第 2 卷第 1 期	冰莹
	纪念“七七”	1940 年第 2 卷第 5/6 期合刊	冰莹
	开展西北文化运动	1942 年第 3 卷第 1 期	冰莹
	文化劳军是什么?	1943 年第 4 卷第 1 期	冰莹
	目前文艺的危机	1948 年复刊第 3 期	谢冰莹
	臧克家的诗	1948 年复刊第 4 期	谢冰莹
创作经验与指导	我的创作经验	1940 年第 1 卷第 9 期	冰莹
	我的创作经验	1940 年第 1 卷第 10 期	冰莹
	关于创作的故事	1940 年第 1 卷第 10 期	南芷
	我的创作经验	1940 年第 2 卷第 3 期	谢冰莹
	写给青年作家的信(一)	1941 年第 2 卷第 7 期	冰莹
	写给青年作家的信(二、三、四)	1941 年第 2 卷第 8 期	冰莹
	写给青年作家的信(五、六)	1941 年第 2 卷第 9 期	冰莹
	写给青年作家的信(七、八)	1941 年第 2 卷第 10 期	冰莹
其他	新年献辞	1941 年第 1 卷第 11 期	冰莹
	一九四一年文艺工作者应有之努力	1941 年第 1 卷第 11 期	鸣冈、南芷
	抗战以来我所最爱读的书籍	1941 年第 1 卷第 11 期	哲厂
	迎接我们的胜利年	1942 年第 2 卷第 10 期	冰莹
	我的希望	1942 年第 2 卷第 10 期	冰莹
	复刊词	1948 年复刊第 1 期	编者

表 4-1 充分说明,谢冰莹不仅是《黄河》的主编,而且是最重要的作者之一。虽然这种集主编与作者双重身份于一身的编辑现象在现代文学期刊中并

不少见,但具体到个人经历颇为复杂的谢冰莹,就有了不同寻常的表现和意义。当然,这种“不同寻常”体现于谢冰莹在对刊物的创办性质、服务宗旨、发行目的等根本要素并无决策权的前提下,还能促成刊物的正常运转,为抗战文艺及现实主义文艺的发生发展作出应有的改变和努力。换句话说,主编身份让她可以相对自由的实施编辑方针、设计组稿策略,并通过审阅、调整与删改等方式掌握文章发表的“生杀大权”,使刊物尽可能反映编者意识,发挥导向作用;而书写者身份又决定了她发表小说、文论、点评乃至于复刊词、编后记的具体实践必然要体现主编意识,这种“自证式”的编辑行为就成为其自撰稿中的最大特征所在。

《黄河》上首次亮相的谢冰莹自撰稿是创刊号中的报告《裸体杀敌的战士》。作者通过问答的形式,让一名经历了中条山战役的国军营长讲述了那场“最剧烈,最悲壮的大血战”。同绝大多数表现正面战场的抗战文学一样,作者在突出抗敌将士勇猛和战事惨烈的同时呼喊道:“呵! 血的代价,民族的光荣,英勇的战士,祝你们永远抱着这种裸体杀敌,大无畏的牺牲精神,为民族奋斗到底!”①这种表述也在她同类题材自撰稿中多次出现,如《敌人是这样虐待俘虏的》借获救的被俘士兵之口喊出:“我要替自己替同胞报仇,替国家民族雪耻。”②《壮烈的五月》中呼吁民族战士和社会各阶层,“要用血来洗涤国耻,要用头颅来争取民族国家的独立和自由”等。很明显,以“国家”“民族”“抗日”为关键词的情绪化表达显然更符合谢冰莹对战时中国的认知与想象,也与其抗战爆发初期创作的多种记录战地生活,颂扬抗战官兵爱国胸襟和牺牲精神的纪实性作品一脉相承,集中表现了一种打倒帝国主义、封建军阀,争取国家独立、民族解放的国家意识。这也从侧面说明了,在国家权力话语的制约下,民族利益高于一切,文学服务于抗战已是放弃了五四启蒙话语立场和话语形式文艺工作者的自觉选择,就像 1938 年文协在《告全世界的文艺家书》

① 冰莹:《裸体杀敌的战士》,《黄河》1940 年第 1 卷第 1 期。

② 冰莹:《敌人是这样虐待俘虏的》,《黄河》1940 年第 1 卷第 2 期。

中所说的那样:“我们是中国人,当此祖国阽危,全民族遭逢空前浩劫的时候,我们知道什么是我们的天职。我们是中国的文艺人,我们熟知我们历史上伟大的天才每一次临到民族对外作战以求生存的时候,是怎样做的,我们知道我们的责任所在!”①

或者可以这样认为,一再声称“我从来不是一个政治的作家”②的谢冰莹在具体创作实践上,并没有带着某种政治任务或先验性的意识观念来描绘战争。她之所以以昂扬激奋的心态参与抗战,正如第一卷第七期《“八一三”的回忆》中所说:“是为了要去和鬼子拼一拼,以出一出压在心中六年的闷气,尤其在东京狱中所受到的奇耻大辱,我要趁此机会洗清,国仇私恨,都不容许我养病,去吧,国家正需要我们”③。因此,倘若仔细审视这一时期的作品,不难发现,不管是描写沦陷区富人被日寇敲诈终成乞丐的《银座之夜》,还是作为留日学生、弱国子民回忆九一八事变的《一个痛心的回忆》,或者描写战时文艺团体状况的《记反侵略剧团》《关于战干剧团的演出》,以及仅是记录战时生活点滴的《作家县长》《抗战以来我所最爱读的书籍》《编辑室日记》《俘虏收容所参观记》等文,谢冰莹均以战争参与者的身份和视角竭力证明民族战争背景下文化战士以笔为枪,为民族为国家而战斗的价值和意义。她在具体创作实践上极力彰显的正是为国共两党深度认同的“一种公共文化和一种替代性的政治宗教形式”——民族主义。④ 这也决定了她为《黄河》撰稿的目的既不同于《放下你的鞭子》《都会的一角》等批判国民政府的不抵抗政策,又不同于《华威先生》《马伯乐》等讽刺揭露国统区抗战丑闻,而是同一大批对抗战必胜充满信心,对国民政府积极拥护的知识分子一样,试图通过一种无目的、无预设的体验方式切入战争的真实残酷,以唤醒民众的抗战意识和民族激愤。

① 中华全国文艺界抗敌协会:《告全世界的文艺家书》,《文艺月刊》1938 年第 9 期。

② 丁金花:《战争体验与谢冰莹的战地小说》,硕士学位论文,湖南师范大学,2007 年,第 25 页。

③ 冰莹:《“八一三”的回忆》,《黄河》1940 年第 1 卷第 7 期。

④ [英]安东尼·史密斯:《民族主义:理论、意识形态、历史》,叶江译,上海人民出版社 2011 年版,第 39 页。

或者说,已经经历了三年抗战生活,对日寇侵略有着深切感受的她并没有把意识形态和党派纷争放在首位,而是在民族意识、爱国情感、抗争精神的多重合力下聚焦民族救亡,为了战争的最终胜利和民族国家的建立巩固,着力创作"能刻画一般的人性,创造人物的性格;能以优秀的文字技术,凭藉故事的内容,透视时代的精神,反映时代主潮的作品"①。

但《黄河》毕竟是受国民党资助的刊物,除发展抗战文艺,唤醒民众反抗精神,培育民族建设力量之外,谢冰莹也必须积极宣传、响应国民政府战时"国策"及三民主义文艺政策,具体到创作实践上则是以提倡"生产文学"的名义推动"抗战建国"。

就抗战文艺的发展进程来说,生产文学的出现有其历史必然性。《抗战建国纲领》作为国共两党共同认可的战时国策,是以"抗战必胜、建国必成"为核心旨归的,而生产建设在改造后方群众生活及支撑战争胜利上所发挥的重要作用,又决定了民族战争和生产建设势必同步进行,不可偏废。具体到文艺上则要求抗战文艺必须以文学战斗的形式担负起前方抗战,后方"建国"的双重任务。正如王平陵 1938 年在《后防的文艺运动》一文中所呼吁的:后防的文艺运动应"从生产建设方面,表现充足的成就,务必要做到使一首诗,一篇小说,一个剧本,能与工程师的图样,工作的机械,发生同等的效力",以便"使前方造成铁一般的长城,使后防变作'取之不尽,用之不竭'的宝库。"②与此同时,随着正面战场形势的持续恶化及战争相持阶段的到来,经历了抗战初期昂扬乐观主义的作家们开始意识到,"廉价地发泄感情或传达政治立场"③并不能够让本该充满战斗性、时代性和艺术性的民族战争文学具备持久的生命力。仅描写"张德标放步哨,李得胜打游击;或者王婆婆被敌人强奸死,刘小

① 王平陵:《抗战四年来的小说》,《文艺月刊》1941 年第 8 期。

② 王平陵:《后防的文艺运动》,《文艺月刊》1938 年第 2 期。

③ 胡风:《民族革命战争与文艺》,《胡风评论集》(中),人民文学出版社 1984 年版,第 78 页。

妹被敌人掳去一类”①作品只能使得战争文学的题材范围进一步窄化，最终沦为充满公式化、概念化倾向的“抗战八股”，这也直接导致了“单纯的战争文学，不够表现和反映，更不够推动当前这伟大时代的任务”。于是“‘生产文学’这条新路出现了，它表示着走向‘抗战建国’的广大天地，担负起文学的新的历史任务”②。而首次提出“这条新路”并给予定义的正是谢冰莹发表在《黄河》上的《建立生产文学》一文。

“凡是用艺术的手腕来描写后方一切生产建设的文学，就叫做生产文学”是谢冰莹给出的定义。她首先认为：“能够艰苦地支持抗战将近三年的原因，一半功劳要归之于后方民众的努力生产，努力制造枪炮，努力开垦荒地，努力发明各种军需上，医药上，日常生活上的种种用品”，进而对艺术家们对这类艰苦而伟大的生产活动，“没有费过一番心思替他们这些无名英雄创作过一篇小说或者吟过一首诗，绘过一张画”的行为表达强烈不满。③ 这也说明在不断恶化的战争形势下，谢冰莹深知文学必须发挥战时宣传作用，以达到鼓励民众提高生产热情，扩大生产成果，促进经济发展，保障战争胜利的目的。之后谢冰莹又在《本刊的过去与将来》《纪念“七七”》《迎接我们的胜利年》《开展西北文化运动》等文章中多次表态，公开呼吁青年文艺爱好者和老作家应该“把生活更充实起来，更虚心的学习，把握着现实，脚踏实地去参加各种战斗或生产的工作，负担起描写神圣的抗战，讴歌神圣的抗战，以及发扬我们文化的责任来！”④至于实际效果，主编的振臂一呼加身体力行确实对《黄河》的编辑方针、内容产生了积极影响，这从其后刊载的多篇主题为“扩大战时生产”“全力发展农村经济”“鼓励轻工业经营，并发展各地之手工业”⑤等有关生产

① 冰莹：《建立生产文学》，《黄河》1940 年第 1 卷第 2 期。
② 胜寒：《生产文学及其实践》，《黄河》1940 年第 1 卷第 3 期。
③ 冰莹：《建立生产文学》，《黄河》1940 年第 1 卷第 2 期。
④ 冰莹：《纪念“七七”》，《黄河》1941 年第 2 卷第 5、6 期合刊。
⑤ 《中国国民党抗战建国纲领》，《解放》1938 年第 2 卷第 37 期。

建设的作品中看出。不过遗憾的是,经过了激情澎湃的活跃期后,谢冰莹却没有对生产文学保持持久的兴奋点和关注度,也未从学理层面对其详细内容及具体实践方式等问题做进一步的探索和阐释,更没有对生产文学过于重视事实的报告与记录,缺乏文学创造性与艺术性而恐沦为“素材主义”,抑或是另一种“抗战八股”等缺陷给出合理的解决办法,最终导致这朵生机勃勃的鲜花未能结出令人满意的果实。

二、谢冰莹对国统区抗战文艺的态度

倘若究其原因,除了国民党文艺政策“从政治统驭、思想控制的政策拟定到小心翼翼、含糊其词的转折退让”所导致的固有性“含混和矛盾”①,更为直接的,正是战时西安压抑的政治文化氛围下,谢冰莹对正面战场和大后方生活热情降低后个人创作兴趣的转移。在1946年出版的小说集《生日》“前言”上,谢冰莹曾回忆:“抗战八年来我有一半的日子消磨在前方,一半的日子消磨在后方。在前方的生活,不用说,是紧张的,热烈的,同时也是最痛快的!而回到后方便不同了:生活的艰苦倒毫无关系,它绝不能影响我对抗战的信心,只有精神的确太苦了!”②很明显,西安时期属于精神痛苦的一部分。可是要知道,谢冰莹远赴西安主编《黄河》,说到底属自愿行为,这能从她乐此不疲地为《黄河》拉稿、编稿及初期自撰稿内流露出的积极、乐观态度上看出。那么后人不禁疑问,能够在国民政府的支持下发展抗战文艺,以笔为枪为抗战作贡献的战斗生活为何会给谢冰莹造成“精神痛苦”的感受呢?

事实上,随着战略相持阶段的到来,特别是中国共产党政治影响力持续扩散及其领导的八路军、新四军等敌后抗日武装的不断壮大,国民党对共产党的防范心理和敌视程度亦与日俱增。西安就因其特殊的地理位置成为国共

① 李怡:《含混的“政策”与矛盾的“需要”——从张道藩〈我们需要的文艺政策〉看文学的民国机制》,《中山大学学报》2010年第5期。

② 谢冰莹:《生日》,北新书局1946年版,“前言”。

两党意识形态对抗的前沿阵地，各个领域内或明或暗的摩擦冲突与斗争异常激烈。如1941年刊发在《西北研究》上的文章《一年来的西北文化动态》就声称：

> 这一年来，在西北文化的耕耘上，我们还发觉有一个划时期的进步特点，就是在步调上的统一，和作风上的整齐。本来在现阶段的西北文化运动，对于思想与抗战认识的统一领导是极端重要的一件大事，我们眼看在这一年的运动成绩上，已逐渐的将几年来所高喊的"纠正分歧错杂的思想"的一句标语，做到了十足的兑现。①

至于新闻宣传及出版物的统制，则更为严格。由共产党主办或受其影响出版发行的"《解放》、《沙河》、《沧浪》、《西北生活》、《救国旬刊》、《救国教育》等多至十余种"刊物，在抗战初的几年内就遭到查封、停刊。因加入救亡团体、参加救亡运动，甚至存有救亡前进书籍杂志而遭撤职、驱逐甚至逮捕的激进知识分子和青年学生更不可胜数。《西北》周刊总编辑李初梨因为刊发《关于解散西安十三个救亡团体》《我们的意见》等文揭露国民党陕西省党部解散救国团体，破坏团结就被公安局无端传讯；贾植芳从军后驻扎在陕西黄河沿岸，仅因被认为"来历可疑，有什么非法活动"就险遭"决定了的办法：就地活埋"②；即便是谢冰莹本人也曾因人告发有左倾嫌疑而被国民党侦探抓捕羁押，西安文化环境的压抑紧张程度可见一斑。

然而正如前文所说，决定谢冰莹入主《黄河》的最重要因素是面对日寇侵略、国家危亡激发出的民族国家意识和团结一致、抗战到底的战斗信念，这在她前期自撰稿中也有着明确投射。三民主义文艺政策不仅强调国民政府绝对权威下的民族独立，背后还隐藏着消灭异己，独树专政的政治目的，这就驱使谢冰莹在编辑、撰稿过程中要在国民党的话语体系下发展抗战文艺，矛盾的产生也就不可避免。

---

① 杜彦兴：《一年来的西北文化动态》，《西北研究》1941年第4卷第7期。

② 贾植芳：《历史背影》，江苏文艺出版社2008年版，第8页。

谢冰莹也试图调和，希望来自不同阵营，有着各异文学理念的文艺工作者，能以顾全大局的态度为“抗战建国”多做努力。她专门在《黄河》上刊文，呼吁不同主张的作家应该秉持宽容、虚心的态度以维持团结，共同为“抗战建国”努力，她说：

抗战以来，文人相轻的现象，看不到了，可是“文章是自己的好”这成见，还是打破不了，我希望每个人从今年起都向时代多多学习，都向朋友虚心的求批评，尽可能地直接参加到抗战建国各部门去工作，以充实自己的生活，更深刻的了解社会的动态，对于同行，更要相亲相爱，互助互怜。（怜是同情的意思）

其次，团结就是力量，希望我们文化界的朋友，紧紧地携起手来。①

在谢冰莹眼里，抗日救亡是唯一的，所有文艺工作者，无论你属于哪个阵营，秉持哪种文学理念，只要是坚持抗战救亡的作家，都是《黄河》欢迎的；所有与抗战有关的作品，都是《黄河》需要的。

此外，她还大篇幅增加诸如《我的创作经验》《写给青年作家的信》《读者信箱》等单纯指导青年写作类的文章，尽量淡化《黄河》抗战文艺期刊的特征，以降低政治敏感度，规避风险。

平心而论，谢冰莹选择这种“与抗战无关”的言说方式虽然得到了喜爱文艺的青年读者的热情欢迎，也为20世纪40年代高度政治化、意识形态化的西安文艺扩展了一些新的生存空间，但也直接导致《黄河》在一定程度上脱离了抗战文艺序列，在民族战争大背景下演化为读者眼中“不仅篇幅缩小，内容也颇感空虚”②的无聊杂志。这在事实上也引起了部分带有左翼色彩作家的不满。诗人牛汉向《黄河》投稿虽然“很快得主编谢冰莹的一封短简。不久诗即在该刊登出，署名牧滹”，但仅仅因为“编辑把原稿第三节里‘斜晖用未来派的红色抹出希望’句中的‘红色’改为‘蓝色’”，“就使作者不愉快，以后再不向

① 南芷：《一九四一年文艺工作者应有之努力》，《黄河》1941年第1卷第11期。

② 陈侠夫：《西安文坛近况》，《文坛》1943年第2卷第1期。

《黄河》投稿了。"①党派政治和党派意识对谢冰莹及《黄河》产生的负面影响可见一斑。处于精神高压下的她也曾想放弃,先后数次以生病体弱、稿件缺乏、印刷困难、经费不足、生活贫困等理由表达请辞之意,甚至在1942年第二卷第十期的新年号《我的希望》一文中公开宣称:"至于我个人则希望辞出黄河的编务,从厨房和孩子的束缚下得到解放,使我有机会重回到前线去,做一个黄河的哨兵,把许多可歌可泣的故事,用我那支拙劣的笔写给爱好文艺的读者们看。"②

好在谢冰莹的性格特征决定了她既不可能真正沦为党派斗争的工具,又不可能为求自保彻底放弃知识分子的良心和勇气。她曾多次表示"文艺是苦闷的象征,从事研究文艺的人,首先要具备不怕苦,不怕穷,不怕批评,不怕挨骂的精神才行"③。还在给青年朋友的《短简》中说:"文艺是社会的反映,我希望你把你的苦闷,多多发泄出来,写在心上,但不一定发表,因为现在有许多你心里的话,环境是不允许你发表的。"④彼时的文学青年张林岚就曾回忆:"她是个热心人,把我们当做她的忠实读者,几次晤谈之后,不大有顾忌了,她的先生贾伊箴也与我们渐渐混熟。留饭之余,也知道我们有'去延安那边看看'的企图,深为同情。从她口中我们才知道自己已经失去了去延安的良机,晚了。"⑤当时因为得到《黄河》的预支稿费而逃脱国统区的碧野,在多年后给谢冰莹的信中说道:

> 我感于你们在艰难困苦的环境中坚持工作,在创刊初期就给《黄河》写了一篇《船伕曲》,描写赤膊的老艄公和浑身赤条条的水手们,如何在旋流恶浪中摇巨橹驾驶大木船,横渡黄河的庄严壮烈情景。……冰莹大

---

① 牛汉口述,何启治、李晋西编撰:《我仍在苦苦跋涉》,生活·读书·新知三联书店2008年版,第231页。

② 冰莹:《我的希望》,《黄河》1942年第2卷第10期。

③ 冰莹:《写给青年作家的信》,《黄河》1941年第2卷第7期。

④ 冰莹:《短简之十》,《黄河》1942年第2卷第10期。

⑤ 张林岚:《一张文集》卷一,上海三联书店2013年版,第88页。

姐,尽管你对人民一片赤诚,对祖国一片忠心,但在那抗战的烽火年代,你感到忧虑的是,有人在制造不和,西安城外就有一处铁丝网盘结、高墙环立的禁地,把千万热血的爱国青年抛掷在死亡线上。那一年我路过西安见到你,我记得很清楚,当时,你的手发颤,把一笔钱当做预支稿费塞到我手里,吩咐我把这笔钱作盘缠,尽快离开这危险境地。①

这也可以看出,处在特殊政治氛围下的谢冰莹虽然清醒地认识到自身面临的困境,但依然保留了些许知识分子的独立意识和批判精神,这也契合了好友对她的评价,即"是愿意咬紧了自己的牙关硬挺着干,也绝不会而更不愿出卖自己的人格去同流合污"。

在受到文协发起的"保障作家生活运动"影响后,她又连续著文《作家与生活》《再论作家与生活》《关于保障作家生活运动》为自己以及战时穷苦知识分子连连发声。甚至在抗战结束后的《黄河》复刊第6期上,还以自身生活体验为蓝本坚持创作了数篇反映知识分子生存困境及精神孤独的小说,在观察并揭示大时代小人物凋敝生活和矛盾心理的同时,再现了艰难生存状态下人情事态的悲凉无助,如《第一根白发》《道是无情却有情》《误会》等。值得一提的是,与巴金小说《寒夜》主旨颇为相似的《误会》,故事的主人公"安娜"与"子游"是一对因生活困窘而"误会"而分手的现代知识分子。小说的结尾写道:"幸福像是专门给有钱的人预备的,正在岁暮大寒子游想着无法过年而着急得焦头烂额的时候,安娜抱着一位高大的盟军在狂热地跳着探戈舞,她已找到了新的对象,误会已经不再是误会了。"②借家庭的毁灭审视人性的悖论和悲凉,表达心中的愤懑和不满,《误会》可能是谢冰莹后期自撰稿中艺术价值最高的。虽然谢冰莹的原始诉求是提高稿费、保障作家生活,所写文章在将批评的矛头指向出版商后即适可而止,并未将问题引入更深层次,但复刊卷上的

① 碧野:《花开时节倍思君——致冰莹》,载《在珠江金三角》,重庆出版社1990年版,第224页。

② 谢冰莹:《误会》,《黄河》1948年复刊第6期。

数篇自撰稿亦是在“探求正义和真理，提倡人道和廉耻”①的目标指引下，成为全国范围内民主运动的重要一部分。

1943 年 3 月，谢冰莹离开西安返回成都，在两个月后的《遥寄〈黄河〉读者》一文中，她写道：

为什么这么狠心地走呢？说来太惨了！为了要回家扫墓，看看父亲和母亲的两座孤坟！我知道这次的南归比任何一次要伤心要惨痛，然而我不能不归。去年父亲死了，我的精神上受着了有生以来最大的打击，我不相信人的生命是这么短促而渺茫的，以父亲这样健康的身体尚且会突然离开人间，那么像我这样衰弱多病的人，谁知还能生存几天？为了要看看父母的坟墓，要看看哥哥嫂嫂和一切故乡的亲人，我不惜牺牲大量金钱，牺牲我的工作，牺牲宝贵的时间和我的健康回到新化去。②

谢冰莹虽然离开，但各类政治力量施加于《黄河》继任者身上的压力并未因此消解，再加上抗战后期物资匮乏，文学期刊的生存环境一再恶化，到 1944 年 4 月，又坚持出版了 8 期的《黄河》无疾而终，直到 1948 年重新复刊，而那时的西安已是另一种截然不同的气象了。

通览谢冰莹在《黄河》上的自撰稿，笔者不禁感叹，个人经历颇为复杂的谢冰莹和《黄河》就像是一对纠结共生的矛盾混合体，以至于难以言说究竟是谢冰莹影响了《黄河》，还是《黄河》成就了谢冰莹。虽然其自撰稿内也存在诸如公式化、口号化、思想大于形象的问题，但置于抗战大背景下，依然在引导战时文艺思潮、激励民众斗志、净化民风民俗等方面发挥了重要作用，并为研究西安民国文艺、西北抗战文艺提供了极为珍贵的资料，其史料价值和文学史意义不容忽视。同时，从历史主义的眼光来看，我们对于谢冰莹也应给予一定的理解和宽容。试想，在如此错综复杂的历史环境下，不管是选择逃避，选择妥

---

① 编者：《复刊词》，《黄河》1948 年复刊第 1 期。

② 冰莹：《遥寄〈黄河〉读者》，《黄河》1943 年第 4 卷第 5 期。

协,还是以一种特别的方式在主流话语和个人话语之间游走,谢冰莹唯一不变的正是她在民族危亡之际坚定的抗战信念和家国情怀。就像老舍抗战时期所说的那样:“我不是国民党,也不是共产党,谁真正抗日,我就跟着谁走,我就是一个抗战派”①。这也为我们在今天,在硝烟早已散去,和平统一成为主流的时期客观对待历史人物、准确描绘历史事件、真实呈现抗战文学图景提供了另一个可供参考的重要标准。

第三节 从谢冰莹辞去主编看国统区文化人的生存困境

自1943年3月12日离开西安,抗战时期谢冰莹共担任《黄河》主编三年零两个月。从前线到后方,当她怀着跃跃欲试的心情接手《黄河》后才发现,这种名为迁移、实为流浪的生活并不轻松。随着战争进程的变化,大量流亡难民涌入西北大后方,小小的西安城因经济落后,空间狭小,一时很难容纳如此大量的人口迁入,环境拥挤,物价上涨,谢冰莹在西安的生活充满辛酸与痛苦。更重要的是,在恶劣的政治文化环境下,谢冰莹异常重视并耗费大量心血的《黄河》也面临着巨大的出版困境。当抗战救国的理念无法正常实施时,追求战斗生活的她反而陷入了更深的精神困苦之中而难以自拔,这最终促使她辞去了《黄河》主编的职务。实际上,谢冰莹奔波流亡的战时生活并非个例,在困窘而又压抑的社会环境下,一大批像她一样的知识分子也面临着同样的生存困境。

一、谢冰莹在西安的生活概况

1940年1月17日,谢冰莹自重庆来到西安,正式开启了战时西安生活的序幕。与多数知识分子为战乱所迫而仓皇无措的逃难经历相比,谢冰莹北上

① 楼适夷:《忆老舍》,《新文学史料》1978年第1期。

西安旨在编辑《黄河》，发展西北抗战文艺，此行实属自愿。只是，战时生活的艰辛程度超出所有人的预料，在西安，谢冰莹既要面对物质贫乏、条件艰苦、环境简陋的生活现状，又要在轰炸频繁的情况下保全自己及家人的生命安全，其难度可想而知。实际上，谢冰莹的坎坷命运早已注定。

首先是如何在收入拮据、物价高涨的情况下，妥善地安排好一家人的生活。浦薛凤教授在提及战时生活时曾说道："战前任何大学教授，必不会谈到柴米油盐醋，今则彼此见面常谈。柴米油三种已由政府定量分配，故较市价便宜，各机关办公室中亦最习闻谈论日常生活品，亦即有关糊口问题。"①同样，承担着管家任务的谢冰莹也要想办法解决家人的衣食住行问题。刚到西安时，谢冰莹与丈夫贾伊箴的家庭负担较轻，生活也还过得去。可在孩子贾文湘出生后，二人的家庭生活一时陷入困顿。谢冰莹本人在1991年接受澳籍华人孟华玲的采访时提及这段经历：

> 在我生孩子的时候，苦了一段时间。这个手抱着她喂奶啊，这个手写文章。真的，左手抱孩子喂奶，右手写文章。因为什么道理呢？因为我在西安主编了一个刊物，名字叫《黄河》。三年。开始是印三千本，到了最后是三万五千本，出了，销路好啊。编得好。哎呀，我一边在这里喂奶，一边写稿子。后来实在受不了的时候，就雇了个奶妈。

可雇佣奶妈协助照理孩子不久，问题又接踵而来。因为两人收入有限，维持基本生活已属困难，实在负担不起雇佣奶妈的长期费用。万般无奈的谢冰莹只有辞退奶妈，自己照料孩子。在1941年12月1日的日记里，她写道：

> 自从奶妈走了之后，于是拉风箱，煮饭，洗衣，扫地，带孩子，倒马桶的工作都加到我一个人身上来了。有时朋友们跑来看到我这副衣服肮脏，两手乌黑的模样，他们会问我："老妈子还没有找到吗？""没有，老妈子真不容易找呵！"其实只要有钱，天下哪有什么难事呢？雇一个老妈子，每

① 浦薛凤：《浦薛凤回忆录》中，黄山书社2009年版，第239页。

> 月起码要六十元的工钱,连吃带用,一月两百元是只有多没有少的。可怜我写文章,一千字只能卖到至多七八元的稿费(这是西安最高的稿费价格),如果按照千字五元来计算,为了老妈子,我得每月写至少四万字才行。太苦了!我的脑汁将要流尽,还是少写几篇文章,自己来兼任老妈子,多拉几次风箱吧。
>
> 因为感到一天到晚烧煤球太不合算了,佩之天天催我去买风箱,我也觉得拉风箱比较省煤,于是忍痛牺牲了二十九元买了个新风箱来。起初拉的时候非常吃力,就是吃饱了七八个馍馍的人来拉,也会感到太重了,如果涂一点油上去,也许要轻松一点,但是这年头,一斤菜油卖到三块钱,一滴油岂不也要好几分钱?为了经济着想,还是省了它吧。

家庭开支过大,却又入不敷出的经济状况已让深陷困境的谢冰莹难以招架。而抗战后不断上涨的物价,以及随之提高的生活成本,更将谢冰莹的家庭生活水准降低到前所未有的低谷。1941 年刊载在《西北文化月刊》上的《现在公务员之生活问题》,就对西安物价疯狂上涨的过程有着颇为清晰的描述:

> 今则抗战时期,已越四载,物价之高涨,至于如今之程度者,实为吾人初未料及,兹仅就西京市一区重要物价言,在二十六年卢沟桥七七事变初起时,计面粉每袋四元有奇,小米每市斗,不满一元,大米每市斗,一元二三,玉米每市斗,六角上下,市布每匹,一角余,石灰每百斤,两元六七,截止现在则面粉每袋公家评价,已在二十七元以上,小米每市斗价十余元,大米每市斗几近二十元,玉米每市斗,亦超十元,市布每尺二元七八,石灰每百斤,亦超二十元,两相比较,则食品一类,约计已超十倍以上,布尺一类,已超过二十元二十倍以上,柴炭亦超过数倍或十倍不等,总之,吾人日常一切必需品,就战前与现时前后物价情形言,平均计算,无一物不在十倍或数十倍以上。①

而从 1941 年底开始,通货膨胀、物价飞涨的现象呈愈演愈烈之势,相较于

① 王云岫:《现在公务员之生活问题》,《西北文化月刊》1941 年第 1 卷第 4 期。

宁夏、兰州两地，西安的盐、米、面粉等生活必需品的价格在三年间呈现暴涨趋势，偶有回调。以下表格则更能说明问题：

表 4-2　西安、兰州、宁夏三地盐、米、面粉价格对比

时间＼类别＼地名		西安			兰州			宁夏		
		盐	米	面粉	盐	米	面粉	盐	米	面粉
1941 年	1 月		96	18	28	72	19		75	16
	12 月		275	80		200	52		190	50
1942 年	3 月	300	449	100	172	300	78	100	210	58
	6 月	382	416	88	175	390	74	200	253	57
	9 月	635	1075	245	181	531	92	210	369	61
	12 月	742	1075	235	181	909	150	220	577	105
1943 年	1 月	742	1225	345	180	828	147	220	644	136
	2 月	742	1600	415	180	900	148	220	623	150
	3 月	742	2400	610	180	1424	156	220	634	136
	4 月	742	2200	490	180	1850	156	220	708	158

注：(一)盐为每百市斤，米为每市石(160 市斤)，面粉每袋 44 市斤。(二)采用每月最高最低之平均价。(三)单位：国币元。(四)空白处数据缺失。
(数据来源：《西北各地重要商品市价统计》1943 年第 3 卷第 3 期《雍言》。)

在薪金、稿费未曾大幅度增加的情况下，物价飞涨必然波及像谢冰莹一样的知识分子。曾经广受瞩目的“北伐女兵”在陷入家庭琐事的泥潭后，也不得不放下身段强迫自己迅速融入现实之中。整日里蓬头垢面、邋里邋遢的生活让她深切地体会到“管家”的难与苦。只是，生活的困难还能依靠拉风箱式的节衣缩食来克服，而身体的病痛与敌机频繁的轰炸带来的死亡体验更让人心变得异常敏感与脆弱。

在来西安之前，谢冰莹就因慢性盲肠炎①加重而不得不从前线返回重庆，

① 盲肠炎又称阑尾炎，有部分发病原因在于未能消化的食物残渣在盲肠的出口受阻，继发细菌感染。

做了盲肠切除手术。实际上,稍懂医学常识的都知道,不洁的饮食是形成盲肠炎的重要原因之一。因此,在战时的大后方与谢冰莹同病相怜的知识分子大有人在。梁实秋就曾提及:“雅舍的饮食也是很俭的,因为是平价米(平价米不同于平常的粳米,因为里面含有沙子、石子、稗子、谷子、陈米、霉米、臭米甚至老鼠屎,所以价格较低。——引者注),其中若是含有小的砂石或稗砒之类,没人敢于怨诉。我患盲肠炎,有人说是空袭警报时匆匆进膳,稗子落进盲肠所致。”①老舍也提到,1942 年“十月初,我得了盲肠炎,这个病与疟疾,在抗战中的四川是最流行的;大家都吃平价米,里边有许多稗子与稻子。一不留神把它们咽下去,入了盲肠,便会出毛病。空袭又多,每每刚端起饭碗警报器响了;只好很快地抓着吞咽一碗饭或粥,顾不得细细的挑拣;于是盲肠炎就应运而生了。”②

到了西安之后,恶劣的生活环境和物质条件更加摧残着谢冰莹本就虚弱的身体。在编辑《黄河》期间,因为煤油太贵且常有奸商加水以次充好,夜里看稿的谢冰莹只好使用亮度极差的“土蜡”照明,对此,她说:

> 我的眼睛在这一年中已近视了五十度,过去投考学校,检查目力,总是我最好的,如今呢?两天一小痛,三天一大病,实在损失太大了!本来可以改用洋蜡的,但价钱太贵,每晚至少要点两支,我实在没有这种购买力。
>
> ……眼睛变成了近视,背也渐渐地驼了,因为整天坐着不运动的缘故,食量一天比一天减少,胃病又日趋严重……③

谢冰莹想过休息,可繁重的编辑工作让她根本无暇顾及自己的身体,又因贫穷的限制无钱医治,只能忍受病痛的折磨。她也曾抱怨:

---

① 梁实秋:《梁实秋自传》,江苏文艺出版社 1996 年版,第 207 页。

② 老舍:《八方风雨》,载《老舍全集》14《散文 · 杂文》,人民文学出版社 2013 年版,第 404 页。

③ 谢冰莹:《拉风箱——节录西安日记》,载《我的回忆》,志明出版社(出版时间不详),第 82—84 页。

最使我感到苦痛的要算"病"了。从表面上看来似乎我并没有什么病，除了黄瘦，除了两颗大眼珠渐渐地突出，眼眶渐渐地塌下去而外，我并没有其他的病象，其实我整天都在过着病的生活。先说脑病，这也许是朋友们说的用脑过度，但我始终认为这是廿五年春天在日本坐牢，被日本人用刑后的结果。一到下雨或者天阴刮风的天气，我的脑病就发作了，有时会突然晕倒，有时痛的不能忍受；两只眼睛真能"察秋毫之末"，我素来引以自豪的，如今也渐渐由近视而变为视线模糊了。每次如果遇到头晕眼花的时候，两个耳朵也像放警报似的呜呜地大叫起来。鼻子更是整天流鼻涕，整天伤风，这些都是神经衰弱的现象；最近嗓子哑了一个多月也治不好，老实说，我也吃不起药去医治她，一切让她去发展吧，反正限制病，限制一切的是经济……

还有一个病，也使我日夜焦虑而找不到医治方法的是湿气。半年以前，左耳患中耳炎，流脓很多，于是中耳炎一变而为外耳溃烂。起初我以为是脓在作祟，后来经医生诊察，才知道是湿气。一个星期后，右耳也开始奇痒起来，因为每次医药，挂号和车费的负担太重，我一星期，才去看一次，几乎每次都要遭到医生的谴责……①

如果说，疾病让人在乱世中变得无助脆弱，不堪一击，那么频繁的空袭则让生者在侥幸、肯定与未知的徘徊中，承受无尽的担忧与恐惧。日军飞机对西安的首次试探性轰炸开始于 1937 年 11 月 13 日，结束于 1944 年 12 月 4 日。当空袭成为一种常态时，每个人的生命都无法得到保障，而面对趋于均等的死亡几率，乱世之中的任何人都不再具有特殊性。

谢冰莹对轰炸也有切身体会。在《黄河》上也曾多次提及：

十九号夜，敌机轰炸西安时，我和家兄嫂正在北大街钟楼附近，起初没有躲避，站在一所倒塌了的房子中间看着他示威，第二三次投弹时，我

① 谢冰莹：《拉风箱——节录西安日记》，载《我的回忆》，志明出版社（出版时间不详），第 91—92 页。

们硬被警察叫去暂在防空洞里躲避;一时炸声隆隆,弹片如雨点从头上飞过,整个的防空洞都震动得跳起来,我的耳朵当时被震聋了,但脑筋还很清楚,虽然火焰射在只有我们一二尺的地方,但再也不能往下走,因为里面早已挤满了几百人。①

六月三十号的大轰炸,本社周围都落下了重量的炸弹,好几处房子都被炸毁了,人被炸死伤了,我们的院里也落有破片,幸而没有损失。敌人的兽心,是不管城市与乡村,都要滥肆轰炸,以表示他的黔驴技穷……②

死未能死,活又艰难,在看不到明天,看不到希望,看不到未来的日子里,知识分子内心残存的希望之火一点一点被磨灭。可生活还得继续,纵然内心枯竭,暮气沉沉,也还得咬紧牙关用肩膀去承担。正是在这种生与死的考验中,谢冰莹对自我、对国家、对民族、对社会有了更深的思考。

二、《黄河》的出版困境

因为物价上涨,生活穷困,也为了拜祭父母,探望亲人,1943 年 3 月 12 日,谢冰莹离开西安。只是,倘若认定这就是谢冰莹辞去《黄河》主编的唯一原因,则未免有些简单。自新文化运动以来,编辑文学刊物总是知识分子乐意而为的。只是编刊不是写作,从风格定位、栏目设置,到集稿审稿、编辑加工,再到发排校对、印刷装订,任何一个步骤的弱化或缺失都会阻断刊物的正常发展。而某些看似与编辑工作无关的因素往往也能决定刊物的命运。因此,一个文学期刊若想真正生存下去,绝不单纯取决于期刊经营者的一厢情愿,任何难以预料的困难都会成为压倒骆驼的最后一根稻草。

在编辑《黄河》之前,谢冰莹还主编过很多报纸杂志,如 1929 年与陆晶清合编《民国日报》副刊;九一八事变后,在日本和同学编辑妇女刊物《妇女世界》;一·二八淞沪抗战后,为《妇女之光》编稿撰稿;1932 年在厦门集美大学

① 编者:《编后》,《黄河》1940 年第 1 卷第 4 期。

② 编者:《编后》,《黄河》1940 年第 1 卷第 5 期。

编辑《曙光》文艺周刊和《灯塔》文艺月刊；1936年在南宁兼编《广西妇女》；1938年撤退到重庆后，应《新民报》之邀编辑文艺副刊《血潮》；甚至在主编《黄河》期间，为了积极实践“文化劳军”的口号，还与沙雁等人编辑了一个专供前线士兵阅读的文艺刊物《阵中文艺》，这些办刊经历为她提供丰富经验的同时，也让她提早了解了编刊过程中可能存在的问题。

在1941年第二卷第八期的“黄河信箱”中，一名叫“铁辉”的读者专门致函，咨询战时创办文艺刊物的基本方法和必要条件，谢冰莹在《短简之九》中回信：

> 办一个刊物，自然第一个条件要有经费，第二个条件是稿件的来源，有些地方或者机关，有的是充足的物质条件，但拉不到人写稿，以致编出来的刊物，毫无生气，不过摆在书架上点缀点缀而已；有时一群很能写文章的朋友想合办一个刊物，但又苦无钱，即使钱有了，写文章的人也有了，而没有营业经验的人来担任发行，订阅，推销广告等责任，也是不能使刊物深入到广大的读者群去的。因此铁辉先生，我并不像别人一样只希望你们的刊物快点出版，我还希望你在出版之前有一个紧密的计划，先把纸张的价格，印工排版，装订费打听清楚（还要注意他是天天涨价的）然后把你们的经济力量估计一下，再决定出多少页的刊物，还有稿件也是个最大的问题，如果没有几个固定的人担任撰稿，那么最少你得准备好两三期的稿子才开始出版，否则单靠外面的投稿，是相当危险的。
>
> 在抗战期间，一切的人力物力都很艰贵，我们办一个刊物要能够得到广大读者的欢迎，不冤枉花费读者的时间和经济才行，我理想中的文艺战线，将是内容很充实的一支生力军，祝先生和其他的同志们努力！①

这也意味着，编辑经验十分丰富的谢冰莹，对在战时如何办好文学期刊有着相当清醒的认识。

① 冰莹：《短简之九》，《黄河》1941年第2卷第8期。

具体到《黄河》，在1941年第一卷一至十二期全部出版后，谢冰莹撰文《本刊的过去与将来》，总结一年间的编辑工作，并重点谈及了《黄河》面临的出版困境：

谁都知道，在西北办刊物是一件最困难的事，第一稿件不太容易拉到好的，第二纸张印刷太坏，“巧妇难为无米之炊”，有了上面这两大困难摆在前面，哪怕你有天大本领，也不能把刊物办的尽善尽美，何况本刊的经费有限，在五，六，七三期的封面上，可以看得出那是黄河最痛苦最可怜的“受难时期”，聪明的读者诸君在编后和短简里，总可以看得出编者当时是如何地在怎么样的环境中奋斗。①

那么，《黄河》这个战时西北国统区唯一的大型文学期刊，在约稿、印刷上究竟面临着多大的困难呢？

首先来看约稿难。稿件的多寡好坏是决定刊物发展生存的关键。倘若每期都能约到名家、名作，那无疑会极大地吸引读者注意力，扩大刊物影响。可在战时，包括作家在内的大量知识分子为战乱所累，不是逃难流亡奔波无度，就是为求果腹疲于奔命，根本无暇进行文艺创作。在1941年的《纪念七七》中，谢冰莹就提及文坛的凄凉状况：

无可讳言的，近一年来，我们的抗战文坛真凄凉极了，有许多刊物停了刊，有许多定期刊物成了不定期，有文人自杀的，也有害肺病死的，有抛弃了笔杆经商的，也有整天坐在房子里唉声叹气靠着朋友亲戚来维持生活的。总之，这一切景象，都是文坛的不景气，文坛不应当有的现象。②

实际上，同为贫困折磨的谢冰莹，也非常理解作家们“因穷弃笔”的辛酸苦楚与悲怆无奈。在1941年第二卷第八期的《编后》中，面对日益严重的稿荒问题，谢冰莹坦言：

《黄河》在艰苦的环境里又挣扎着度过了一年，他虽然累次脱期，劳

① 谢冰莹：《本刊的过去与将来》，《黄河》1941年第2卷第1期。

② 冰莹：《纪念七七》，《黄河》1941年第2卷第5、6期合刊。

许多读者盼望，但他终于也快长到两岁了。一个初生的婴儿，他能够活到两岁，会说几句话，会走几步路，谁都会喜欢他的吧？《黄河》也是一样，他越长大，生存在社会里的时间越久，爱他的人也越多，但他所需要的营养一天比一天增加，而所处的环境却一天比一天穷困，许多作家——培植《黄河》的保姆——都因生活太穷而改了行，很久不供给稿件了。为了万万千千的广大读者的爱护《黄河》，我们又不能不使他“赔钱”出版，虽然有时纸张未免要坏一点，印刷也常遇到脱期，但我们相信，这一切，读者都会原谅的。①

此外正如前文所说，西安恶劣的政治文化气候对文艺期刊的限制也不容忽视。曾在《黄河》发表多篇译文的留美女性佘宗玲就曾发牢骚说：“西安文坛如同沙漠，没有文化空气，没有一点自由，寂寞无人。”②而《黄河》受胡宗南资助的性质更在相当程度上影响了刊物的稿源。很多具有左翼倾向或强烈党派意识的作者拒绝向《黄河》投稿，甚至对主编及整个刊物持敌视态度。著名作家何满子就有给《黄河》投稿后又撤回的经历，“那是 1939 年，我在西安。当时谢冰莹在西安主编一本《黄河》杂志，我糊里糊涂去投了一篇稿，把这事告诉了陈守梅（阿垅）。守梅正色道：怎么可以给他们投稿呢！告诉了我那是军方作后台，骨干就是鲁迅过去所批评过的‘民族主义文学’派黄震遐那一伙。我赶紧去找谢冰莹，托故取回了稿子。”③甚至在多年后，何满子还坚持认为，“当时西安以军方为后台的文学杂志《黄河》，名义上由‘女兵’谢冰莹主编，其实却由黄震遐一伙操纵，这份杂志也为大后方的进步文艺界所抵制。”④

1941 年被困西安的贾植芳因为看到《黄河》上转载的有关“胡风附逆”消

---

① 编者：《编后》，《黄河》1941 年第 2 卷第 8 期。

② 张林岚：《腊后春前》，载《一张文集》卷一，生活·读书·新知三联书店 2013 年版，第 114—115 页。

③ 何满子：《读鲁迅和读评鲁迅——〈读鲁迅书〉前记》，载《天钥又一年》，兰州大学出版社 2003 年版，第 176 页。

④ 何满子：《有权拒绝，有权鄙视》，《文学自由谈》2003 年第 3 期。

息,就对谢冰莹及《黄河》产生严重的敌视态度则更能说明问题。皖南事变发生后,胡风等一批文化人经周恩来安排从重庆撤到香港。第二年香港沦陷,胡风旋即返回内地,但却被小报《良心话》造谣已“叛逆附敌”。《黄河》则在1942年第二卷第十期的“文坛点滴”栏目中提及了这个消息:

此次香港遭敌寇蹂躏,作家如矛(应为“茅”——引者注)盾等均行迹不明,且风闻《七月》编者有附逆说,确否待定。①

仅从字面看,《黄河》的态度还是相当谨慎的,在未确定消息真伪的情况下,接连用了“风闻”“确否待定”等模糊性词语,且并未直接点名“附逆”者即为胡风。而在此消息的前面,同时刊载了臧克家、碧野、王沙坪、希金、白薇等作家的生活创作情况。在此不妨大胆猜测,谢冰莹在《黄河》上刊登此消息只为博得读者的注意和关注,并非恶意地造谣与诋毁。但贾植芳对此事的反应颇为强烈,据他自述,在西安期间,先是听到“胡风殉难”的消息:

但是过了不久,我从当地出版的一份官方文艺刊物《黄河》上,看到一条杂文式的报道说,“香港被日军攻陷后,左倾文人胡风已步他的同志袁殊的后尘,到南京的汪伪政府当了宣传部副部长了”云云。这个杂志是有名的女作家谢冰莹主编的。这个1926年参加过大革命军队工作,进过国民党军官学校,又一度加入“左联”的女作家,这时已完全成了国民党的御用文人。她在三十年代第二次去日本留学,是早稻田大学的学生。他和胡风都是1931年在东京建立的左联支部的成员。她编的这个杂志,政治色彩很鲜明,前后发表过不少攻击左派势力的文章。②

由此可见,党派政治和党派意识对谢冰莹及《黄河》产生的负面影响,可以说,在当时的政治文化环境下,谢冰莹及《黄河》确实面临着严峻的考验。

约稿难还体现在邮寄过程中。抗战后期,交通不便,通信受阻是常态,《黄河》自创刊始就受此制约,常常出现预告稿件无法刊登的情况。如1940

---

① 《文坛点滴》,《黄河》1942年第2卷第10期。

② 贾植芳:《暮年杂笔》,汉语大词典出版社1997年版,第49页。

年第一卷第三期的"本刊第四期要目预告"，就将老舍的《万行长诗》列入目录，但第四期正式出版时却并无此作。对此，谢冰莹在当期《编后》中专门致歉："对不起诸君的是上期预告了老舍先生的万行长诗，因邮递太慢的缘故，至今没有收到。"①之后，因交通迟缓导致的稿件延误日益严重，要目预告中的文章无法正常刊载更是常态。

1941 年年底，为了总结各地一年来的文艺发展状况，并为 1942 年的文艺工作提供经验与指导，谢冰莹特意发起了《我的希望》和《一年来的某地文艺》征稿活动，但直到延期出版时，也只有少量稿件刊出，颇感无奈的谢冰莹感叹道：

> 为了要检讨过去一年间的各地文艺工作，所以本刊特约了好几位朋友专写这方面的文字，可惜因为交通迟缓的关系，昆明，贵阳，桂林，长沙，江西等地的文艺通讯都不能按期寄到，这是美中不足的地方。还有上期预告过的《一年来的诗歌运动》，也因为王亚平先生赴重庆还没有回来，他的夫人将征稿信转去时，已经是十二月底了，将来这篇文章如果能寄到时，当于下期发表。②

约稿难的问题还未解决，《黄河》在印刷出版方面又陷入了困境。按照最初的设计，《黄河》本是月刊，可自 1940 年 2 月创刊号出版到 1944 年 4 月停刊，在四年零两个月的时间里，只出版了五卷 36 期，离预定设计足足少了 14 期，这还不包括 6 期，分三次出版的合刊号。对于频繁脱期的原因，谢冰莹并不避讳，而是通过各种渠道多次提及。1941 年 2 月，在《黄河》出版一周年纪念会上，谢冰莹谈及办刊的艰难和五、六、七期这三期脱期的原因：

> 这个先天不足而后天又欠缺营养的孩子，居然能有今天的一点成绩，这完全是靠朋友们的帮助。大家都知道，如果想在西北办一个好的刊物，确实不容易：第一因受地位偏僻的限制，多少好的稿子，为了邮务的迟缓，

---

① 编者：《编后》，《黄河》1940 年第 1 卷第 4 期。
② 编者：《编后》，《黄河》1940 年第 2 卷第 10 期。

而失去了时间性，再加上纸张印刷的恶劣，更难令人满意。所以过去曾有一个时期，为了经济和其他的困难，曾经脱期了三个月，后来幸亏社里在人事方面稍有变革，同时得到秦风报馆印刷厂的工友们的劳力，终于赶过来了。①

1942年5月出版的第二卷第十一、十二期合刊号上，刊载有新中国文化出版社、《黄河》月刊编辑室联合署名的《启事》：

本刊因印刷机件发生障碍，以致脱期数月，不胜遗憾！惟战时物资困难，尤以印刷机件不易补充，谅为读者所共知，此次印刷方面已有具体办法，将来当可与读者诸君，按期相见也。②

在同一期的《编后》中，谢冰莹写道：

这三四个月来，不知接到多少读者的来信，他们是那么关心着《黄河》，询问《黄河》究竟为什么脱期这么久，天！我能回答什么呢？总之是因为没有钱，是的，仅仅只因为没有钱！

谁愿意把编好的稿子压下几个月不出版呢？这些不得已的苦衷，用不着多说，想必爱护本刊的读者都能原谅的。

这一期是因为脱期太久，所以才不得已又来一次合刊，因为临时换了印刷所，没有新五号字，只好改用老五号，这样一来，字数要比平时的少排一万多，加之印刷所接受了另一批生意，急于要赶印教科书，坚持不肯排七版，于是只得将编好了的几篇有时间性的稿子临时抽出来。想不到可怜的《黄河》，临到出版还发生着许多障碍，真叫人太难受了。③

1942年第三卷第二期的“黄河信箱”栏目上，刊载有写给读者“文然先生”的《回答无数封信中的一封信》：

---

① 路丁：《〈黄河〉周岁》，《黄河》1941年第2卷第1期。

② 新中国文化出版社、《黄河》月刊编辑室：《启事》，《黄河》1942年第2卷第11、12期合刊。

③ 编者：《编后》，《黄河》1942年第2卷第11、12期合刊。

我们能用什么话来表白我们的苦衷，又用什么法子来安慰大家呢？刊物终于在日子里拖延下去了，你们像等待亲人一样的整天失望着，要知道，我们比你们的失望更痛苦万分，为了钱，的确，仅仅是受了钱的限制，《黄河》一年来，遭受到过去所从未有过的不幸的命运，在这物价飞涨的艰难下，我们总社的经费还保持三年前每月仅数千元的固定经费，怎么能够呢？这区区的微数，与现在的物价比较起来，实在少得太可怜了。所以对于社方这种实在的困难，我们只有默默的忍耐。我们除掉埋怨，焦急，实在贡献不出一点力量来。①

也就是说，自谢冰莹担任主编起，《黄河》就一直存在约稿困难、邮寄不畅、经费不足、纸张缺乏、印刷困难等多种问题。虽然谢冰莹也曾鼓励他人和自己："生活是人生最大的问题，但我们谁也知道，人活着并不是仅仅为了生活，而是他负有改造社会的责任，正当着国家需要我们出力的当儿，虽然饿着肚皮也应该为国家民族奋斗。"②但随着战事的持续和时间的推移，此种状况越发严重。最终，丧失了信心的谢冰莹不再坚持，而是选择辞去主编职务，离开西安。谢冰莹离开后，继任主编厉厂樵也想把《黄河》办成"西北爱好文艺者公共的园地"③，为扩大稿源不惜连刊数文，极力欢迎新晋作家投稿，可现实困境实难突破，在第五卷第三、四期合刊号出版后，《黄河》最终停刊。

三、困境中的坚守与无奈

辞去《黄河》主编意味着西安编辑生活的结束，纵然倍感惋惜与遗憾却也无法挽回。只是需要明确的是，尽管《黄河》的出版时间无法固定，且超期、延期发生频繁，但作为西北国统区抗战文艺名刊的《黄河》，自创刊之日起就深受广大青年文学爱好者的喜爱。仅就发行销售数量来看，创刊号发行三千份，

① 编者：《回答无数封信中的一封信》，《黄河》1942 年第 3 卷第 2 期。
② 冰莹：《纪念"七七"》，《黄河》1941 年第 2 卷第 5、6 期合刊。
③ 编者：《编后》，《黄河》1944 年第 5 卷第 1 期。

不到半月即告售罄，第二期加印至五千份，仍然无法满足读者需求，一月左右，又全部卖完。此后发行方不断增加印数，从八千份到一万份，又到一万两千份。不久由于前方部队士兵的大量订购，甚至一度增印至二万份，其受欢迎程度可想而知。

有读者就曾去信编辑部，自述："在西安现时生活程度之下，即'开水泡馍'的生活，每天也得块多钱，（我处因组织性质及某种关系，未曾'起灶'）像我这样每月的收入，哪能有余钱去买杂志和书报来看？虽然《黄河》每期都买到，而是用饿着肚皮省下的钱买到的。"①也有读者去信表达有钱也无法在市面上买到的遗憾和苦恼，此种现象即便在今天也着实让人感动，更别说在抗战最为艰难的20世纪40年代了。同时，这也为后人留下了一些疑惑，为什么抗战时期的《黄河》能够得到读者的接受与认可，并在西北乃至全国产生较大的影响力呢？

这与主编谢冰莹的负责和努力密不可分。前面已经说过，《黄河》创刊号正式出版于1940年2月23日，这距谢冰莹1月17日自重庆到达陕西西安仅月余。也就是说，在不到40天的时间里，主编谢冰莹就完成了出刊前包括约稿、审稿、编辑、排版、校对在内的所有工作，其效率之高，不禁让人佩服。

在她主持编辑事务的日子里，刊物的重要工作基本都是她一人完成，她曾自述："虽然有一个路丁小姐（原名汤锦文——引者注）帮我审查初稿，但编稿、改稿、解答读者的问题，还得我来负责"②，以致很多时候她不得不把《黄河》的信件和稿子都带到厨房去看，一边拉风箱，一边看稿子。在西安的日子里，谢冰莹把全部时间都贡献给了《黄河》，因此被编辑部同人亲切地称为"《黄河》的保姆"。

辛苦劳累的编辑生活，也引起过谢冰莹的抱怨，她曾大篇幅地在日记中写道：

① 扶民：《饿着肚皮买黄河·黄河信箱》，《黄河》1941年第1卷第12期。

② 谢冰莹：《在日本狱中》，载《谢冰莹作品选》，湖南人民出版社1985年版，第733页。

是的，为了友人的鼓励和良友公司的催促，我应该在最短期间内把女兵自传中卷完成，好让他们出版；但是那(哪)来的时间呢？整天忙着看《黄河》的稿件，回读者的信，校对，改稿，料理家务……从早到晚，忙个不了，那里有时间给我好好地写我心里要说的话呢？

想起来，也正是太可怜了！自从来到西安已经一年零一个月了，除了去宝鸡玩了三天，去临潼玩了一天外，其余的日子，都被一张书桌，一支笔，一堆稿子消磨了我的时光。

……

春天到了，暖和的阳光，是那样温煦地在窗外照着我，……也许使我偶然停下笔来冥想一下："这是春天！"然而这又有什么用呢？春天是春天，我还是我，难道我能因了春光明媚，而整天出外游荡吗？难道我可以向读者告假，春天可以不看文章，不编刊物吗？

其实春天的气候，是温暖宜人的，夏天看稿子，真是活受罪，一滴一滴的汗珠，滴落在纸上，发出清脆的响声，有时会把墨水冲淡；晚上，蚊子总动员，DDT① 和蚊香，都失去了作用。

在古时，秋季是诗人墨客最活跃的时候；但如果做了编辑，那怕气候再好，风景再美，也没有时间和心情去欣赏它，在他的脑子里，时时刻刻都在想着要怎么样才能把刊物或报纸编得好，使每个读者都喜欢？要怎么才能使读者投来的稿，最大多数都能发表？要怎么才能使这些刊物达到前方、后方每个爱好文艺者的手里？

……

唉！编辑室的生活，朋友，这就是编辑室的生活啊！没有春夏秋冬的区别，整天拿着一支笔，对着一堆稿子。

抱怨归抱怨，辛苦归辛苦，为了办好《黄河》，谢冰莹依然全身心地投入繁

---

① 又叫滴滴涕，二二三，全称二氯二苯三氯乙烷，是一种有机氯类杀虫剂，对减轻疟疾伤寒等蚊蝇传播的疾病危害有较大作用。

重的编辑工作中。她曾坦言："《黄河》这块广漠的园地，是要靠大家的力量来开垦它，培植它，灌溉它，每一个读者都是守卫《黄河》、挽救祖国的战士。"①因此，将编辑工作视为生活全部的谢冰莹又不惜动员各种力量，想尽一切办法，解决《黄河》面临的出版困境。

为了缓解约稿难的问题，谢冰莹不辞劳苦地广泛联系撰稿人。她不仅向一些前辈好友，如柳亚子、孙伏园、老舍、白薇、陆丹林等人去信约稿，还善于利用自己在文坛的影响力和丰富的社会活动为《黄河》拉稿。如柳亚子就曾在逃离上海的轮船上为《黄河》写稿；而小说《丹妮》的作者陈澄之就答应：无论怎么忙，每期也要给《黄河》至少写一篇文章；至于老向，在接到谢冰莹的数封催稿信后，因为事务繁忙，且轰炸频繁无法及时供稿，不得不专门回信解释："你来信责我无信无稿寄上，我无言可对。反正我没有一天丢开笔，而文债永未还清过。俟有一天不躲警报，再为《黄河》致力。仇大恨深，对倭寇绝不轻恕。"②

至于拉稿，谢冰莹更是手段非凡。1940 年她经洛阳去西安，在洛阳停留的短短几天内，就结识了活跃在洛阳文艺界的谢东平、段念兹、李辉英等人，几人不久即在《黄河》上刊发文章，其中段念兹还因发表作品众多，成为《黄河》作家群的主将。《欧游归来》的作者耿孝先是她在第五战区工作时的同事，刚从中条山前线视察回来，就被她盯上，被硬逼着在一个晚上完成了《欧游归来》。以至于谢冰莹本人都不得不承认："耿先生说我拉稿的手段太厉害，但我并不是自私，而是为了广大的读者，想来他不会再骂我吧？"③甚至在 1943 年辞去《黄河》主编后，依然"每到一处都向文艺界的朋友们拉稿，告诉他们关于《黄河》的近况。"④可以说，为了团结和招募更多的知名作家为《黄河》供

---

① 编者：《黄河信箱》，《黄河》1940 年第 1 卷第 11 期。
② 老向：《作家书简》，《黄河》1940 年第 1 卷第 5 期。
③ 编者：《编后》，《黄河》1941 年第 1 卷第 12 期。
④ 谢冰莹：《遥寄〈黄河〉读者》，《黄河》1943 年第 4 卷第 5 期。

稿,谢冰莹不遗余力地耗费了大量心血。

为了保证《黄河》的编辑质量,谢冰莹也不沉迷于名人权威,她学习邹韬奋编辑《生活》周刊时坚持的“凭质不凭名”原则,在广大文学新人和青年作者的稿件中严格鉴定、筛选高质量的作品。她曾多次表示:

> 我们可以自慰同时对得起读者的,是培植青年作家,我们尽到了最大的责任。在选稿方面,编者的态度是严肃的,宁可得罪一个作者,绝不发表一篇使千万个读者看了不高兴的文章。为了这,有些朋友介绍来的作品,我也一样地退回去,但他们不但不责备我,反而同情我这种大公无私,只看文章不认人的态度是对的。①
>
> 《黄河》出世,已经一年半了,在对得起读者这点上,我们是问心无愧的,从来没有埋没一个青年作家,把他们的稿子不看,甚至于“塞到字纸篓”,多少不通的破烂的文章和信封,我们从去年二月一直保存到现在,如果我们只登“亲戚朋友”的作品,那么每期上那许多不同的无名作家又是谁的亲戚朋友呢?②

而对那些水平较低,质量较差,且不符合刊物投稿要求的稿件,谢冰莹也没有仅仅拒登了之。作为一个曾经的文学青年,她深知创作过程的艰辛与不易,更何况在生命、温饱都得不到保障的战时。她说:

> 我常常看到一堆堆的稿子愈来愈积厚的时候,心里便自然而然地浮起了一种伤感,(其实这是不必这么严重的)觉得在这些文章里面,每一句子,每一个字,都是从青年朋友的脑子里挤出来的,有时为了写一首小诗,或者一篇小说,他们要经过几天几夜的构思,才能写成;此外,还有些投稿者因为限于经济,不能买到十行纸(稿纸更不要说)就用比草纸还粗的旧纸写成像蚂蚁开战似的小字;(这只有他们自己才认得出来)还有些更苦的,他们连发信的邮票钱都是借来的;但我为什么不把这些费尽了心

---

① 谢冰莹:《本刊的过去与将来》,《黄河》1941 年第 2 卷第 1 期。

② 编者:《短简之八》,《黄河》1941 年第 2 卷第 3 期。

血写出来的作品发表呢？这是为了广大的读者……当编辑的没有不爱惜投稿者的心血的，没有在退稿时不感到一阵阵心酸的！根据我的经验，收到一篇好稿子，比我中了奖还高兴，这是一种什么心理？我无法分析，我相信每个当过编辑的人，一定都有这种经验。

为了扶植青年作家，谢冰莹牺牲了大量时间为他们回信、改稿。但个人的精力毕竟有限，在来稿日益增多、谢冰莹无力一一回复的情况下，她又向爱护《黄河》、给刊物投稿的青年作者们致以歉意并表达安慰：

爱护本刊的投稿诸君：

真不知道该说什么好话来感谢你们，每次收到你们的稿件和信时，我都希望能够发表，最少也应该做到不使你们失望——回信指出文中应该修改的地方。但是朋友，这项工作实在太繁重了，我虽有为诸位服务的一颗热烈的心，奈何一个人的精力与时间有限，怎能做到呢？不说别的，但只看稿来说，已经忙个不可开交，何况还要复信，改稿，编稿，校对……再加上我多病的身体，整天没有离开过医药，朋友，在这种情形下，叫我怎样一个人来担负起几个人的工作呢？我很难过，不能一一给你们去信道歉，只好在这里祝你们健康，祝你们为祖国的抗战而努力奋斗！文章没有登出的绝不要灰心，只要有再接再厉的勇气，终有成功之一日的。

编者　七月七日①

在这里，谢冰莹把青年读者置于相当重要地位。她始终认为，对青年文艺爱好者，倘能加强沟通交流，适时给予指导，必能让其中的才华横溢者脱颖而出。也正是谢冰莹这种热忱、平等对待青年文学爱好者的方式，才让《黄河》成为受千万读者拥戴欢迎的“朋友”，成为大西北培育青年文艺之星的摇篮。

如果说，稿件的问题通过自身的努力还能缓解，那么因经费不足而导致的纸张缺乏、印刷困难则绝非谢冰莹一人之力即可解决。创刊于1939年6月的

---

① 编者：《短简之二》，《黄河》1940年第1卷第5期。

《抗建》是陕西省政府教育厅主编的，作为名副其实的官方刊物，曾被中华邮政挂号认为第一类新闻报纸。可在抗战进入相持阶段后，办刊经费逐渐收紧，编者不得不减少出版次数以应对，《抗建》也"由三日刊而四日五日六日以致周刊，旬刊半月刊，江河日下，大有由三"①。而《黄河》不但经费偏少，每期的稿费也只有区区三百元，这在物资短缺、价格飞涨的战时无异于杯水车薪，《黄河》的运维之艰可以想象。尽管如此，谢冰莹也并未放弃努力，而是在读者可以承受的范围内，根据纸张、印刷、人工等费用的涨幅适时提高《黄河》的售价，以尽可能地维持刊物的正常出版。

1940 年《黄河》初创之时分为土纸装和报纸装，其中土纸装每期二角，预定半年 6 期一元，1 年 12 期一元八角；报纸装每期四角，预定半年 6 期二元，1 年 12 期三元六角，邮费另算。而仅仅过了 3 个月，在 1940 年 5 月出版的第四期上，即刊有《黄河》业务部启事：兹因油墨纸张排工飞涨，本刊从第四期起，每本零售暂定三角，订阅全年三元，半年一元六角。7 个月后，价格则涨为每期四角：

业务部启事

本社《黄河》月刊，自创刊以来，承各界爱护，销路日广，是以不惜牺牲，亏本出售，但目前一切物价飞涨，而销路激增，兹应读者要求自本期起加印五千，然所费浩大，长此以往，实不胜负荷，爰不得已，从本期起每本增改定价四角，实以鉴原是幸。②

等到 1942 年 1 月第二卷第十期出版时，售价提高到一元：

本社业务部启事

近以纸张材料飞涨，成本加高，不得已自本期起，《黄河》零售每册改

① 《今后的本刊》，《抗建》1942 年第 4 卷第 14、15 期合刊。

② 《业务部启事》，《黄河》1940 年第 1 卷第 11 期。

定一元,预定半年五元六角,全年十一元,藉资挹注,诸希亮察。①

而到九个月后第三卷第二期出版时,则因物价上涨太快,取消半年及一年预定方式:

启　事

本社为近来纸张费印刷费的高涨不定,决定停止预定半年或一年,不过本部仍经常接到各处预定刊物之刊费,且大都为很早以前的定价,兹特声明:凡欲购阅《黄河》月刊者,仅能于刊物出版后,按每期定价零买,如地处偏僻,不易买到时,亦可将款寄至西安西大街二〇三号本社发行部,本部即按照每期定价扣除,以寄款多寡陆续将刊物寄出。

本社发行部谨启②

提高刊物售卖价格的方法暂解了燃眉之急,延续了《黄河》的生命,却非长久之计。售卖价格上涨的速度终究未能赶上物价的上涨速度。1943 年 3 月,谢冰莹离开西安返回成都。《黄河》虽在继续,但施加在继任者身上的压力有增无减,到 1944 年 4 月,又坚持出版了 8 期的《黄河》无疾而终。

---

① 《本社业务部启事》,《黄河》1942 年第 2 卷第 10 期。

② 《启事》,《黄河》1942 年第 3 卷第 2 期。

结 语

抗战的全面爆发在改变中国政治格局的同时,也改变了中国文学的发展轨迹。不管是言为心声,文以载道,还是为人生,为艺术,当中华民族到了生死存亡的最后关头,所有的文学艺术都将抗战救亡作为时代赋予的神圣使命。换句话说,战争不仅给中华民族带来了无可估量的深重灾难,也为文学艺术的发展注入了许多新质因子。而文学刊物,这个将新质因子聚集、转化、传播的重要媒介,就凭借其文学信息储存的地域性、连续性和集中性,具体而形象地展示着抗战文学的历史风貌和精神品格。立足西北、面向全国的大型文艺月刊《黄河》,正是其中的代表之一。

实际上,中国现代文学自发生以来,具有全国性影响力的刊物并不少见。从文学革命时期的《新青年》《新潮》,到20世纪二三十年代的《现代》《雨丝》《论语》,再到抗战时期的《抗战文艺》《文艺复兴》《文艺阵地》等,无疑都具有全国性的眼光与影响。然而抗战爆发后,文学期刊本应该有的全国性特点开始持续减弱。受政治界限的划分和传播阻隔的影响,此阶段的文学期刊大都以一定区域内的读者与作者为主,因此普遍具有一种地域性特征。而《黄河》作为一份诞生于西北国统区的文艺刊物,在谢冰莹及其继任者的主持和坚守下,不仅以独特的刊物风貌、编辑艺术和类别多样、风格不一的抗战文学作品,真实而又艺术的成为抗战文艺的代表,还以其独异的特性为抗战文艺的发生发展作出了重要贡献。具体来看,主要有以下几点:

首先,《黄河》文艺月刊始终将民族国家意识放在首位,竭力挣脱了党派政治的局限。作为传统社会朝代国家的对应物，现代意义上的民族国家诞生于17世纪的欧洲。但对有两千多年封建王朝历史的中国来说，直到鸦片战争前，沉醉在“天朝大国”迷梦中的中国人依然固守“天下”或“帝国”的观念，心中并没有民族国家的概念，更别说现代的民族国家意识了。甲午战争的惨败，彻底摧毁了国人“老大帝国”的世界观。那些被迫睁开眼睛看世界的中国人，开始认识到民族国家意识在建立现代化新中国时的重要作用。特别是抗日战争爆发后，“宁作战死鬼，不作亡国奴”成为不甘心被奴役、被征服的中国人的共同心声，千千万万的抗日民众在血与火、生与死的战斗中建构起了现代民族国家意识。以抗日救亡、共御外侮为现实追求的抗战文艺，则承担起国人关于独立、自由民族国家的全部想象，成为20世纪三四十年代文学叙事的一个基本母题。遗憾的是，尽管抗战是中国人近代以来面对列强压迫最有力的一次抵抗，但在很多时候依然难以超越地域、阶级、党派、意识形态的限制。《黄河》受此纷扰而步履维艰的办刊现实即是最好的证明。只是，正如之前所说，创刊于西北国统区的《黄河》尽管难逃党派政治的影响，但在主编谢冰莹及其继任者的不懈努力下，依然在引导战时文艺思潮，激励民众斗志，净化民风民俗等方面发挥了重要作用，真正承担起了“发动民众，捍卫祖国，粉碎寇敌，争取胜利”①的历史使命。这就意味着，《黄河》在具体的编辑、出版和发行中并没有刻意地去宣传某个党派的意识形态，也没有彻底沦为某个党派的“传声筒”和政治斗争的“牺牲品”。在民族危亡之际，它始终将民族国家意识放在首位，不分地域、信仰和党派地团结所有能够团结的文艺工作者，创作、发表各类抗战文艺作品，鼓舞人民大众投入到抗战的滚滚洪流中去，以争取人民的解放、国家的独立、民族的自由。也正因此，《黄河》不仅最广泛地联合了全中国的抗战文艺工作者，而且最广泛地满足了广大抗日军民的文化需求，成为西北抗战文艺史，乃至中国现代文学史上值得大书一笔的抗战文艺名刊。

---

① 楼适夷：《中华全国文艺界抗敌协会发起旨趣》，《文艺月刊》1938年第9期。

其次,《黄河》文艺月刊契合了抗战文艺的发展形势,对反战文学、生产文学的创作与传播贡献甚大。抗战时期,“一切为了前线,一切为了胜利”是广大文艺工作者参加救亡宣传、从事文学创作的直接目的。他们刊载在不同期刊上的各类作品,往往显示了抗战时期文艺期刊出版的战时水平和基本面貌。从抗战文艺的大格局来看,不同地域、不同风格、不同形式的抗战文学期刊除了能够顺应抗战文学发展的时代主流和现代方向外,还能根据形势发展需要,在综合刊物办刊能力和区域文化环境的基础上,作出有益的探索。对《黄河》来说,其最突出的贡献正是推动了反战文学和生产文学的创作与传播。虽然这种探索受多重原因的限制而存在诸多问题,如王向远先生就认为,《黄河》中被称为“在华日本反战文学”的作品因为在“特殊的环境条件下产生”“数量很少”,且创作这些作品的普通士兵,大都是在接受了“强制性反战教育的情况下,才逐渐有所‘觉悟’的”,因而其反战文学创作,“更多的是一些反战的宣传品”。① 对此,我们无需否认,不过需要明确的是,尽管抗战时期的洛阳、宝鸡、常德、重庆、镇远等地都曾收容过日本战俘,且当时的中国报刊常有日本反战文学作品刊载。但真正能够以专号发表在华日本人反战文学作品的,除了谢冰莹主编的《黄河》外,在整个抗日时期并未有第二例,更何况从战俘中产生的日本反战文学,本就是中国抗日战争时期的特有产物。至于由谢冰莹定义、首倡的生产文学,虽未能结出更多令人满意的“果实”,最大程度地达到鼓励民众提高生产热情、扩大生产成果、促进经济发展的目的,但亦不失为谢冰莹及《黄河》的一次有益探索,其功绩值得铭记,其得失值得研究。

最后,《黄河》文艺月刊通过延迟效应发展性评价主流抗战文艺,从而更加理性、清晰、客观地发现抗战文艺运动和文艺论争的优缺得失所在。抗战时期动荡的局势,阻隔的交通,单一落后的发行方式让文学信息的传播接受面临很大困难。地处西北,位置偏远的《黄河》亦受此影响,无法对各类文学信息

① 王向远:《日本有“反战文学”吗?》,《外国文学评论》1999 年第 1 期。

作出及时高效的接受和反馈。由此导致的信息贫困,在科技日益发达的今天无疑是十分危险的。但在抗战时期,或者并非坏事。客观来讲,战时独特文化空间下,人们对各种文学论争、文学思潮和文学运动的认识并不透彻。特别是在缺乏理性、客观的态度时,群起而之的盲目执行和过度讨论不仅无法辨析问题的症结所在,甚至会在相当程度上误导人们的认知和判断。此时,远距离的观照就显得无比重要。这种受客观条件限制而不得不在随后过程中进行的再思考和再评价,正是延迟效应得以发挥作用的关键。就拿《黄河》对"文章下乡""文章入伍"和"与抗战无关"的再讨论,再认识来说,在迟滞了较长一段时间后,《黄河》才开始远距离地理性审视具体实践和文艺论争中的得失利害。其上刊载的文章,已然突破了"文章下乡""文章入伍",而是以"文人下乡""文人入伍"为口号,对文艺工作者提出了更高,也更为实际的要求。实际上,这种"春华秋实"或者"隔年收获"评价方式,不仅没有降低《黄河》的参与度,反而以一种更加积极、主动的姿态对抗战文艺做出了补充性发展。

以上几点就决定了研究《黄河》,不仅是对西北抗战文学真实面貌的历史性还原,也是认识国统区文艺复杂性及其潜在价值,扩展现代文学研究视野的需要,更是对战争意识形态背景下文学期刊生成机制的具象呈现和详细梳理。

文学期刊研究不是简单的史料发掘和整理,虽然这种基于史实的发现常常可以让以往被长期遮蔽的文学信息浮出历史地表,为学科发展和文学史书写提供新的学术增长点。正如有论者所说:"文学期刊研究并不等于期刊文学研究,不能仅仅局限于考察期刊中的文学作品,而是要将期刊本身作为研究对象,对文学期刊的外部生态环境和内部运行机制做出综合考察。"①因而,笔者在将《黄河》文艺月刊作为个案研究时,就特别关注刊物创刊发行的外部生态环境和内部运行机制,既从宏观层面上对《黄河》诞生与存活的文学生态环境做全面系统的考察,又从中观层面对刊物的编辑艺术与运行出版机制做深入具体

① 彭玉斌:《战火硝烟中的文学生态——〈抗战文艺〉研究》,博士学位论文,中国社会科学院研究生院,2006年,第114页。

的分析,还从微观层面对与刊载在刊物上的文学文本做细致客观的解读。

具体而言,就是从政治、军事、文化等外部环境入手,考察《黄河》的时代背景和西安抗战文学发生发展的脉络、阶段,并在此基础上详细论述《黄河》文艺月刊从创刊、停刊、复刊到终刊的发展分期、独特风貌和编辑艺术,以及战时特殊文学生态环境和政治文化空间下的刊物文化身份、文化品格的确立与改变。同时,客观分析《黄河》上孕育的抗战文学,并将重点放在现实主义审美品格烛照下的抗战小说,契合民族解放战争脉搏的抗战诗歌及多样风格多元发展的抗战话剧上。此外,还在发掘大量史实还原谢冰莹与《黄河》复杂关系及刊物创办真实原因的基础上,结合具体文本深入分析其编辑策略、理念及“自证式”编辑行为与《黄河》价值导向的关联,由此揭示谢冰莹主编《黄河》时的复杂心态及现实困境,窥探战争背景下文化人对国统区抗战文艺的认同与疏离。

正是在这种研究视角的观照下,笔者发现,作为一个拥有独特文化身份的地域性抗战文艺期刊,《黄河》在战时特殊文学生态环境和独特政治文化空间下的坚持与努力,对国统区抗战文艺的补充与完善发挥了重要作用。换句话说,作为记录西北国统区抗战文艺的“活化石”,《黄河》一方面把国民政府和民间大众对抗战文艺的期望、要求文本化,培育大量抗战文学作品;另一方面又在遵从政治、文化现实,满足时代需要的基础上,彰显抗战文学“地域想象”的独特魅力。

就目前来看,文学期刊,特别是抗战文学期刊研究虽然已成为一个引人注目的学术热点,被来自文学、历史、传播等不同学术领域的学者轮番审视,但依然存在以偏概全、舍本逐末、以论带史的现象。其中原因,既有研究者研究方法、研究视角的问题,又有文学期刊资料难寻、数量有限的局限。因此,如何在克服以上困难的基础上,对现代文学期刊进行全面客观、深入系统、详尽理性的研究,还是一个需要进一步拓展和深化的问题。笔者在本书中的尝试,也是一次探索,其中疏漏欠缺之处,祈盼各位专家不吝赐教。

参考文献

一、图书

谢冰莹:《从军日记》,春潮书局 1929 年版。

谢冰莹:《从军日记》,上海光明书局 1933 年版。

江诒等:《第二期抗战后:西线战绩》,大时代书店 1938 年版。

贾书法:《国际问题概观》,独立出版社 1946 年版。

谢冰莹:《生日》,北新书局 1946 年版。

中共中央党校党史教研室编:《中共党史参考资料》,人民出版社 1979 年版。

夏衍:《夏衍论创作》,上海文艺出版社 1982 年版。

胡风:《胡风评论集》,人民文学出版社 1984 年版。

中国人民政治协商会议陕西省西安市委员会文史资料研究委员会编:《西安文史资料》第 5 辑,内部发行 1984 年版。

阳翰笙:《阳翰笙日记选》,四川文艺出版社 1985 年版。

谢冰莹:《谢冰莹作品选》,湖南人民出版社 1985 年版。

廖全京:《大后方戏剧论稿》,四川教育出版社 1988 年版。

温儒敏:《新文学现实主义的流变》,北京大学出版社 1988 年版。

浙江省中国国民党历史研究组:《抗日战争时期国民党战场史料选编》,杭州大学历史系资料室 1988 年版。

上海社会科学院文学研究所编:《三十年代在上海的"左联"作家》,上海社会科学院出版社 1988 年版。

苗建寅:《中国国民党史 1894—1988》,西安交通大学出版社 1990 年版。

碧野:《在珠江金三角》,重庆出版社 1990 年版。

刘哲民:《近现代出版新闻法规汇编》,上海学林出版社 1992 年版。

金克木:《金克木小品》,中国人民大学出版社 1992 年版。

重庆市政协文史资料研究委员会等编:《抗战时期国共合作纪实》,重庆出版社 1992

年版。

中央档案馆、陕西省档案馆编:《陕西革命历史文件汇集·1937年》,内部资料1992年版。

姚辛:《左联词典》,光明日报出版社1994年版。

谢六逸:《谢六逸文集》,商务印书馆1995年版。

梁实秋:《梁实秋自传》,江苏文艺出版社1996年版。

陈思和:《陈思和自选集》,广西师范大学出版社1997年版。

杨义主编:《中国新文学图志》,人民文学出版社1997年版。

贾植芳:《暮年杂笔》,汉语大词典出版社1997年版。

艾以、曹度主编:《谢冰莹文集》,安徽文艺出版社1999年版。

贾植芳:《写给学生》,大象出版社2000年版。

王本朝:《中国现代文学制度研究》,西南师范大学出版社2002年版。

陈原:《隧道的尽头是光明抑或光明的尽头是隧道》,商务印书馆2002年版。

于元:《老舍的故事》,时代文艺出版社2003年版。

何满子:《天钥又一年》,兰州大学出版社2003年版。

文思主编:《我所知道的胡宗南》,中国文史出版社2003年版。

赵凌河:《国统区文学传播形态》,辽宁人民出版社2006年版。

石楠:《中国第一女兵——谢冰莹全传》,江苏文艺出版社2008年版。

牛汉口述,何启治、李晋西编撰:《我仍在苦苦跋涉》,生活·读书·新知三联书店2008年版。

贾植芳:《历史背影》,江苏文艺出版社2008年版。

陈诚:《陈诚回忆录——抗日战争》,东方出版社2009年版。

杨义:《中国现代文学图志》,生活·读书·新知三联书店2009年版。

浦薛凤:《浦薛凤回忆录》,黄山书社2009年版。

中国社会科学院文学研究所《左联回忆录》编辑组编:《左联回忆录》,知识产权出版社2010年版。

胡迅雷:《宁夏戏剧史研究》,宁夏人民出版社2012年版。

田荣编著:《老西安旧闻》,陕西旅游出版社2012年版。

张春丽、黄大地编:《民主的呐喊》,群言出版社2012年版。

张林岚:《一张文集》,生活·读书·新知三联书店2013年版。

老舍:《老舍全集》,人民文学出版社2013年版。

张中良:《抗战文学与正面战场》,社会科学文献出版社2014年版。

金宏宇:《文本周边:中国现代文学副文本研究》,武汉大学出版社2014年版。

中共陕西省委党史研究室、八路军西安办事处纪念馆编:《抗战时期的西安八办》,陕西人民出版社2015年版。

刘增人、刘泉、王今晖编著:《1872—1949 文学期刊信息总汇》,青岛出版社 2015 年版。

杨奎松:《国民党的“联共”与“反共”》,广西师范大学出版社 2016 年版。

[日]山田敬三、吕元明主编:《中日战争与文学——中日现代文学的比较研究》,东北师范大学出版社 1992 年版。

[英]安东尼·史密斯:《民族主义:理论、意识形态、历史》,叶江译,上海人民出版社 2011 年版。

[日]笹川裕史、奥村哲:《抗战时期中国的后方社会——战时总动员与农村》,林敏、刘世龙、徐跃译,社会科学文献出版社 2013 年版。

二、期刊

《春潮(上海)》1929 年第 1 卷第 8 期。

《新陕西》1931 年第 1 卷第 7 期

《心声》1932 年第 2 卷第 2 期。

《西北新闻》1936 年第 1 期至 1936 年第 12 期。

《文化周报》1936 年第 1 卷第 3 期。

《榴火文艺》1936 年第 1 期。

《宇宙风》1936 年第 20 期。

《文学》1937 年第 8 卷第 2 期。

《文化动员》1937 年第 1 期。

《救亡》1937 年第 3 期。

《解放》1937 年第 24 期。

《学生呼声》1937 年第 1 卷第 5 期。

《文艺月刊》1938 年第 1 卷第 9 期。

《新意识》1938 年第 5 期。

《浙江战时教育文化月刊》1939 年第 1 卷第 3 期。

《弹花》1938 年第 1 卷第 6 期。

《文艺阵地》1938 年第 6 期。

《黄河》1940 年第 1 卷第 1 期至 1948 年复刊第 6 期。

《现代文艺》1940 年第 1 期。

《西北文化月刊》1941 年第 1 卷第 4 期。

《西北研究》1941 年第 4 卷第 7 期。

《学习生活》1942 年第 1 期。

《抗建》1942 年第 4 卷第 14、15 期合刊。

《抗战文艺》1943 年“文协”五周年纪念特刊。

《文坛》1943 年第 2 卷第 1 期。
《时与潮文艺》1945 年第 5 卷第 1 期。
《新文学史料》1978 年第 1 期。
《新闻研究资料》1984 年第 2 期。

三、报纸

《新华日报》1938 年 1 月 15 日。
《新华日报》1943 年 3 月 25 日。
《新华日报(汉口)》1938 年 2 月 13 日。
《中央日报副刊·平明》1938 年 12 月 1 日。

四、学术论文

孙庆升:《抗战时期的戏剧理论与批评概观》,《烟台大学学报》1988 年第 1 期。
吕元明:《日本侵华时期的日本文学》,《社会科学战线》1989 年第 2 期。
王向远:《日本有“反战文学”吗?》,《外国文学评论》1999 年第 1 期。
李夫泽:《谢冰莹与“左联”》,《娄底师专学报》1999 年第 3 期。
龙泉明:《论四十年代诗歌的历史发展》,《文学评论》1997 年第 3 期。
孙晓娅:《谢冰莹与〈黄河〉月刊》,《中国现代文学研究丛刊》2001 年第 3 期。
强志军:《编辑艺术及其特征》,《编辑学报》2002 年第 4 期。
邵宁宁:《抗战生活与知识分子精神气质——论〈寒夜〉并兼及〈围城〉》,《甘肃社会科学》2005 年第 5 期。
常彬:《“忘记自己是女性”——从谢冰莹、冯铿创作看 1930 年代左翼女性的从军》,《吉林大学学报(社会科学版)》2008 年第 2 期。
孟庆宇:《抗日名将唐淮源遗骸迁葬记》,《文史精华》2009 年第 1 期。
李怡:《地方性文学报刊之于现代文学的史料价值》,《中国现代文学研究丛刊》2010 年第 3 期。
李怡:《含混的“政策”与矛盾的“需要”——从张道藩〈我们需要的文艺政策〉看文学的民国机制》,《中山大学学报》2010 年第 5 期。
陈传芝:《抗战戏剧:多元文化相融共生的响应》,《当代文坛》2015 年第 5 期。
熊辉:《试论抗战诗歌的文体流变》,《文艺争鸣》2015 年第 7 期。
陈思广、冯鸽:《大西南抗战小说的审美品格》,《四川师范大学学报(社会科学版)》2016 年第 2 期。
刘虹利:《没有英雄的底层:〈来生再见〉的反战叙事》,《湖南工业大学学报》2016 年第 4 期。

五、学位论文

周立华:《孤岛时期的〈文汇报〉研究》,博士学位论文,厦门大学人文学院历史学系,2007年。

邓政:《湖湘文化精神孕育的左翼文学话语——湖南左翼作家群论》,硕士学位论文,浙江师范大学,2006年。

丁金花:《战争体验与谢冰莹的战地小说》,硕士学位论文,湖南师范大学,2007年。

彭玉斌:《战火硝烟中的文学生态——〈抗战文艺〉研究》,博士学位论文,中国社会科学院研究生院,2006年。

六、网络资料

介然斋:《谢冰莹和当年的〈黄河〉月刊》,新浪博客,http://blog.sina.com.cn/s/blog_5f180ef20102yz9q.html。

范伟:《谢冰莹入党时间考》,支点文学网,http://www.zhidianwenxue.com。

驽马十驾1975:《抗战中的谢冰莹与西安回访》,新浪博客,http://blog.sina.com.cn/s/blog_93acee620102vvol.htm。

七、外文文献

Chin-Chuan Lee.Power, *Money, and Media: Communication Patterns and Bureaucratic Control in Cultural China (Media Topographies). Evanston, IL: Northwestern University Press*, 2000.

DavidE.Apter & Tony Saich.*Revolutionary Discourse in Mao's Republic. Cambridge: Harvard University Press*, 1994.

YanHaiping.*Chinese Women Writers and the Feminist Imagination*: 1905-1948, *New York: Routledge*, 2006.

附　录

附录一　谢冰莹文艺活动年表(1937—1949年)

1937年

7月,抗日战争爆发后,毅然辞别病中老父,独自前往长沙发起组织"湖南妇女战地服务团"。

9月,赴上海在嘉定前线做救护伤兵和发动群众的工作,写有《抗战日记》。国民党部队溃散后,服务团被遣回后方。

11月,在中华大学做题为《前线归来》的公开演讲,并应邀到重庆为《新民报》文艺副刊《血潮》编辑副刊。在民族解放社出版散文集《在火线上》,收录《中秋》《伟人的战士》《苏州城的火焰》等十二篇作品。

12月,上海时代史料保存社出版冰莹等人著散文集《闸北的血史》。

同年,在《宇宙风》第37期发表《日本狱中生活》,第43期发表《在日本狱中:板壁上的标语》,第50期发表《随笔杂记》,第52期发表《随军杂记》。在上海北新书局出版散文集《湖南的风》。

1938年

1月,在汉口《抗到底》半月创刊号发表散文《忆太昌》,同月出版散文集《军中随笔》,收录《不做俘虏的战士》《战地情书》《晚间的来客》等十篇作品,上海战地出版部出版，列为“抗战小丛书”之一。

2 月，汉口生活书店重印散文集《在火线上》。

3 月，重赴前线，到徐州李宗仁任司令的第五战区司令部任秘书。

4 月 18 日，撰写《新从军日记序》，目睹台儿庄大捷。

4 月 25 日，到山东采访，写出了振奋人心的《踏进了伟大的战壕——台儿庄》及一大批通讯、报告文学作品。

秋，回到重庆，任国民政府教育部编审。

同年，在《宇宙风》第 71 期发表《冰莹答季寒筠函》，在《时事类编》第 9 期发表《三个老太婆》，在《时事类编》第 22 期发表《悼咏芬》，在《文集旬刊》发表《整天的轰炸》《白崇禧将军印象记》。在上海天马书店出版了颇具史料价值的《新从军日记》。这一时期的作品，紧紧围绕着抗日战争这个主题，直接反映抗日战争的惨烈场面。

1939 年

2 月，在重庆出席“文协”举办的文艺创作座谈会。

4 月，任“文协”第二届重庆本埠理事。带领重庆妇女战地服务队，随军转战汉口、宜昌、当阳等地。创办前线救护人员训练班，沿公路设 12 处伤兵招待服务所。慰问张自忠第 33 集团军将士，为湘雅医院战地服务队当向导，到湖北浠水、广济、黄梅等地救援，后转战到老河口前线。被国民政府军事委员会授予少将军衔。在重庆独立出版社出版小说散文集《重上征途》。

5 月，在《妇女文献》发表《特写：游击队里的女英雄赵侗将军会见记》。

6 月 15 日，在《大风》发表《从火焰中归来：敌机狂炸下的宜昌巡礼》。

7 月 5 日，在《大风》发表《前方的紧张工作》。25 日，在《时事类编》发表《敌军在鄂东沦陷区域的暴行》。

8 月 5 日，在《大风》发表《变了匪区的武汉（上）》。

11 月 24 日，在《时事类编》发表《俘虏在第五战区》。

12 月 25 日，在《大风》发表《一个女兵的自传：第四次逃奔（下）》。

同年，在《教育通讯》发表《从十碗小毛谈到教育难童的方法》。

1940 年

1 月，在《宇宙风：乙刊》发表《一个女兵的自传（中卷）》。

3 月 5 日，在《大风》（香港）发表《一个女兵自传：第七章：穷困的大学生生活》。12 日，发表《一个女兵的自传：亭子间的悲剧（续）》。

6 月，在《宇宙风》发表《我的母亲》。

同年，告别战场，赴西安主编《黄河》文艺月刊。在创刊号发表《裸体杀敌的战士》；10 月，在第 7 期发表《八一三的回忆》。在上海远东图书公司出版报告文学《在日本狱中》，收录《前奏曲》《受刑》《回到祖国的怀抱来了》等十七篇作品。同时，与沙雁等人负责编辑一个专为前线士兵阅读的文艺刊物《阵中文艺》。

同年，谢冰莹的《叛逆的女性：一个女兵的日记》由林语堂的两个女儿艾达和安农译成英文，纽约戴约翰公司出版。

1941 年

2 月 18 日，在《黄河》发表《本刊的过去与将来》。

4 月 30 日，在《黄河》发表《我的创作经验》。在《黄埔》（重庆）上发表《我怎样写第一部小说》。

6 月，在西安新中国文化出版社出版短篇小说集《梅子姑娘》，收录《梅子姑娘》《银座之夜》等八篇作品。

8 月，在西安建国出版社出版散文集《冰莹抗战文选集》，收录《抗战期中的妇女问题》《叶县之夜》《野战医院》等三十二篇作品。

10 月 5 日，在《大风》发表《毛女洞游记：华山游记之四》。

11 月，在《力行》发表《在日本牢狱中（续）》。30 日，在《黄河》发表《一个女兵的自传（续）》。

同年,在《西北研究》发表《游城隍庙:西北散记之一》《宝鸡三日(西北散记之三)》。在西安大东书局出版散文集《写给青年作家的信》。在独立出版社出版散文集《战士的手》。

1942 年

3 月,在《力行》第五卷第三期发表《在日本狱中(续)》。

8 月,在《力行》发表《在日本牢狱中(续)》

10 月,父亲病逝。

12 月 15 日在《文艺青年》发表《还俗》。在西安建国编译社出版长篇小说《姐姐》。

1943 年

1 月,在《黄河》第四卷第一期上发表《文化劳军是什么?》。

3 月 10 日,在《宇宙风》发表《山居杂记》。

6 月,在湖南蓝田书报合作社出版短篇小说集《冰莹近作自选集》收录《两个小鬼》《一个殉难者的妻》等七篇作品。

7 月 15 日,在《旅行便览》第三期发表《乌江阻车记》。

8 月 1 日,在《旅行便览》第四期发表《乌江阻车记续》。在《川康建设》发表《嘉陵江和北温泉》。

秋,转成都制革学校任教。

11 月,在《旅行杂志》第十一期发表《华山游记之一页》。

同年,在北新书局出版《给小朋友们》。在重庆耕耘出版社出版《从西北到东南》。

1944 年

在成都制革学校任教。

5月15日,在《文学创作》发表《南归散记》。

9月29日,作《穷与病》。

1945年

1月,在《流星月刊》创刊号上发表小说《投入了抗战的怀抱》。

4月,在耕耘出版社出版《女作家自传选集》,内收录谢冰莹的《平凡的半生》。

11月,任中苏出版社《中苏月刊》主编。

12月18日,赴武汉任《和平日报》与《中华日报》副刊主编。

1946年

4月,在汉口出版自刊本《女兵自传》中卷《女兵十年》(内分十章)。

5月,在汉口作《生日》序。

6月,在上海北新书局出版散文集《生日》,收录《狂欢之夜》《旧地重游》《我是怎样写女兵自传的》等二十四篇作品。

8月,重返母校北平师大。应中文系聘,讲授新文艺写作课。复刊《黄河》月刊,仍任主编。主编《文艺生活月刊》及《中华日报》副刊。后又担任华北文化学院教授。

9月14日,在《中外春秋》上发表《怀念一个敌国的友人》。

同年,在上海新象书局出版小说、散文集《冰莹创作选》。在上海光明书局出版《离婚》。在国际书局出版中篇小说《女叛徒》。在上海华中出版社出版小说集《温柔》,收录《初得到异性的温柔》《刑场》等五篇作品。在汉口友益出版社出版《一个女兵的自传》(中卷)。

1947年

1月1日,在《妇声半月刊》发表《妇女与团结》。在《妇女月刊》第四期发表《厨房与编辑室:我的战时生活之一》。

2月1日,在《妇声半月刊》第九期上发表《恋爱与结婚》。在《文艺与生活》第一期发表《文学与自然》。16日,在《社会评论》第36期发表《三个没有母亲的孩子》。本月在新象书局出版《谢冰莹佳作选》。

4月1日,在《青年界》发表《怎样修改自己的作品》。在《妇声半月刊》发表《谈"通"与"好"》。9日,作《不堪回首回忆红楼》。

5月24日,在《现实文摘》发表《北平通讯:这不是春天》。

6月1日,在《生活》创刊号发表《凄风苦雨话宜昌》。

7月15日,在《自由谈》发表《我是怎样写"离婚"的》。

9月18日,在《自由谈》发表《忆香米园》。20日,在《生活文摘》第二期发表《我怀念东北》。本月在《妇女月刊》发表《恋爱的故事》。

10月,上海晨光出版公司出版赵清阁主编现代中国女作家小说专集《无题集》,内收录冰莹日记体中篇小说《离婚》。

11月1日,在《妇声半月刊》上发表《独眼日记》(节录)。30日,在《文艺先锋》发表《我的希望》。

同年,作《圣洁的灵魂》。在北平红蓝出版社出版《女兵十年》(即《一个女兵的自传》中卷)。

1948年

3月5日,在《黄河》复刊第一期发表短篇小说《感情的野马》。24日,作《庐隐的小爱人》。

4月1日,在《正论》发表《庐隐的小爱人》。在《黄河》复刊第二期发表散文《第一根白发》。在《青年界》发表《学生生活琐记》。

5月1日,在《黄河》复刊第三期发表《目前文艺的危机》。

6月1日,在《黄河》复刊上发表《臧克家的诗》。

夏,受中国电影制片厂导演徐昂千鼓励,尝试写电影脚本《踩出来的路》,

同年在台北《中央日报》副刊发表。

7月1日，在《黄河》复刊第五期发表小说《道是无情却有情》。

8月初，两次看望生病住院的朱自清。15日，在《黄河》复刊第六期上发表小说《误会》。不久，《黄河》再度停刊，共出四十二期。22日至23日，在《申报》上发表《朱自清先生之死》。

9月，前往台湾，执教于台湾省立师范学院，从事教书和写作。

10月，在《青年界》发表《顽固的林老头》。26日，抵达基隆。在台师大开国文、文学批评、新文学写作课。

同年，在《中国舆论》第六期发表《记吴宓》。在《青年杂志》（南京）第一期上发表《忆战地之夜》。在《建中周报》第三期上发表《颐和园记游》。在台北晨光书局出版《女兵自传》（即《一个女兵的自传》《女兵十年》合订本）。东京岩波书局出版《女兵自传》日译本《一个女性的自白》。1928年的作品被译成英文《一个中国女性的自传》，在伦敦出版。

1949年

1月，在台北《中央日报》副刊连载电影文学剧本《踩出来的路》。

2月，上海万象图书馆出版平衡编之真迹影印《作家书简》，内收录冰莹致赵景深书简一通。

10月23日，在台北《中央日报》副刊发表《悼念郝瑞桓先生》。

附录二　西安抗战文学大事记（1937—1945年）

1937年

1月

【本月】《播种者》，1937年1月创刊于陕西西安，“西安市中等学校教职员救国联合会"编辑、发行，仅出创刊号1期。

7月

【本月】《说论》月刊创刊于陕西西安，"《说论》社"编辑、发行，1938年出至第三卷第一期停刊。主要栏目有时论、学生特栏、专著、名人介绍等。

9月

【1日】教育部决定在西安设临时大学（北平大学、国立北平师范大学、国立北洋工学院三所院校于1937年9月10日迁至西安，组成西安临时大学）。

10月

【1日】《抗战新辑》半月刊创刊于陕西西安，"西北文化日报社"编辑、发行，1937年11月1日出至第4期停刊，共出4期。主要撰稿人有郭沫若、茅盾、潘汉年、田汉等。

【10日】《挺进》旬刊创刊于西安，"《挺进》旬刊社"编辑、出版，1938年3月10日出至第15期停刊，共出15期。主要刊发政论、纪实文章，以及小说、诗歌等文学作品。

1937年第1卷第3期发表田汉的诗词《下雨》、欧阳予倩的诗《山歌》。第6期发表李桐的散文《终南山》、张履的《新孟姜女弹词》。

【本月】《革命青年周刊》创刊于陕西西安，"革命青年周刊社"编辑、发行，1938年2月出至第12期停刊，共出12期。主要栏目有一周间国际形势、抗战一周、短评、文艺、战时常识、时事论著、乡村工作等。

【本月】《烽火》旬刊创刊于西安，"烽火旬刊社"编辑，李赞侯发行，1938年2月出至第12期停刊，共出12期。主要刊发宣传文字，亦有大鼓等文艺作品。主要撰稿人有柴泽民等。

1937年《烽火》创刊号发表霞的诗歌《叮咛——寄前方战士》。

1937年《烽火》第3期发表觉黎的诗歌《沦亡者的心曲》。

1938年《烽火》第8期发表王博习的诗歌《黄河，我们守护你！》。

1938年《烽火》第9期发表铁流《游击战散记之一：围攻的夜》。

【本月】《街前巷后》月刊创刊于陕西西安，蔡奕编辑，景梅九发行，1937年11月出至第2期停刊，共出2期。主要刊发抗战文艺作品。

11月

【5日】《文化动员》月刊创刊于陕西西安，“西安文化动员委员会”主办，“文化动员社”编辑、发行。主要栏目有时评、战情、抗战中的现实问题、文化线、文艺方案、情报等。特约撰稿人有段念兹、郑伯奇、田军、萧红、艾思奇等。

【28日】《救亡》周刊创刊于西安，郑伯奇主编，许永平发行，“救亡周刊社”出版。所见最后一期为1938年6月13日第22期。主要栏目有短评、论文、通讯、纪实、专载、文艺、特载、专著、新年特辑、社论、报告等。主要撰稿人有曹靖华、立波、艾思奇、向林冰、懋宁、仃、陈菲、丁玲等。

1938年《救亡》第13期发表郑伯奇文章《最近的政治动向》。

【本月】《报告》在西安创刊。

【本月】上海沦陷，进入“孤岛”文学时期。

12月

【9日】《怒吼周刊》创刊于陕西西安，“西安平津同学会”编辑、发行，1938年3月出至第5期停刊，共出5期。主要刊发短评、短文、通讯、报告等文艺作品。主要撰稿人有蒋弼、李呆、王谢、丁易等。

【10日】《抗战与文化》半月刊于西安创刊，后迁成都出版，丁逢伯主编。主要撰稿人有叶青、丁逢伯、张涤非等人。该刊声言，要用“理论斗争”“为国民党争一口闷气”，促进“统一运动之完成”。

1937年《抗战与文化》第1卷第1期发表陆沉的诗歌《家乡的风光》

1939年《抗战与文化》第3卷第2期发表张君劢《致毛泽东先生一封公开信》。

【本月】《远东问题》创刊于陕西西安，初为半月刊，1938年12第2卷第6期起改为月刊，印永法主编，“远东问题杂志社”发行，发行人张洁萍，1939年起迁至成都出版，1947年1月出至第6卷第5、6期合刊号停刊。主要刊发时事述评、学术研究、小说、杂文、诗歌等。

1938 年

1 月

【本月】《抗敌先锋》创刊于陕西西安,初为半月刊,1939 年 8 月改为月刊,“抗敌先锋编辑委员会”编辑,“陕西各界抗敌后援会宣传部”、“第十战区陕西省动员委员会”发行,方希亮主编,1939 年 6 月出至第 3 卷第 2 期休刊,1939 年 8 月复刊,卷期另起,1940 年 3 月出至第 2 卷第 3 期再度休刊,1940 年 7 月复刊,卷期另起,1941 年 4 月出至第 1 卷第 6 期终刊。主要栏目有专载、论著、文艺、附录等。

2 月

【21 日】《农专学生》创刊于陕西西安,“(国立)西北农专学生自治会出版委员会”编辑,“(国立)西北农专学生自治会”发行,“(国立)西北农专印股”印刷,仅出该期。主要栏目有论著、译著、调查、诗歌、同学活动及通讯等。主要诗歌撰稿人有王景生、昊天等。

3 月

【16 日】西北战地服务团在西安易俗社演出三幕剧《突击》,获得了热烈欢迎。

【25 日】《青年战线》月刊创刊于陕西西安,“《青年战线》社”编辑、发行、出版,1938 年 8 月 15 日出至第 12 期停刊,1938 年 9 月 15 日复刊,卷期另起,出版新 1 号,1938 年 10 月出版新 2 号后终刊,共出 14 期。主要刊发战时青年教育研究,各地青年工作、学习、生活情况介绍,文艺小品、诗歌、漫画等。

1938 年《青年战线》第 5 期,冯玉祥发表诗歌《当兵》,若望发表童谣《新生活运动歌》。

【27 日】中华全国文艺界抗敌协会(简称“文协”)于武汉成立。

【本月】丁玲率领西北战地服务团自山西前线到达西安。在此期间,丁玲率团宣传抗日宗旨，扩大八路军的影响，发展抗日统一战线，胜利地完成任务，于当年7月返回延安。

4月

【10日】鲁迅艺术学院（简称“鲁艺”）在延安正式成立。

6月

【23日】《西北文艺》半月刊创刊于陕西西安，黄星主编，“全国文协西安分会”编辑委员会编辑，“全国文协西安分会”出版，1939年1月出至第1卷第5期停刊，共出5期。16开本。主要刊发时论、文艺论文、短篇小说、诗歌、戏曲、战地通讯、农村工作报告等。主要栏目有特辑、专页等。主要撰稿人有孙勃生、霞村、戈风、聂文蔚、星云、法一、梵冈、毕寿、乔曼斯、晓园、斯塔尔、宜民、彩岑、卢面、萧萍、和岚、笔军、德禄、葆仁、冷厂等。

1939年《西北文艺》第1卷发表慈人的诗歌《烤火》、剑涛的诗歌《她——在前线上》、孤雁的诗歌《我的故乡》、张蓬毅的诗歌《祖国需要你：寄到兰州去》、嵩峯的诗歌《朋友、走吧！》、爱群的独幕街头剧《孤独的一群》。

7月

【7日】西安易俗社社长高培支送丁玲率领的西北战地服务团离开西安，返回延安。

9月

【16日】《民族魂》半月刊创刊于陕西西安，宛印章等编辑，1939年8月出至第10期停刊，共出10期。仅见1939年第4、5期。主要栏目有短评、抗战轶闻等。主要刊发时事评论文章，以及小说、诗歌、戏剧、通讯等文艺作品。主要文学撰稿人有周天保、雷雨、萧蔚、方菲、姜克夫、河青等。

12月

【3日】吴伯箫随军自西安出发，赶赴华北前线。

【本年】《王曲》半月刊创刊于陕西西安，国民党中央军校第七分校主办，“《王曲》社”编辑、出版，西安“启新印书馆”印刷。1943年4月16日出至第9

卷第8期停刊。仅见1941年第5卷第10期,第6卷第2期,1942年第8卷第12期,1943年第9卷第1、2、3、4、5期。主要栏目有时事评述、专载、译著、校闻、通讯园地、文艺、现代国际人物、校友专栏、学生生活、半月歌声等。主要文艺撰稿人有静围、何泰丰、董直、来苏、陶令恭、树荆、童汉忠、楚锡九、彭子香、郑元瑞等。

1939年《王曲》第2卷第6期发表杨伟如的散文小品《朔风吹上征途》、第13期发表芋子的散文小品《由槐花想起》。

【本年】《东南》旬刊创刊于陕西西安,蒋迪雷等编辑,“《东南》旬刊社”发行,1938年8月1日出至第3期停刊,共出3期。时事政治刊物,亦有译文、文艺作品等。

1939年

2月

【1日】《读书月报》1939年2月1日创刊于重庆,艾寒松、史枚等编辑,第1卷第8期起由胡绳编辑,重庆、陕西西安、广西桂林、香港“生活书店”发行,1941年2月1日出至第2卷第11期被迫停刊,第1卷出12期,第2卷出11期,共出2卷共23期。主要栏目有读书笔谈、学习经验、杂感随笔、读书问答、文化工作技术讲座、文艺月谈、各科学术简明讲座、历史散编、讨论、全国新书月报、读书一得等。主要撰稿人有潘梓年、向林冰、余爽仁、康斯坦丁诺夫、张仲实、吴敏、杜若君、寒松、柳湜等。

5月

【4日】《战时妇女》月刊创刊于陕西西安,“陕西省新生活运动促进会妇女工作委员会”会刊,“陕西省新生活运动促进会妇女工作委员会”编辑,“《战时妇女》月刊社”发行,1944年1月25日出至第2卷第1期停刊,共出13期。仅见1942年1月20日第12期。主要栏目有论著、通讯、文艺、妇女论坛等。主要文学撰稿人有路丁、忆珠、杜波、高栋杰等。

1940 年《战时妇女》第 5 期发表路丁的小说《归队》、阿莲的诗歌《缝衣曲》、绍祖的散文《故都的春郊》。

1942 年《战时妇女》第 10 期发表李曼的话剧《“三八”节》、马菊芳的诗歌《天涯地角:献给我底遥远的母亲》。

6 月

【3 日】《抗建》创刊于陕西西安,初为三日刊,1942 年 7 月第 4 卷第 29 期起改为半月刊,“陕西省教育厅编审室”编辑、出版、发行,1943 年 5 月出至第 5 卷第 7 期停刊。主要栏目有抗战捷报、国际情势、国内大事、各科常识、民族英雄的故事、抗战文艺、抗战时期的教育、战时知识、教育消息、教育通讯、短评、补白等。

7 月

【本月】老舍先生代表“中华全国文艺界抗敌协会”,参加“北路慰问团”,抵达西安,“西线文艺社”组织小型文艺座谈会欢迎老舍先生,会上老舍先生发表演讲。

11 月

【本月】《民族青年》月刊创刊于陕西西安,“民族青年出版社”编辑、发行,1940 年 4 月出至第 1 卷第 5 期停刊,共出 5 期。主要栏目有时评、特载、专论、转载、特辑、文艺通讯等。

【本年】《青年劳动》月刊创刊于陕西西安,“军事委员会天水行营青年劳动营《青年劳动》月刊社编辑室”编辑、出版,1945 年 12 月出至第 3 期停刊,共出 3 期。主要刊发国际时事、国内政治论述、文艺作品等。

1940 年

1 月

【本月】《力行》月刊创刊于陕西西安,“中央军校第七分校《力行》月刊社”编辑、出版,“中央军校第七分校印刷所”“启新印书馆”等印刷,“西安王曲力行月刊社发行部”发售，1944 年 6 月出至第 9 卷第 6 期停刊。所见最后期为 1942 年 12 月出版的第 6 卷第 6 期。主要栏目有专著、西北问题、军事论丛、论坛、文艺等。主要文艺撰稿人有老舍、刘瑀、余宗玲、谢冰莹、筱螺、铁铮、涉江、林岚、陶今也、松韵、[苏]司他夫斯基、杨德标、F.科佩、胡藻等。

1940 年第 1 卷第 1 期发表老舍、黄光熹的《抗战与文艺：两年来全国文艺活动的报告》、于右任的《词八首》。

1943 年第 8 卷第 1 期发表许瑛心的小说《北山之下》。

2 月

【23 日】《黄河》月刊创刊号出版于陕西西安，“黄河文艺月刊编辑室”编辑，谢冰莹主编，西安“新中国文化出版社”出版、发行。从 1943 年 1 月第 4 卷第 1 期起组成编辑委员会，聘李朴园、冷波、耶草、易水寒、叶鼎洛、廖伯周、厉厂樵、戴涯 8 人为编委，1943 年 2 月第 4 卷第 2 期出版后谢冰莹离西安，同年 8 月第 5 卷第 2 期由厉厂樵任主编，1944 年 4 月出至第 5 卷第 3、4 期合刊休刊，1948 年 3 月 5 日复刊，由谢冰莹在北平主编，复刊后增加题名《文艺月刊》，1948 年 8 月 15 日出至复刊第 6 期停刊，前后共出 42 期。16 开本。1940 年 7 月 25 日有“七七特辑”，1941 年 1 月 1 日第 1 卷第 11 期为“新年号”，1941 年 2 月 28 日第 2 卷第 1 期为“戏剧专号”，1941 年 5 月 30 日第 2 卷第 4 期为“日本反战同志文艺专号”，1942 年 1 月 15 日第 2 卷第 10 期为“新年号”，1943 年 1 月第 4 卷第 1 期为“新年号”。主要栏目有出版、诗歌、报告·速写、散文、木刻、特稿、理论、报告、小说、戏剧、战地通讯、文艺通讯、杂感、青年园地、论文、特约译稿、读者园地、创作指导、生产文学、补白、文艺短论、特写、游记、文艺批评、文艺短论、小说创作、诗·散文、诗、理论、理论与批评、漫画、读者园地、黄河信箱等。撰稿人众多。

1940 年《黄河》第 1 卷第 2 期发表卢冀野组诗《北征之曲》、叶鼎洛的戏剧《汉奸的跳舞》、蒋明的小说《老岳的死》、高天的诗歌《阴山下》、冯玉祥的《春礼劳军歌》。第 1 卷第 3 期发表卢冀野的组诗《北征之曲》、张剑魂的诗歌《黄河颂》、孙伏园的小说《别香斋先生》、易水寒的诗歌《弥陀寺颂》。第 4 期发表沙河的诗歌《血的季节》。第 9、10 期发表孙伏园的文章《川语识小》。

1941 年《黄河》第 12 期发表柳亚子的文章《海国英雄叙》、孙伏园的文章《可食用的虫类》。《黄河》第 2 卷第 3 期发表谢冰莹的文章《我的创作经验》、第 2 卷第 8 期发表臧克家的诗《最后的讽刺》。

1942 年《黄河》第 2 卷第 10 期发表李春舫的小说《年关》。

1943 年《黄河》第 4 卷第 1 期发表叶鼎洛的小说《掮客》。从第 4 卷第 6 期连载叶鼎洛的小说《红豆》、林岚的千行长诗《长恨歌》。

4 月

【20 日】《现代中国》半月刊创刊于陕西西安,天水行营“《现代中国》社”编辑、发行,“中国文化服务社西分社”印刷,“第 1、2、8 战区政治部”等经销,仅出该期。主要刊发关于政治、经济、外交、军事方面的文章,以及散文、剧作等文艺作品。主要栏目有特载、专著等。主要撰稿人有谷正鼎、叶鼎洛、谢冰莹、雪光、段念兹、王宜昌、刘镜园、许维汉、傅安华等。

5 月

【4 日】《陕西青年》月刊创刊于陕西西安,“《陕西青年》社”编辑出版,“陕西青年社发行部”发行,1940 年 7 月 4 日出至第 4、5 期合刊号停刊,1941 年 1 月 1 日复刊,卷期另起。出版第 2 卷第 1 期,1941 年 5 月 4 日出至第 2 卷第 5 期终刊。仅见创刊号 1 期。该号设有“五四纪念专栏”。主要栏目有党议、政治、经济、青年问题论文、译著、战场通讯、青年通讯、诗歌、散文、小说、木刻等。主要撰稿人有杨尔瑛、陈诚、冯实、适园、姬步周、崔垂言、臧渤鲸、徐熙农、李旭、郭沫若、杨亦周、韩一青、范生等。

8 月

【13 日】《血手》月刊创刊于陕西西安,俞西平等编辑,“血手月刊社”发行,仅存该期。主要刊发时局评论,以及诗歌、独幕剧等文艺作品。

11 月

【本月】《雍言》月刊创刊于陕西西安，西安中国银行编辑、出版，1946 年 12 月出至第 6 卷第 12 期停刊。主要栏目有讲坛、经济丛谈、实务、调查、转载、法规、文艺、一月大事记等。

1942 年第 2 卷第 1 期发表钱穆的文章《国史教育》。

1941 年

1 月

【本月】《边疆》月刊创刊于陕西西安，“边疆月刊社”编辑、发行，1943 年 5 月出至第 16 期停刊，共出 16 期。仅见第 1—5 期。主要栏目有边事研究、边疆教育、边疆文艺（诗歌、歌谣）等。

3 月

【本月】《夏声》月刊创刊于陕西西安，徐筱汀主编，康少韩编辑，“夏声出版社”出版，“夏声剧社编辑部”发行，1942 年 2 月出至第 5 期停刊，共出 5 期。32 开本。主要刊发戏剧唱腔、身段、服装、脸谱、部分折子戏剧情、演技评讲等方面的文章，以及戏剧理论、戏剧史论文，夏声剧社、夏声戏剧学校介绍等。

5 月

【15 日】《西北文化》月刊创刊于陕西西安，叶鼎洛主编，西安“西北文化出版社”出版，“中国文化服务社陕西分社”发行，发行人周心万，1942 年出至第 4 卷第 2 期停刊。主要栏目有时论、时事短评、论著、译文、专论、特载、文艺、随笔、西北作家小传等。主要撰稿人有天织、秀亚、周心万、郭濂薰、郑思敏、卜立、范仲鸣、青山、郭萃崖、徐光贤等。

8 月

【1 日】《工锋》半月刊创刊于陕西西安，西安市总工会“工锋社”编辑、发行，1941 年 6 出至复刊第 1 卷第 4 期停刊。主要栏目有论著、研究、介绍、生活报告、文艺之页等。

9月

【20日】《文化导报》月刊创刊于陕西西安,谢国馨主编,李广平曾任主编(1944—1945年),"西安军事委员会西北青年劳动营"主办,"正义出版社"出版、发行。1945年3月15日出至第7卷第2期停刊。主要栏目有论著、文艺、特载、四川、劳动生活等。主要撰稿人有黄震遐、谢国馨(国馨)、胡史因、李朴园(朴园)、叶鼎洛、鲍岐璋、洪夫、蒋坚忍。

【本月】《新生》月报创刊于陕西西安,王廷璜编辑,西安"新生月报社"发行,1942年5月出至第2卷第4、5期合刊号停刊。

10月

【本月】《新生》旬刊创刊于陕西西安,"《新生》社"编辑、发行人杨笑天,1943年1月出至第2卷第5期停刊。主要栏目有特载、转载、常识库、内地风光、文苑、大家来说话、一月述评、漫画、民族英雄等。

1942年

5月

【本月】《文艺月报》创刊于陕西西安,叶鼎洛主编,王微发行,"文艺月报社"出版、总经售,"电工印刷所"印刷,1943年4月1日出至第2卷第2期停刊。16开本。主要栏目有小说、论文、诗、散文、戏剧、随笔等。主要撰稿人有夏莱蒂、黄叶、耶草、叶鼎洛、李朴园、于赓虞、吴君、厉厂樵、林立、ST、舒军、文迦、其翔、林篇、凌野灵、林涧、刘念真、张之湘、曹默、白言等。

1943年《文艺月报》第2卷第1期发表吴君《向著远天风雪的北方》、耶草《复活节》、黄叶《她们》、叶鼎洛《老摩登的艺术》、林立《故乡和梦》、夏莱蒂《残秋》、李朴园《现实论》、厉厂樵《天才与不才》、流萍《遥寄南国的孩子们》《夜祭》。

1943年《文艺月报》第2卷第2期发表张之湘的剧本《子夜》、凌野灵的诗歌《小号手》《问春风》《夜寄》、林篇的诗歌《老驼夫》、刘念真的读书散记《俄国作家与莎士比亚及西万提斯》、文迦的小说《牧童》、ST 的小说《朱艳芳马天庆》、自言的小说《乡思》、舒军的小说《结婚》、林涧的诗歌《话别》。

1943 年

1 月

【本月】《读者导报》月刊创刊于陕西西安,陶今也编辑,西安“读者导报社”主办,“新中国文化出版社”出版,1944 年 3 月出至第 2 卷第 1 期停刊。主要刊发西北文化工作研究文章,以及大战轶闻、沦陷区纪实等。

1943 年《读者导报》第 4 期开始连载[美]Vanloon 的(史今译)长篇小说《荡寇记》、第 22 期开始连载陶今也的小说《打赌》、第 32 期发表海涛的诗歌《谢友人好意》。

1944 年《读者导报》第 2 卷第 1 期发表黎锦熙的诗歌《关程三纪》、陈澄之的诗剧《意君如何》。

2 月

【2 月】《青年之友》月刊创刊于陕西西安,赵中统编辑、周心万发行。1943 年 8 月 15 日出至第 7 期停刊,共出 7 期。主要刊发文艺创作、学校生活报导,青年有关社会知识等。

3 月

【本月】《再生》季刊创刊于陕西西安,萍石编辑,“再生文艺社”出版,1944 年 11 月出至第 2 卷第 4 期停刊。主要刊发新诗、格律诗、词和散文等。

1944 年

10 月

【本月】《歌与诗:音乐月刊》创刊于陕西西安,“西安音乐月刊社”编辑、发行,1945 年 7 月出至第 7 期停刊,共出 7 期。

11 月

【1 日】《高原》月刊创刊于陕西西安,“高原出版社”编辑兼发行,从第 2 期起增署发行人李贻燕,1945 年 5 月 1 日出至第 3 期休刊,1946 年 1 月 1 日复刊,出版新 1 卷第 1 期,同年 3 月 1 日出至新 1 卷第 3 期终刊。前后共出 6 期。16 开本。1944 年 12 月 1 日第 2 期有“郑伯奇先生文坛生活廿周年纪念特辑”。主要栏目有小说、通讯、散文、杂文、诗歌、编后记、翻译、补白、论文、戏剧、随笔、习作等。主要撰稿人有郑伯奇、姚雪垠、迦卜、陈澄之、列躬射、孙艺秋、余莹、于煤村、莫桑、田心、岂凡等。

1944 年《高原》第 2 期发表谷风的诗歌《大地的旗》、杜秉正译《屠格涅夫散文诗》、溶池译雪莱的诗歌《西风颂》。

1945 年《高原》第 3 期发表墨丁的散文《朋友！我同你一样》、青苗的小说《发的故事》、吕果的小说《山城记》、冷波的五幕六场悲剧《燕儿双飞》、公兰谷译法佐夫作品《期待》、谷风的小说《没有阳光的旅途》、薏冰译肖洛霍夫的《在顿河》、侍薰的诗歌《节孝坊》、苏金伞的诗歌《红叶》、青勃的诗歌《冬天和我的歌》、狄火的小说《滥泥沟》。

12 月

【31 日】《西风汇刊》(不定期刊)创刊于陕西西安,“西京电厂员工励进会社”编辑、出版,仅出该期。主要栏目有报告、记述、散文、纪事、杂俎、诗歌等。

1945 年

3 月

【本月】《经世》月刊创刊于陕西西安,西安“经世书店”编辑、发行,1945 年 5 月出至第 3 期停刊,共出 3 期。主要刊发关于政治、经济、哲学、历史、文艺的文章等。

【本月】《流火》出版于陕西西安,“流火编辑委员会”编辑,“流火出版社”

出版、发行,仅出 1 期。主要刊发诗歌、小说、散文、文艺论文、翻译作品等。主要撰稿人有郑伯奇、建章、希贤等。

4 月

【本月】《文化周报》创刊于陕西西安,西安"文化周报社"主办。1945 年 5 月出至第 1 卷第 5 期停刊,共出 5 期。

5 月

【4 日】《每周文艺》周刊创刊于陕西西安,郑伯奇主编,西安"每周文艺报编辑部"编辑、出版,1945 年 12 月出至第 2 卷第 14 期停刊。该刊为《秦风日报》《工商日报》联合版副刊。主要撰稿人有郑伯奇、周可任、石岚、柳沫、[日]绿川英子、郑竹逸、谷风等。

6 月

【本月】《民族魂》月刊创刊于陕西西安,"《民族魂》编辑部"编辑、发行,1939 年 8 月 26 日出至第 9、10 期合刊号停刊,共出 10 期。主要栏目有短评、时事论评、战地通讯、独幕剧、诗歌等。

8 月

【1 日】《妇声月刊》创刊于陕西西安,"《妇声》社"编辑、发行,1947 年 1 月出至第 7 期终刊,共出 7 期。主要栏目有论坛、妇女动态、特写、文艺、通讯等。

【本月】《时代文艺》创刊于陕西西安,西安"时代文艺社"出版,发行人王秉乾,编辑人孙艺秋、郭根、金施、尹雪曼等,1945 年 10 月出至第 2 期停刊,共出 2 期。16 开本。仅见创刊号。主要栏目有社论、论文、历史小品、小说、诗、散文、作家研究、评、杂文、随笔、长篇、翻译等。主要撰稿人有郑伯奇、秦牧、魏荒弩、苏金伞、白榆、上官澄、彭燕郊、波冷、金施、李白林、雷特、尹雪曼、荆有麟、田涛、臧克家、青苗、王亚平等。

9 月

【15 日】《新知识》月刊创刊于陕西西安,刘一宇编辑,郝耀东发行,1946

年6月1日出至第6期停刊,共出6期。主要栏目有社论、英汉对照、海外文摘、科学新知、文艺之页等。

【本年】《经理通讯》月刊创刊于陕西西安,“《经理通讯》月刊社”编辑、出版,1947年出至第27期停刊,共出27期。主要栏目有时代论坛、经济建设、科学论丛、婚姻、人物介绍、日本种种、各地风光、书报精华、论著杂俎、通讯、法令、人物动态、经理消息、特载、工业报导、文艺、读者信箱、业务研究、另外之页、工厂介绍、业务问答等。

附录三 《黄河》文艺月刊目录

创刊号

1940年2月28日出版

黄河(代发刊词) 国馨

理 论

一九四〇年文艺工作者的任务 念兹

报 告

敌寇总崩溃的晋南 海萍

西行列车 淼焱

裸体杀敌的战士 冰莹

漫 画

流血的安慰 黄肇昌

小 说

疯 徐仲年

诗 歌

石匠(通俗韵文) 老向

蜀秦道上	庐冀野

特　写

翠华山上	郁臧

文艺通讯

香港的文艺界	陆丹林
中原的文艺动态	谢东平
关于战地写生队	彭士华
我对于民族战争文学的一点意见	张佛千
文坛广播	芷
黄河颂	韩一青
编后	编者
封面	黄肇昌

第一卷第二期

1940 年 3 月 25 日

特　稿

蔡元培启事	高乃同

理　论

胜利要我们去争取(木刻)	沙清泉
戏剧漫谈	陈鲤庭
建立生产文学	冰莹

报　告

焦家庄	淼焱
敌人是这样虐待“俘虏”的	冰莹

小　说

老岳的死	蒋明

戏　剧

汉奸的跳舞　叶鼎洛

战地通讯

宁寨血战记　解纷

特约牛鼻子漫画

火炬到西北　黄尧作

诗　歌

海上对雪　柳亚子

春礼劳春歌　冯玉祥

北征之曲　卢冀野

过太行山　紫翼

大时代中成长着的女儿　程少怀

阴山下　高天

文艺通讯

抗战与文物展览　陆丹林

重庆文坛掇拾　杜庶

鄂北文化运动的活跃　白克

杂　感

清才与汉奸　段念兹

作家书简　柳亚子　孙伏园　林语堂　老舍

青年园地

欢迎韩国青年大会　元立

谈谈诗歌的民族形式　铁夫

编后　编者

第一卷第三期

1940年4月25日

黄河颂	张剑魂
在汉水的流线内	沙坪
艺术宣传前奏曲	程南秋词　丁珰曲

报　告

前线的流汗	高乃同

杂　感

关于“保障作家生活”	冰莹
华下拾零	李旭
记反侵略剧团	南芷
作家书简	白薇

读者园地

扩大西北文艺运动	夏登全
我们的团长在王曲	刘宗殷
重庆剧讯	波
墓	岱丝
二十九年春谒周陵有感赠蒋坚忍先生	郑元瑞
编后	编者

第一卷第四期

1940 年 5 月 25 日

关于诗——给写诗的伙伴们	沙坪
农民抗战歌谣	狱夫
壮烈的五月	冰莹
五月的漳河	坪
沉默的胜利者	沙雁
在黄河前线(报告)	岳军

特约牛鼻子漫画

黄河信箱（三则）

第一卷第五期

1940 年 6 月 25 日

补　白

作家书简	老向
农民抗战歌谣(续)	狱夫

文坛广播

编后	编者

第一卷第六期

1940 年 7 月 25 日

献给炮火中的战士们	编者
“七七”三周年论文艺工作者	白戡
黄河边上行	果军
三年来剧运的回顾	冷波
古城	王沙坪
黄跛子	老向
张木匠	王右家
新黄河之东(续完)	葛佩琦
在炮火中生活着的欧洲人	BERNAD POSTAL　柏舟译
一封敌兵情书	达明译
皋兰山下	达明
托尔斯泰的故居(续完)	宗玲译
北征之曲(续完)	卢冀野
西北的黎明	王亚平
遥远,日本人的明年	敏求
忆杭州	少密
香港的战文丑	陆丹林
演员工作方法论	鲤庭

悲哀的镇静　　路丁

短简之四

黄河信箱(一则)

第一卷第七期

1940 年 10 月 1 日

文艺短论

建立文艺批评　　夏照滨

作家与生活　　南芷

“八一三”的回忆　　冰莹

小　说

救赎着贞操的人　　力夫

力与路　　丑方迹

特　写

雨天访语堂先生　　堵述初

满司令回见记　　元立

戏　剧

穆兰花　　金朗

不肖子　　楚云

战地通信

襄樊,双沟,东阳　　白克

游　记

塔尔寺　　逸明

散　文

大麦香　　穆天

第一卷第八期

1940 年 11 月 11 日

文艺通信

榆林的文化动态	杨令德
战时的法国妇女	EveGurie 原著 达明节译
洞庭雁唳	篁
重读《伏园游记》	堵述初

诗 歌

我想起了松花江	叶鼎洛
死也要夺回我们的家乡	白常春
殉路者	怒江
壮志当酬	刘子隆
抗倭奴	刘子隆

黄河信箱

给小朋友的劝告	编者
两个建议	编者

短简之五

编后	编者

第一卷第九期

1940 年 12 月 1 日

封面	韩剑琴

小 说

殷家寨(下)	老向
银座之夜	哲厂
川语识小(上)	孙伏园

戏 剧

黄莺儿	李朴园

我的创作经验 冰莹

复仇 范里

特 写

永生的人们 危岩

鬼门关 徐夷

作家县长 鸣冈

诗 歌

听我们胜利的笑声 熊正钧词 韩悠韩曲

朋友,请尽一杯美酒 远唱

遥寄武昌 李渠

读者园地

草原之歌 冯振乾

到农村去 蒋实

短简之六

黄河信箱(二则)

编后 编者

第一卷第十期

1940年12月15日

封面 韩剑琴

关于战干剧团的演出 冰莹

阿尔顿索宝特 陶今也

保家乡 冷波

川语识小(下) 孙伏园

募寒衣(童谣) 老向

想起了我的家乡 沙锐均

暮秋　蒂克
想念那平原(朗诵诗)　冯振乾
冰桥　高天
怀念开封　李蕤
我的创作经验　冰莹
战地来鸿　星玉
敌后行军　张帆

孤岛的出版界

关于创作的故事　南芷
夜的荒原　孙艺秋
塞上抗战影片放映记　乔力

短简之七

黄河信箱二则

编后　编者

第一卷第十一期

1941 年 1 月 1 日

新年献辞　冰莹
一九四一年文艺工作者应有之努力　陈澄之　李旭　屠兆祥　冷波　鸣冈　张契渠　南芷　余宗范　黄志诚　韩剑琴　夏照滨　张昱　孙艺秋　陈养锋

抗战以来我所最爱读的书籍

叶鼎洛　李旭　牖文　哲厂　亦鸣　张昱　白戡　英子　何家德　闭梦萍

诗歌特辑

黄河进行曲	竹田
我们同扛着胜利的军旗	史茵
希腊往史之梦	王佛崖
悼周夫人	老向
夜渡	汉声
生日	赵清阁
襄河小唱	沈穆
莱蒙托夫的小诗	李嘉译
O.P.R.子群	
沙漠散歌	谷风
过黄河	高咏
流亡者	陆沉
光荣的战士	鲁白雁
青纱帐里	默丁
诗两首	陈雨门
一九四一年	苏文
蔡清从军记	席徵庸
云栈道七百里	沈振麟
新路	堵述初

黄河信箱二则

编后	编者

第一卷第十二期

1941 年 2 月 1 日

第二卷第一期

1941 年 2 月 28 日

第二卷第二期

1941年3月31日

文化点滴

第二卷第三期

1941 年 4 月 30 日

我的创作经验	冰莹
祖传金家第四代(续完)	刘剑
小号兵	萧离

短简之八

夫妇间谍	Margaret Mochrie 郑侨生译
绯红色的疤痕	焕章
欧洲的艺术珍宝无恙(比京通讯)	许鸣
我怎样离开了北平	王志超
不朽的人物和作品	堵述初
彻底现实主义的文人——郁达夫	斌人
二船夫	堵述初
悼黎风	蒂克
哭母	澄之
我守卫在黄河上	左成信
狂欢之夜	冷波
哭先父子桥公	朱德君
雷鸣远神父的回忆	田恩霈

黄河信箱五则

编辑室	冰莹
封面	韩剑琴

第二卷第四期

1941 年 5 月 30 日

第二卷第五、六期合刊

1941年7月30日

论　文

纪念七七	冰莹
论文艺反攻	长虹
今后中国艺术形态上应走的途径——新浪漫主义	叶鼎洛
中条山突围记(特稿)	曼洛

小　说

新路	路丁
忏悔	田涛
赏赐(街头剧)	楚云

报　告

法朗哥的恐怖窟	柳无垢译
我们在白马山上	价夫
“日支亲善”——发生在北宁铁路客车上的三个平凡小故事	果子

诗

给萍娘	苏灵
七七诗	长虹
黄河	蒂克
留宿候祠听雨	紫翼
过石门	紫翼
华山游记(游记)	冰莹

散　文

文艺通讯

黄河信箱六则

短简之八

编　后

第二卷第七期

1941 年 9 月 30 日

论　文

小　说

① 内文署名为艾涓。

于陵	碧野
夜——在泰国	辣辣
一个后方电台(特写)	路丁

散　文

幽房散记	段念兹
沙漠	牧滹
追念——忆受乾兄	寒玲

诗　歌

夜登江轮	沙雁
蚕的故事	东明
怀济南	剑文
绥西前线上的生产运动(报告)	杜波

黄河信箱二则

编后	编辑室
封面	樊鹏①

第二卷第八期

1941 年 10 月 30 日

论　文

写给青年作家的信(二、三、四)	冰莹

小　说

战争的母亲	陈澄之
诗人——普希金之死	K.巴乌史托夫斯基著 杨德樰译

① 也写作“凡朋”。

第九号厂里——纪念一个人的死　　里戈

散　文

杭州百忆(之一丑奴儿、之二静静的红泥路、之三石塔儿头)　　李朴园

襄河之恋　　北冰

九月二十一日　　路丁

诗　歌

最后的讽刺　　臧克家

青年王进的下落　　长虹

秋天的黄河　　北欧

报　告

动员激流中的韩城　　蔓锄

在大西洋里的炮火下　　KENNELH DOMN　郑侨生译

特　写

敌人统治下的北平　　非予

新疆风光　　伊犁里克

通　讯

戏剧的热流在陕南(城固通讯)　　李英才

在萌芽中的塞上文化——宁夏通讯　　张昱

黄河信箱二则

短简之九　　冰莹

编后　　编者

第二卷第九期

1941 年 11 月 30 日

黄河信箱三则

短简之十　　冰莹

编后　　编者

第二卷第十期　新年号

1942 年 1 月 15 日

迎接我们的胜利年　　冰莹

我的希望(集体写作)

白戢　谢国馨　姚洛　乐典　路丁　钟甫　陈澄之　刘剑　冷波
戴涯　朱永邦　洪轨　李朴园　叶鼎洛　方应潮　伊黎里克　凡朋
森焱　冰莹　丁陇　徐夷　左成信

一年来的西安文艺　　齐辩

一年来的中原文艺界　　谢东平

一年来的洛阳文艺　　李渠

一年来的重庆文艺　　沙雁

一年来的成都文坛　　牧丁

一年来的西安美术界　　张克伦

姊姊　　南芷

年关　　李春舫

母亲的心　　奥格涅夫著　杨德栖译

论形象　　姚雪垠

我们怎样打破目前文艺界的苦闷　　叶鼎洛

写给青年作家的信(七、八)　　冰莹

梅子姑娘(续)　　冷波

迎接新的岁月　　东明

卖菜李(通俗韵文)　　老向

第二卷第十一、十二期合刊

1942 年 5 月 30 日

散 文

“孔乙己”	孙伏园
编后	编者
封面	凡朋

第三卷第一期

1942 年 7 月 30 日

开垦西北文化运动——为纪念抗战五周年作	冰莹
五年前的“七七”	睿心
乡间	碧野
一个女兵的自传	冰莹
星的故事	穆天
路	红絮
两个小故事	果子
第六年代——为七七歌唱	叶金
沙原散歌	沈穆
杭州白忆(之七钟敬文)	李朴园
撞关之夜	路丁
一个小学教师的回忆	止鸣
三月诗抄	陆印泉

第三卷第二期

1942 年 10 月 30 日

论 文

书评	吕霞先

小　说

马贼(中篇小说)　　陶今也

瓦砾上的家　　一卒

一个女兵的自传(中卷)　　冰莹

报　告

咱们在孤岛上　　沈振麟

赵毓政之死　　云翔

诗　歌

风沙里的五原　　林笳

海之恋歌　　唐迪文

莽原诗抄　　沈穆

我们的“地形”教官(散文)　　路丁

黄河第二卷分类要目　　编者

黄河信箱三则　　编者

文坛消息

编后　　编者

封面　　凡朋

第四卷第一期　新年号

1943 年 1 月

论　文

文化劳军是什么?　　冰莹

我对于文化劳军的意见(以收到先后为序)

曼洛　沈穆　更夫　李朴园　叶鼎洛　杨文生　吕霞先　周焕　冷波

陆印泉　林岚　姚珞　夏照滨　丁尼　萧离　段念兹　虞文　原景信

汪松年　乐夫　方应潮　蒋啸青　郭旷夫　辛燕　路丁　洪轨

小　说

掮客	叶鼎洛
造船的人	林岚
狱中记	洪涛
过年(独幕剧)	王勉之

诗　歌

歌唱这光明的日子——为卅二年元旦作	叶金
秦岭三唱	田青
怀念(散文)	耶草
长征三千里(报告)	张彻
编后	冰莹

第四卷第二期

1943 年 2 月

论史剧	李朴园
龙大海	耶草
洞庭春雨——民众故事之一	斌人
双金镯	陶今也
太行山下	亚萌
水国之春	鲁人
长夜	乘兴
老朋友	谢再善
元旦试笔	亚子
记友人之妻——其三:邵柳青	受因
风雪遗音(独幕剧)	冷波　沙凌
寄北方	林涧

森林与河	林岚
封面	凡朋

第四卷第三期

1943 年 3 月

屠格涅夫及其罗亭	李梅

小　说

冰雪封锁了草原——长诗《长恨歌》的 Story	林岚
枣骝马	陶今也
看不见的伤痕	[匈]Kroly Kisfaludi 著 黄汉烈译
狱	丁克美
罪与罚(散文)	流金

诗　歌

寄克家——读《拍》后有感	马奇
太阳	司徒匪娜
草原上	白梓
未落的希望的花——给匪娜	肖野
没出息的人(随笔)	冯轶
剑及其他(散文)	陈雨门
生财有道(独幕剧)	冷波
封面	凡朋

第四卷第四期

1943 年 4 月

文艺与现实	念兹

兄弟之间(小说)	陈林
雨底黄昏(散文)	倪祖堃
乞巧格(小说)	靳锦叶
火——给寂寞的琴痕(散文)	司徒匪娜
新庄(小说)	于敢
左拉的艺术和思想(介绍)	江未川
青山之恋(歌剧)	冷波
影(散文)	于煤村
临潼之春(游记)	洛珈①
生活漫忆(随笔)	苦丁
沙河之歌(诗)	吴荆屋
封面	凡朋

第四卷第五期

1943 年 5 月

作家的成就与家庭影响(帝俄文学史话)	耶子译
万愚日记(散文)	缪崇群
绿草原(诗)	亚航
进城——长篇《关外》之一节	李辉英
支票簿(杂感)	董每戡
遥寄《黄河》读者	冰莹
春潮(散文)	流金
婚礼(小说)	列躬射
北欧民间朗诵史诗	[挪威]奥尔珂德(Olcott)著 凯沙译

① 内文署名为珞珈。

法里利欧(小说)	[英]韩底森(Hudson)著 孙星译
寄母亲(诗)	杨灵
荒村夜宿(报告)	林岚
鸡蛋(民间杂忆之一)	罗浮
封面	凡朋

第四卷第六期

1943 年 6 月

假宝石	莫泊桑原著　青青译
红豆(中篇创作・上)	叶鼎洛
悼・二十八个	A.克里弗依斯基著 修虹译

小　说

雅西柯	陶今也
二婶的命运	靳溪
春	卜丁
某夜	海沫
灰色马(千行长诗)	林岚
《昙花》题记(序)	海派

诗　歌

原野奔波者	肖野
我曾	扬灵
蓝天下	曹邦
哭亡姊(散文)	苏满园
封面	凡朋

第五卷第一期

1943 年 7 月

文艺短论

小说创作

诗・散文

第五卷第二期

1943 年 8 月

文艺短论

① 一名《冰雪封锁了草原》。

第五卷第三、四期合刊

1944 年 4 月

论　文

小　说

散　文

诗

复刊第一期

1948 年 3 月

理　论

小　说

世英之死　燕人

散　文

棒喝记——一椿 Frace 式的故事　徐仲年
人民是不朽的　高尔基著　影心译
加里波第的故事　高尔基著　影心译
村店　立山

诗　歌

火车　小逊
忧郁　叚韦
蓝天下的旗　许可
叮嘱　怒平

文艺通讯

上海文艺界动态　司空谷
胜利后的北平文坛　孙柏绿
兰州文艺动态　小泉
文坛简讯　阿凤

漫画书评

入狱大喜不怕饿死　丰子恺
罗曼罗兰底——约翰·克里斯朵夫　纪平
编后　编者

复刊第二期

1948 年 4 月 1 日

理论与批评

小说题材之统一与结构　张寿林
圣·戴须贝里和他的著作——当代法国　H.舍那达斯演讲

① 内文署名为鸣。

复刊第三期

1948 年 5 月 1 日

① 内文署名为芷。

漫　画

爸爸不要去	丰子恺

读者园地

家信	金惟喜
野灯	枫岚
无题	王彦曾
黑夜里	李叶垠
脚步	闻杰
唱吧,还大声些!	壁龙
编后	编者

复刊第四期

1948 年 6 月 1 日

文艺短评

臧克家的诗	谢冰莹

小　说

失业	张十方
父母心	张契渠
第九回挨打	何凌
方小旦	纪平

散　文

钱的教育	梁实秋
怀海燕	董每戡
梅子篇	吕白华
端午节的故事	陆丹林
野居手抄	胡牧

诗　歌

来日旧话重提时　　乃人

小小森林如画(外二章)　　李华飞

漫　画

腐败的面包不费的恩惠　　丰子恺

戏　剧

风流劫(第二幕)　　李朴园

文艺通讯

荒芜了的园圃(成都文艺界近况简述)　　心玉

重庆的文坛　　李华飞

沙城文讯　　孙成①

读者园地

黑夜行军记　　小逊

佛保老婆子——记一个刘姥姥型的人物　　喜林

黄河信箱

怎样处理题材　　编者

文坛简讯　　阿兰

编后　　编者

复刊第五期

1948 年 7 月 1 日

文艺研究

朱佐朝的渔家乐　　赵景深

小　说

丙儿之死　　海戈

① 内文署名为孙翼。

哀思——为母亲逝世周年而作	芜鸣
远征	李放
这日子怎么过	鲁韬
我们是正义的一群	新苗①

读者园地

乾乾	小逊
童年	崔璀
雨中杂感	蔚霞
溪水	新苗
逃	李平
吃糖	廖芷初
黄河信箱一则	陈东升
文坛简讯	阿兰②

谢冰莹启事

编后	编者

① 内文署名为绿苗。

② 内文署名为芷。

后　记

本书是在我的博士学位论文基础上修改而成的。修订过程中时不时回想起 2018 年初春印制初稿的那个上午。嘶嘶作响的打印机刺痛着脆弱的神经，纸张似乎也被焦灼、疑虑所裹挟，散发出特殊的味道，一页一页，层层叠叠，时间堆积出的厚度，被三月的寒气覆盖。怀抱着尚留余温的初稿向导师汇报时，突然想起鲁迅的小说《药》，理解了那个“仿佛抱着一个十世单传的婴儿，别的事情，都已置之度外了”的“华老栓”……为什么读博？总是试图寻求答案填补不眠之夜的虚空，可天亮之际留下的却是大大的问号。直至怀抱初稿的那一刻，终于意识到这个问题就像“人为什么活着?”一样，重要的不是答案，而是追寻答案的过程。

在拙著出版之际，我想再次感谢导师李继凯教授。初见吾师启夏斋主，是在 2012 年。4 月初的西安，春寒未尽，再加上淅淅沥沥的小雨，独自前来参加硕士研究生复试的我，不免多了几分独在异乡为异客的惆怅和清冷。正当自己还对导师、专业、学术半知半解的时候，有幸得到了一位热心学姐的指教，从她口中第一次听到了李老师。本想打听他的上课时间，以期蹭课“偶遇”，可未能如愿。要放弃的时候，学姐的一句：干脆你就直接去拜见李老师，聊聊！又让人心生澎湃。当徘徊了许久才用紧张到颤抖的手扣响办公室门的时候，又觉得自己是何等的鲁莽。进门后的场景，至今历历在目。老师微笑着请我坐下，聊家乡、聊学校、聊学业，并鼓励复试要好好准备。复试当天，老师出差在外，并未到现场，在我把录取消息短信告知他后，他回复道：暑假可不能浪费，考上后更要好好看书呢！开学、选导师，像有幸运光环笼罩似的，我成了“李桃天下”师门群内的一份子。

此后的日子很漫长，读研、读博，再到工作，时光里的点滴，映现出师大记忆中的片段，导师的渊博学识、睿智头脑、活跃思维，课堂内外自由开放的点拨引导和生活中无私的关心帮助，点亮了我的人生之路。

还要感谢给我悉心指导的王荣教授、赵学勇教授、程国君教授、田刚教授、李跃力教授……以及在博士答辩现场给予指导的朱寿桐教授、赵稀方教授，他们都为本书的修改提供了有益的建议，他们严谨认真的治学态度让我受益终身。感谢陕西师范大学社科处将本书列入优秀著作出版基金资助出版，也感谢陕西师范大学文学院将本书纳入“黄河语言文化研究丛书”，是他们的支持和帮助才能让本书顺利出版。

最后要感谢本书的责任编辑及出版社诸位老师，他们为本书的出版花费了太多心力！

时间依旧不停地走着，但未来的道路上，我已不再孤单，因为希望与我同行。

冯 超

2023 年 5 月